TROIS AMIS:

ATTENDEZ 4

LE 1

SÉRIE COMPLÈTE LIVRE 1 : QUE SERA, SERA ; LIVRE 2 : ENCORE UNE FOIS À LA MAISON

Cathy McGough

Stratford Living Publishing

CE QUE DISENT LES LECTEURS

"TROIS AMIS raconte l'histoire de Miranda, Terri et Cheryl dans leur quête du bonheur. L'auteur Cathy McGough a créé un regard léger sur le dilemme auquel la plupart d'entre nous sont confrontés à un moment ou à un autre de leur vie. Comment s'évader dans une grande aventure qui nous laissera toute une vie de bons souvenirs.

Les filles se nomment elles-mêmes les trois mousquetaires vierges, partageant toujours les rêves de l'une et de l'autre. Elles cherchent désespérément un homme pour les séduire, mais ne parviennent jamais à trouver le bon. À la mi-vingtaine, elles se sentent seules et sans rendez-vous la plupart du temps.

Pourtant, dans chaque nuage, il y a une lueur d'espoir qui dément la tragédie de la vie. La façon dont cela s'est produit est un hommage à l'ingéniosité de l'auteur".

AMAZON

"Rencontrez les trois mousquetaires vierges. Participez à la grande aventure des amis de la petite ville canadienne qui aident Miranda à réaliser son ambition de longue date de voir l'Australie.

Il suffit de dire que les événements en Australie sont à la fois heureux et tristes, qu'ils ont un effet profond sur Miranda et qu'ils la font entrer dans l'âge adulte de façon inattendue. Pendant ce temps, Terri et Cheryl lui apportent un soutien qui va bien au-delà de l'amitié."

AMAZON

"Je n'aime pas trop les romans d'amour, mais celui-ci avait tellement de rebondissements que je l'ai tout simplement terminé et j'en voulais encore.

AMAZON

"Un très bon roman d'amour. Si vous voulez prendre un mois de congé et passer de merveilleuses vacances avec vos meilleures amies mais que vous ne pouvez pas... alors lisez ce livre ! Il y a de l'amusement, de la bonne nourriture, des boissons et de la romance. Tout ce qu'une fille aime !"

"En lisant ce livre, j'ai eu l'impression d'être en Australie. Le parfait « livre de fille ».

AMAZON

"Tout en riant à voix haute à certains moments, je vous suggère de garder une boîte de mouchoirs à portée de main. Croyez-moi, vous en aurez besoin."

AMAZON

TABLE DES MATIÈRES

Aux bons amis, aux excellentes conversations et au bon vin.

MISE À JOUR

*C*hers lecteurs, chères lectrices,

J'espère que vous êtes prêts à vous évader dans le passé ! Dans un monde d'avant les applications de rencontres, les services de streaming grand public, l'immersion dans les médias sociaux - vous avez compris l'essentiel !

À une époque où certaines choses étaient plus simples, d'autres plus complexes, voire dangereuses.

Quand attendre et jeter son chapeau dans l'arène ne semblait pas aussi risqué.

Quand les gens étaient plus connectés... ou l'étaient-ils ?

Les personnages qui vous guideront dans ce voyage sont les Trois amies : Miranda, Terri et Cheryl.

Bon voyage et bonne lecture !

Cathy (écrit le 8 mars 2026.)

"L'amitié est le confort inexprimable de se sentir en sécurité avec une personne, sans avoir à peser ses pensées ni à mesurer ses paroles.

George Eliot

LIVRE UN

QUE SERA, SERA

CHAPITRE 1

Miranda Evans savait qu'elle allait devoir mettre les gaz à fond pour arriver à l'heure au travail. Elle ne pouvait pas se permettre d'être en retard... encore une fois. Alors, quand elle a sauté dans sa Honda Civic Hatchback de 1991 et fait vrombir le moteur, elle a poussé sa voiture à fond, même si celle-ci était un peu molle à cause du rude hiver canadien. Malheureusement, le dégivreur ne fonctionnait pas assez vite, et elle a vite commencé à gratter. Un petit coup de grattoir par-ci, un petit coup par-là. Une fois qu'elle a eu assez de visibilité pour voir dehors, elle s'est réinstallée au volant et a enfoncé la pédale à fond. Il fallait bien ça, parce qu'« Andrew-le-Con » l'attendait.

Elle a filé sur Ontario Street en levant le pied de temps en temps, par crainte du verglas.

Pourquoi j'ai des parents aussi ringards ?

Elle a lâché le volant des deux mains pendant une fraction de seconde et a tapé dessus. Pas vraiment une bonne idée. Sa voiture a dérapé. Elle a réussi à la redresser. Miranda a pris une grande inspiration. Elle s'est dit qu'une chanson ou deux pourraient lui changer les idées. Elle adorait la chaîne Oldies où la sexy Miss Tina Turner chantait sa chanson d'amour la plus célèbre.

Distraite, mais pas assez : les pensées de Miranda revinrent vers ses parents.

Parfois, j'ai du mal à croire qu'ils m'aient mise au monde. Hé, peut-être qu'on m'a échangée à l'hôpital ? Ça arrive tout le temps, tu sais, et je pourrais être l'un de ces bébés. Je parie qu'il y a des parents quelque part qui ont une fille avec laquelle ils n'arrivent pas à s'entendre pour rien au monde... et ce sont mes parents.

Sérieusement, je ressemble à ma mère. On a toutes les deux les cheveux roux, et j'ai les yeux noisette de mon père... Pourtant, parfois, je pense que maman et papa en savent plus sur la vie de Nikki dans Les Feux de l'amour que sur la mienne. Je parie que si Nikki et moi étions des personnages dans Jeopardy !, ils répondraient haut la main aux questions sur elle et n'auraient aucun point sur moi. Je ne peux pas leur en vouloir, après tout Nikki Reed/Newman mène une vie passionnante, et la mienne est ennuyeuse. Je suppose que c'est pour ça que je voulais qu'ils soient les premiers à connaître mes projets. Je pensais qu'ils seraient contents pour moi. Comme je me suis trompée !

La chaîne Oldies est revenue aux infos quotidiennes déprimantes. Miranda a appuyé sur le bouton de recherche.

Je ne peux pas les laisser me démoraliser. J'ai passé toute ma vie comme une étrangère à leurs yeux – en prenant mes distances. En me protégeant. Je ne sais pas pourquoi j'ai décidé de me mettre en danger et de leur donner une autre chance. Ils ne me comprendront jamais !

Des larmes lui montèrent aux yeux alors que Miranda passait à toute vitesse un feu orange. Presque arrivée au travail, elle essaya de se ressaisir.

Elle s'engouffra dans le parking de Vids-R-US Videos. Les pneus crissèrent alors qu'elle négociait le virage sans visibilité. Elle freina brusquement, manquant de justesse un client qui regagnait sa voiture. Elle articula un « désolée » sincère dans sa direction et acquiesça d'un signe de tête. Enfin, elle gara son véhicule dans la zone réservée au personnel, attrapa son sac à main et se précipita à l'intérieur.

À l'entrée se tenait Andrew, le patron de Miranda – alias Andrew-le-Con. Les bras croisés, il était prêt au combat.

« Encore en retard, je vois, Evans. »

C'est pas moi qui ai inventé le surnom d'Andrew-le-Con, au fait. C'est un terme affectueux utilisé par tous ses fidèles (ha ! Ha !) employés. Quand Andrew a été nommé « Manager du siècle » par Vids-R-US, on a été impressionnés, mais il était plus jeune que nous et on lui en voulait pour son attitude « tout au boulot, rien d'autre ». D'où ce surnom. La plupart du temps, c'est un type sympa. Sauf bien sûr quand je suis en retard, et je suis TOUJOURS en retard.

« Alors, qu'as-tu à dire pour ta défense, Evans ? »

Miranda avait été si souvent en retard qu'elle était à court d'excuses. À chaque fois, Andrew lui disait que c'était la dernière fois – mais ensuite, il lui donnait une autre chance.

À vrai dire, Andrew avait un faible pour Miranda.

Miranda ne savait pas jusqu'où elle pouvait pousser Andrew. Elle avait l'impression qu'il approchait du point de rupture. Elle regarda autour d'elle. Elle était encerclée.

« Evans. J'attends. » Il croisa les bras, puis les décroisa à nouveau. Il trépignait d'impatience. « Pendant que tu cherches une excuse, tu pourrais peut-être penser à tous ceux qui rêveraient de travailler ici, chez Vids-R-Us. Il y en a des centaines, voire des milliers, qui donneraient n'importe quoi pour avoir ton poste. » Il croisa et décroisa à nouveau les bras, puis fit quelques pas vers elle.

« ALORS ? » dit-il.

Silence.

Réfléchis Miranda, réfléchis ! J'aimerais lui dire d'aller se faire voir avec ce boulot, mais je ne peux pas. J'ai plus que jamais besoin de ce boulot. Sans lui, je ne vais nulle part.

« Evans ! »

Miranda sursauta.

« Debout, debout ! Bonjour. Y a-t-il quelqu'un là-dedans? » demanda Andrew en tapotant doucement la tête de Miranda avec son poing.

Quelque chose s'est brisé.

Si Bette Davis était là, que ferait-elle ? Elle ne se laissait marcher sur les pieds par personne. Mais elle était intelligente. Elle savait quand dévoiler son jeu et quand garder ses cartes près de sa poitrine.

« Je suis vraiment désolée d'être en retard, Andrew. Ça ne se reproduira plus. »

« Tu as raison, ça ne se reproduira plus, Evans. Je note ça dans ton dossier et si tu recommences, tu te retrouves à la rue. Compris ?»

« Je sais, je sais. Maintenant, lâche-moi », dit Miranda en lui souriant gentiment, alors que dans sa tête, les mots Andrew-le-Con tournaient en boucle.

Elle baissa les yeux vers ses pieds.

Mince, ces baskets sont en train de se dégrader, pensa-t-elle. Je ferais peut-être mieux de filer pendant ma pause déjeuner pour en acheter une autre paire ?

Leurs regards se croisèrent.

Andrew observait Miranda. Il secouait la tête de gauche à droite. Elle se sentait comme une enfant qui venait de se faire gronder pour avoir pris un biscuit dans le pot sans permission.

Les minutes passèrent, et Andrew estima que Miranda s'était suffisamment tortillée. « Ça suffit, Miranda, t'es une bonne fille. »

Comment ça, ENFANT ! Tu es plus jeune que moi !

« Et je t'aime bien, mais ça suffit. Si tu foires encore, si tu fais des erreurs, si tu as une mauvaise attitude ou si tu es encore en retard d'une minute, alors comme l'a dit un jour le plus grand acteur du monde, M. Arnie Schwarzenegger, c'est « hasta la vista, baby ». Tu as compris, Evans ? »

Miranda acquiesça.

« Ne crois pas que je ne vais pas te virer ! Tu fais passer tes collègues pour des nuls. Tu me fais passer pour un nul. Tout ça parce que tu t'en fiches ! Pire encore : tu n'assumes pas la responsabilité de tes actes. Tu trouves des excuses. Alors, tire-en une leçon, Miranda. Grandis un peu. Tu as une belle opportunité ici. Je ne sais pas si je devrais te dire ça. » Il hésita.

« Dis-le-moi. »

« J'ai dû avoir un trou dans la tête, parce que c'est moi qui t'ai personnellement recommandée pour le poste d'assistante de direction. Je vois du potentiel en toi, ma petite. Si tu faisais juste preuve d'un peu d'engagement, tu pourrais faire quelque chose de ta vie. J'ai pris des risques pour toi, et tu n'arrives même pas à venir travailler un jour sur sept. »

« Qui, moi ? »

« Oui, toi. Maintenant, au boulot. »

« Je dois aller ranger mon manteau à l'arrière. Je suis désolée pour tout. »

En passant devant ses collègues, elle gardait la tête haute. Elle n'arrivait pas à y croire. Andrew l'avait recommandée pour le poste d'assistante de direction – plutôt que les autres membres du personnel – ceux qui réussissaient toujours à arriver au travail à l'heure. C'était trop incroyable pour qu'elle puisse le comprendre.

Miranda se demanda si elle s'était trompée sur Andrew. Elle l'avait toujours vu comme un petit Hitler. Elle se repoudra le nez et mit un peu de rouge à lèvres, avant de sortir de l'arrière-boutique, prête à commencer la journée. Elle regarda autour d'elle. Andrew était parti, tout comme Sarah et Lisa.

Quel irresponsable ! pensa Miranda, renvoyer tout le monde chez eux alors que j'étais encore à l'arrière-boutique. Si j'étais la propriétaire de cet endroit, je serais furieuse que la caisse soit laissée sans surveillance.

Je veux dire, comment pouvaient-ils savoir combien de temps j'allais rester là-bas ?

La cloche sonna et une cliente entra. « Bonjour », dit Miranda en prenant place derrière le comptoir. La cliente savait exactement ce qu'elle cherchait et où le trouver. Elle scanna Gladiator et Casablanca et tendit les vidéos. « Bonne journée », dit-elle avec un sourire. Quand on parle de différences dans les choix de films, pensa Miranda.

La cloche sonna par intermittence pendant les trente minutes qui suivirent et Miranda parvint à s'occuper. Puis il n'y eut plus rien à faire. J'ai l'étoffe d'une assistante de direction, pensa-t-elle, je dois rester occupée !

Encore une journée comme les autres dans la vie ennuyeuse de Miranda Evans. Quand ma vie va-t-elle enfin changer et devenir passionnante?

Miranda soupira bruyamment, cherchant du regard quelque chose d'autre pour s'occuper. Elle entendit la cloche de la porte sonner alors que de nouveaux clients arrivaient au magasin. Youpi, pensa-t-elle, j'ai quelque chose à faire !

« Bonjour Aldo et Allan. Je suis contente de vous voir! »

« Où est ce vieux connard d'Andrew aujourd'hui ? » demanda Aldo.

« Je n'en ai aucune idée. Il m'a encore laissée aux commandes. Qu'est-ce que je peux faire pour vous ? »

« On est juste passés pour voir ce que tu faisais vendredi soir. Tu veux aller voir un film ou autre chose ? » demanda Allan.

« Tu veux dire un rendez-vous ? »

« Non, bien sûr que non », dit Allan. « On se retrouve entre potes, et on s'est dit que vous, les filles, voudriez peut-être vous joindre à nous. Sans prise de tête, juste un vendredi soir plein de rigolade. »

« Je sais pas », dit Miranda. « Je vais peut-être devoir bosser vendredi soir. Andrew-le-Con me tient bien occupée ces jours-ci. »

Andrew se leva de derrière une étagère. Miranda devint rouge comme une tomate. Elle ne travaillait pas vendredi soir et elle le savait. Elle se servait de lui pour se débarrasser de ces gars.

« Euh, oui les gars. Miranda travaille vendredi soir. Vous allez louer des vidéos ? Sinon, vous devriez vraiment la laisser retourner travailler. »

« Avec cette gueule de bois, je ne peux pas me concentrer sur un film aujourd'hui », dit Aldo. « On y va. À plus, Miranda. Salut, Andrew. »

Allan fit un signe de la main.

Andrew fixait Miranda. Il trouvait qu'elle était très jolie. Reconnaissante et impuissante – quelle combinaison, pensa Andrew.

« Merci Andrew, ce ne sont pas vraiment mon genre. »

« De rien », dit Andrew.

Miranda était abasourdie. Elle se demandait depuis combien de temps il était accroupi là. Il l'espionnait.

Quel connard ! Maintenant, je lui suis redevable et il le sait. Je dois me reprendre en main.

CHAPITRE 2

L e vendredi soir est arrivé et Miranda sortait en ville avec ses deux meilleures amies, Cheryl et Terri. Linda, leur amie occasionnelle, devait les rejoindre, mais elle a annulé à la dernière minute parce qu'elle avait mieux à faire. Linda avait une fois de plus décroché un rendez-vous avec un beau gosse qu'elle avait rencontré récemment en travaillant à son café « Joie de Vivre ». Personne d'autre sur cette planète n'aurait pu appeler son établissement « Joie de Vivre » à part Linda, et celui-ci portait fièrement ce nom.

Apparemment, son dernier petit ami travaillait pour le journal local. Il venait y boire un café depuis un moment, en observant Linda. Il essayait de trouver le courage de l'inviter à sortir.

Miranda, Cheryl et Terri se demandaient comment Linda faisait ! Elle avait toujours des rendez-vous. Tous ses week-ends étaient complets. Son café était vraiment bien situé, en plein centre-ville, et elle attirait une foule impressionnante à l'heure du déjeuner. Sans vouloir être méchantes, les filles savaient qu'elles étaient plus jolies que Linda. C'est vrai, elle était blonde, plantureuse, pétillante et... enfin, elles savaient toutes pourquoi. Linda était une femme qui dit oui, et les hommes étaient attirés par elle comme si elle avait des aimants dans son soutien-gorge.

« Alors, on va où ? » demanda Miranda.

Cheryl et Terri répondirent par leur haussement d'épaules habituel.

« Au moins, on est toutes sur la même longueur d'onde... Aucune d'entre nous n'a la moindre idée de ce qu'on pourrait faire un vendredi soir. »

« Je sais, allons manger un morceau », dit Terri.

Quelle idée originale, pensa Miranda, vu que ces derniers temps, on ne fait que manger.

« Allons manger une salade César chez Spice It Up, ce resto avec tous ces serveurs super sexy. »

« Spice It Up, ouais, ça fait quelques semaines qu'on n'y est pas allées pour reluquer le personnel », dit Cheryl. « Zut, j'aurais aimé porter mon nouveau haut rouge en soie. Tu vois lequel, Miranda ? Il me donne l'air d'avoir un décolleté. »

« Oh, oui, dommage que tu ne l'aies pas mis, mais moi non plus je ne suis pas habillée pour l'occasion. Regarde-moi dans mon vieux jean usé et mon t-shirt. J'ai l'air d'une vraie loque, mais je suis partante pour aller chez Spice It Up si vous l'êtes toutes les deux. On est toutes en tenue décontractée. En plus, je meurs de faim ! »

« Moi aussi », dit Terri.

« Moi aussi », dit Cheryl.

Les trois amies bavardèrent en franchissant les portes tournantes. Elles remarquèrent rapidement que l'endroit était bondé et qu'il y avait une file d'attente qui faisait le tour du hall.

Elles remarquèrent une femme avec un bloc-notes derrière le comptoir des réservations qui semblait au bord de la crise de nerfs. Elle avait des cheveux châtain souris qui semblaient avoir été attachés en chignon plus tôt. À présent, ils pendaient par mèches, et la barrette glissait de plus en plus bas à chaque mouvement de tête. Elle s'accrochait désespérément. Son rouge à lèvres était étalé et taché. Son tailleur deux pièces et son chemisier donnaient l'impression qu'elle avait dormi dedans, et la sueur coulait à flots sur son front. Elle l'essuya avec la manche de sa veste.

« Allons, allons, tout le monde », disait-elle d'une voix tremblante. « On fait de notre mieux, vraiment de notre mieux. » Le ton de la femme était aimable, rassurant, mais son langage corporel disait plutôt « va te jeter dans un lac !»

La femme se fraya un chemin à travers la foule, griffonnant, marmonnant et parlant toute seule. « Combien ? » demanda-t-elle en s'arrêtant brièvement près des trois amies. Sans attendre leur réponse, elle continua son chemin.

« Excuse-moi », dit Cheryl en touchant doucement le coude de la femme débraillée. « Trois. Tu n'as pas attendu qu'on te réponde. » Cheryl lut le badge de la femme : Mme Marty Mantle, directrice adjointe de la S.I.U.

« Je suis tellement désolée », dit-elle. Elle fondit en larmes et, une fois les vannes ouvertes, elle ne put s'arrêter de sangloter.

La foule fixait Marty. Les gens chuchotaient. Certains riaient.

« Marty, tu as besoin d'une pause. Viens avec moi. Tout ira bien. Mes amis s'occuperont de tout. Fais-moi confiance », dit Cheryl en prenant le bloc-notes de la main gauche de Marty pour le passer à Miranda, qui le repoussa en signe de protestation. Cheryl continua d'escorter Marty hors de la salle.

« La voilà qui recommence », dit Miranda, « l'assistante sociale de l'AP pour le monde entier. »

« On ne peut que l'aimer », dit Terri. « Bon, voyons si on peut régler ça. »

Il fallut quelques instants à Cheryl pour calmer Marty.

« Ils n'ont aucune idée de ce que c'est. Vendredi soir. Un congrès. Personne n'était au courant. Des femmes d'affaires, rien que ça. Tout l'établissement complet. Pas assez de personnel. On est vraiment débordés. La cuisine est en pagaille. Au moins une heure et demie d'attente. On n'arrive pas à faire entrer et sortir les gens assez vite. Je vais perdre mon boulot. Je ne peux pas perdre mon boulot, j'ai besoin de cet argent. »

« Respire profondément », dit Cheryl. « Je vais t'apporter un verre d'eau. Ça va aller. Mes amis peuvent faire des miracles. Tu verras. »

« Merci beaucoup. »

« Excusez-moi, mesdames et messieurs », dit Miranda. « Puis-je avoir votre attention ? En raison de circonstances imprévues, Spice It Up a été surbooké. L'attente est assez longue. »

« Elle nous a dit qu'il fallait attendre plus d'une heure et demie », dit une femme dans la foule.

« Elle doit le savoir », dit Terri. « Si tu ne peux pas attendre, tu devrais peut-être envisager de dîner ailleurs ce soir. »

« Avant que tous les autres restaurants ne ferment », dit Miranda.

Il y eut une ruée vers la porte et très vite, la foule se transforma en un groupe plus gérable.

Quand Cheryl ramena Marty dehors, elle n'en croyait pas ses yeux. « Tout ce dont j'avais besoin, c'était que trois anges comme vous viennent pour que je puisse reprendre mon souffle. Ça n'a pas arrêté pendant les cinq dernières heures et ces quelques minutes m'ont vraiment aidée. Venez prendre un verre un de ces jours, c'est moi qui invite, ou vous allez attendre, les filles ? »

« Non », dit Cheryl. « Je crois qu'on va te laisser tranquille. J'ai envie de cuisine chinoise. »

« Merci les filles, et n'oubliez pas, c'est moi qui vous offre un verre quand vous voulez », a dit Marty.

Elles ont fait un signe de la main à Marty, comme si c'était une vieille amie. AP était comme ça. La ville avec son panneau de bienvenue sur lequel on pouvait lire en permanence « 27 000 habitants », peu importe le nombre de personnes qui allaient et venaient.

CHAPITRE 3

es trois amies se sont dirigées vers le restaurant chinois le plus proche, situé à seulement trois pâtés de maisons. Il était presque minuit, et elles mouraient de faim !

« Je crois qu'ils sont fermés », a dit Miranda.

« Ouais, ils doivent être fermés. L'endroit est désert », a dit Terri.

« Je suis sûre qu'on est déjà venues ici, vers 2 heures du matin. Le vendredi soir, ils font surtout des plats à emporter. Allons-y avant que je m'évanouisse. »

« Oh regarde», dit Terri, « la voilà, notre serveuse préférée.»

May-ling dit « Bonjour » en posant soigneusement les trois menus sur la table. Puis elle disparut mais revint rapidement avec un pichet d'eau glacée dans lequel flottaient des tranches de citron. Elle donna un verre à chacune des filles, puis les remplit à ras bord. Elle repartit ensuite et revint avec une cafetière de café chaud à la main.

« J'adore cette fille », dit Terri, « elle est tellement efficace, on dirait ma mère. »

« Vous êtes prêtes à commander ? » demanda May-ling.

« On a besoin de quelques minutes de plus », dit Cheryl.

« D'accord. Faites-moi signe quand vous serez prêtes et je reviendrai. »

« Oh, attends une minute — commandons des rouleaux de printemps maintenant », dit Cheryl, « j'en prendrai deux.»

« J'en prendrai un », dit Miranda. « Il faut garder de la place pour les bonnes choses. »

« Un pour moi », dit Terri.

« Je reviens dans quelques minutes », dit May-ling.

« Je n'arrive pas à croire qu'elle soit toujours serveuse ici », dit Terri. « Tu te souviens de la fois où elle m'a couru après dans la rue en criant "Qui a pris le rouleau de printemps en plus ?" J'ai failli mourir – mais honnêtement, je n'avais même pas remarqué qu'elle ne me l'avait pas facturé. »

« Bien sûr, bien sûr », répondit Miranda. « Je te connais, Terri, ton envie de toujours de réussir le grand coup du rouleau de printemps ! »

« Ouais, on savait que tu avais un côté Bonnie et Clyde », dit Cheryl.

« Je sais pas pour vous deux, mais après la journée que j'ai passée, j'ai besoin d'un verre de vin. Commandons une bouteille quand elle apportera les rouleaux de printemps. Oh, la voilà. Merci. On pourrait commander une bouteille de Chardonnay ? »

May-ling se dirigea vers le bar. Elles entendirent un bouchon sauter. Elle revint à la table et versa un peu de vin pour que Miranda le goûte. Ça lui plut et les verres furent remplis pour tout le monde.

« Merci. Et si on trinquait, à nous ? »

« Oui, oui », dirent les trois amies en faisant tinter leurs verres.

« Au fait, j'ai oublié de vous le dire, j'ai failli me faire virer hier. »

« Encore ! » s'exclama Terri.

« Qu'est-ce que tu as fait cette fois-ci ? » demanda Cheryl.

« Eh bien, laisse-moi finir et je te raconterai. Hier, Andrew a failli peter un plomb contre moi. Franchement, parfois, c'est vraiment un sale type. La journée n'avait pas bien commencé. J'étais en retard et j'ai dû gratter les vitres. J'ai mis les gaz à fond, mais je suis quand même arrivée en retard et Andrew m'attendait à la porte. La courte carrière de Miranda Evans chez Vids-R-US a défilé devant mes yeux. »

« Allez, ne nous laisse pas dans le suspense », dit Terri.

« Prêtes à commander ? » demanda May-ling.

« Oui, un Amande Guy Ding, un Poulet Soo-Guy – avec la sauce à part, s'il te plaît. Un riz frit spécial et des travers de porc au miel et à l'ail. Ça devrait suffire, non ? » dit Cheryl.

« Eh bien, je pense que ça devrait suffire et qu'on aura encore de la place pour le dessert », dit Terri.

« Et les biscuits chinois », dit Miranda.

« Alors, raconte-nous ce qui s'est passé avec Andrew ? » demanda Cheryl.

« Andrew m'a passé un savon devant deux autres membres du personnel. Il m'a passé un savon, puis il s'est retourné et m'a dit – ainsi qu'à eux – qu'il me recommandait pour le poste de sous-chef. On aurait pu entendre une mouche voler ! »

« Oh là là. Quel rebondissement. Mais tu t'en es sortie ? » demanda Terri.

« Il a dit que j'avais du "potentiel", entre guillemets. Puis Aldo et Allan sont entrés dans le magasin et c'est là que tout a failli repartir en vrille. »

« Allan et Aldo, pas ces deux losers-là ? » dit Terri.

« Ouais, ils sont venus nous inviter à une fête. J'ai menti et je leur ai dit que je devais travailler. Ils ont appelé Andrew par son surnom et, à mon insu, il était en train de remplir les rayons derrière l'une des vitrines depuis le début. J'ai failli m'évanouir. »

« C'est là qu'il a pété les plombs ? » demanda Cheryl.

« Non, pas du tout. Il a dit à Allan et Aldo que je travaillais vendredi soir. Un mensonge éhonté. Il m'a couverte. Je l'ai remercié, mais maintenant je lui suis redevable. Il le sait. Je le sais. »

« J'espère juste qu'il n'utilisera pas sa position pour te harceler sexuellement », dit Terri.

« Je ne pense pas que ce soit ce genre de type. Il est radin, il a l'esprit étroit, mais ce n'est pas un coureur de jupons. La plupart du temps, c'est un bon patron. Il écoute nos suggestions, même s'il ne les met pas en pratique. Par exemple, on a suggéré qu'il y ait toujours deux personnes dans le magasin pour l'ouverture et la fermeture. »

« Il faudrait que vous soyez deux. Et si tu as envie de faire pipi ? Tu dois fermer toutes les portes à clé ? » dit Terri.

« On se retient. Du coup, quand quelqu'un vient nous relayer, il nous soulage à plus d'un titre ! »

« C'est pas bon pour ta vessie », dit Cheryl.

« Tu crois qu'il va oublier ça, ou qu'il va essayer de se faire rembourser sa faveur ? », demanda Miranda.

« Il est pas marié ? », demanda Terri.

« Je crois avoir lu quelque part qu'il avait épousé son amour d'enfance », dit Cheryl.

« Je savais pas qu'Andrew était marié », dit Miranda.

« Il est pas si mal que ça », dit Cheryl. « En plus, il a un poste chez Vids-R-Us pour le reste de sa vie s'il le veut. Ils pensent que le soleil brille par son derrière. Je me souviens de cet article dans le journal local à son sujet. Il a le potentiel d'aller n'importe où dans le monde avec Vids-R-Us. Oh, voilà notre repas. Ça sent divinement bon. »

Les trois amies s'armèrent de baguettes et se préparèrent à engloutir tout le repas.

« Bon, je ne vous ai jamais dit pourquoi j'ai fait la grasse matinée et que j'étais en retard au travail hier matin, n'est-ce pas ? Eh bien, j'ai vu mes parents la veille au soir et je leur ai dit que je partais en Australie pour un mois. Ils ont complètement flippé. C'était comme s'ils pensaient que je leur demandais la permission ou quelque chose comme ça. Je suis majeure ! Je peux aller où je veux, quand je veux ! »

« Mais l'Australie, quand même », dit Terri. « Pourquoi si loin ? »

« Il faut bien commencer quelque part, et l'Australie m'a toujours fascinée. J'en ai marre de lire des livres sur des endroits, je veux y aller et les voir de mes propres yeux. Je ne veux pas me résigner à rester chez Vids-R-Us en pensant y rester pour toujours. Je veux plus de ma vie. »

« Moi aussi, j'ai toujours voulu aller en Australie », a révélé Cheryl. « Mon père y est allé quand il était dans l'armée, et il m'en parlait souvent. Quand comptes-tu y aller ? Tu veux de la compagnie ? »

« En décembre/janvier, et j'adorerais ça ! On s'éclaterait comme des folles ! »

« Ça me va parfaitement. On ferme l'usine en décembre et la première semaine de janvier, alors compte sur moi », dit Cheryl.

« J'aimerais bien dire oui moi aussi », dit Terri, « mais je ne sais pas si M. Travetti pourra se débrouiller sans moi pendant un mois entier. Il compte totalement sur moi pour tout. »

« Réfléchis-y. Tiens-moi au courant. Ce ne serait pas pareil sans les Trois Mousquetaires Vierges au complet. »

C'est moi qui ai trouvé le nom des Trois Mousquetaires Vierges. C'était un nom secret qu'on ne partageait avec personne d'autre. De nos jours, on n'a pas vraiment envie de se balader en disant à des inconnus qu'on est vierge. Ils pourraient penser que tu es bizarre ou quelque chose comme ça, alors que tu n'as simplement pas encore rencontré le bon. J'ai vingt-cinq ans et je suis fière de faire partie des Trois Mousquetaires Vierges. Notre devise, c'est : « Attends le bon ».

Parfois, je m'inquiète pour nous quand même. À vingt-cinq ans, être vierge, c'est rare, mais pas impensable. Je pense qu'il y a plein d'autres filles comme nous, qui ont trop peur d'admettre qu'elles ne l'ont pas fait. À l'époque de mes parents, une fille était mise au ban de la société si elle le faisait avant le mariage. Aujourd'hui, si tu ne le fais pas, tu es une marginale.

« Miranda, Miranda – yo-ho ! » dit Terri.

« Oh désolée, j'étais sur une autre planète. »

« J'ai dit que je demanderais à mon patron lundi et que je te tiendrais au courant. J'ai pas mal de jours de congé qui s'accumulent. J'ai pas pris de vacances depuis que j'ai commencé là-bas il y a deux ans. »

« Voilà, tu le mérites bien ! » dit Miranda.

Miranda est allée aux toilettes, tandis que Cheryl et Terri se disputaient pour savoir qui allait avoir la dernière portion de poulet Soo Guy.

« On ferait mieux d'attendre, au cas où Miranda en voudrait, tu ne crois pas ? » a demandé Cheryl.

Miranda s'est assise. Elle tapotait la table du bout des doigts, tambourinant jusqu'à ce qu'elle remarque que ses deux amies la fixaient.

« Quoi ? »

« Ça te dérange si Cheryl avale la dernière bouchée de Soo-Guy ? »

« Oh, pour l'amour de Dieu, vas-y, prends-la ! Mes cuisses n'en ont pas besoin de toute façon et je suis repue. Excuse-moi May-ling, tu pourrais nous apporter une autre bouteille de Chardonnay ? »

« On ferme bientôt, très bientôt. Il va falloir boire vite.»

« Oh, mon Dieu ! » s'exclama Cheryl. « Il est plus de 2 heures. »

« Oublie le vin alors. Juste l'addition, s'il te plaît », dit Miranda. « J'ai loué Mission Impossible II et Le Mariage de Muriel – tous deux tournés en Australie, je tiens à le préciser. J'ai plein de vin à la maison. »

« Ça me va, allons-y », dit Terri.

Elles partirent, les trois amies, désespérées et sans rendez-vous pour ce vendredi soir.

CHAPITRE 4

L e sol tremblait sous leurs pieds. La musique résonnait à plein volume. BOUM, BOUM, BOUM. Miranda avait l'impression que sa tête allait exploser à cause d'une terrible gueule de bois, dont la douleur était exacerbée par la musique assourdissante provenant de l'appartement situé juste en dessous du sien.

« Qu'est-ce que c'est que ça ? » demanda Cheryl.

« C'est cet idiot fan de rock qui habite en dessous de chez moi. Tous les samedis, c'est exactement la même chose. D'habitude, ça ne me dérange pas, mais aujourd'hui, j'ai mal à la tête. »

« Moi aussi », dit Terri. « Je vais mettre une cafetière en route. Pourquoi tu ne vas pas voir s'il pourrait baisser un tout petit peu le son ? »

« Je peux essayer. Mais c'est un drôle de type. La dernière fois que je lui ai demandé, il a baissé le son pendant quelques minutes, puis il l'a remonté encore plus fort qu'avant. C'était à 3 heures du matin. »

« On va juste prendre une tasse de café, se préparer et sortir. On peut aller prendre le petit-déjeuner au café de Linda, et elle pourra nous raconter son grand rendez-vous d'hier soir. »

« Et en parlant de la nuit dernière, je suis désolée d'avoir fondu en larmes à propos de tu sais qui », dit Miranda.

« Ce n'est pas grave, mais tu dois vraiment passer à autre chose, le laisser partir. Il n'était pas assez bien pour toi de toute façon », dit Cheryl.

« Du café, du café », dit Terri, « j'en veux un bien fort. Je le veux noir, et je le veux tout de suite. »

« On dirait la description de l'homme dont j'ai besoin moi aussi », dit Miranda en ouvrant les stores du salon. C'était une magnifique journée d'hiver. Elle remarqua que la seule feuille d'érable s'accrochait encore désespérément à une branche. Elle la surveillait tous les jours depuis le début de l'automne. Elle savait que le vent finirait par l'emporter. Pour l'instant, elle dansait devant son balcon. Elle respira profondément et l'air hivernal la fit tousser.

Il y avait eu quelques moments la nuit dernière où les filles avaient eu une dispute. Une vive altercation avait éclaté, et tout était de la faute de Miranda. Les trois amies ne se disputaient pas très souvent, mais quand ça arrivait, ça finissait généralement en grande bagarre.

« Est-ce qu'on va finir par rencontrer des mecs sympas ? » demanda Miranda, en marmonnant. « Tout ce que je veux, c'est trouver un homme bien, me marier, acheter une maison, avoir des enfants, un chien, peut-être un chat. »

« Je pense qu'on est probablement les seules vierges de vingt-cinq ans qui restent à AP, sans parler de tout l'Ontario, et on devrait être vénérées », dit Cheryl.

« Être vierge, c'est complètement dépassé », dit Terri, « Je ne le crierais certainement pas sur tous les toits. C'est un choix personnel. »

Ce choix était personnel, à différents niveaux pour les trois filles. Ce n'était pas comme si elles n'avaient pas de rendez-vous ou d'occasions. Elles n'arrivaient tout simplement pas à trouver le bon. Le mec dont le baiser leur ferait frissonner les orteils. Le mec dont le baiser déclencherait des feux d'artifice comme dans Love American Style. Le mec qui leur donnerait l'impression d'être les seules femmes au monde. Le mec qui ne prenait pas ses jambes à son cou dès qu'il entendait le mot « engagement ».

Il y a un peu plus d'un an, Miranda pensait avoir trouvé ce mec. Il s'appelait Charlie Smith. Il faisait rire Miranda. Ils parlaient de tout. Leur relation était tellement bonne qu'il était devenu leur quatrième ami. Miranda et Charlie sont sortis ensemble pendant trois mois. Ils parlaient de mariage, d'avoir des enfants. Miranda était sûre de l'aimer. Elle ne le lui a jamais dit, mais elle avait l'impression qu'il le savait. Puis il est parti, sans un mot.

Miranda ne s'en est jamais remise. Elle se languissait toujours de lui. Elle se demandait ce qu'elle avait fait de mal. Elle se souvenait de la dernière nuit qu'ils avaient passée ensemble. Ils étaient allés au cinéma. Charlie l'avait raccompagnée chez elle. Il l'avait regardée dans les yeux et l'avait embrassée passionnément. Miranda n'avait aucune idée que c'était un baiser d'adieu.

« Il avait tellement d'atouts. Pas étonnant qu'il ne veuille pas de moi », a dit Miranda.

« C'est un salaud sans couilles », dit Terri. « Fin de l'histoire. Il n'en vaut pas la peine. Laisse-le tomber. »

« Je parie qu'il est marié maintenant, avec des enfants, qu'il vit notre rêve avec quelqu'un d'autre. Probablement une blonde. Il a toujours eu un faible pour les blondes. »

« Si ça t'intéresse tant que ça, pourquoi tu n'appelles pas la banque pour savoir où il est ? Mettons un terme à tout ça une bonne fois pour toutes. Je vais le faire pour toi », dit Cheryl. « Ce n'est pas sain, Miranda. »

«J'ai juste besoin de m'évader, de me changer les idées. Un peu d'excitation dans ma vie, et je pourrai alors mettre Charlie derrière moi. Ce voyage en Australie me fera le plus grand bien. C'est exactement ce qu'il me faut.»

« T'es sûre qu'Andrew va te laisser prendre ces congés ? » demanda Terri.

« Il a d'autres personnes pour le remplacer, c'est pas grave. En plus, je ferai un peu de recherche en Australie, je verrai comment les Australiens gèrent Vids-R-Us et je lui ferai un rapport. N'oublie pas que je suis une candidate potentielle au poste d'assistante de direction. Ça ira très bien. »

Elles arrivèrent chez Joie de Vivre. Linda était introuvable.

« Salut, Sal, où est Linda ? » demanda Terri.

« Euh, elle a fait la fête tard hier soir. »

« C'est tout à fait Linda. Dis-lui qu'on attend tous les détails très bientôt », dit Miranda.

Cheryl commanda du bacon et des œufs, Terri prit un sandwich western toasté, et Miranda commanda un bagel avec du fromage à la crème à part. Elles burent tellement de café qu'elles étaient complètement surexcitées au moment de payer l'addition.

« Ça te dérange si on passe à l'agence de voyage du centre commercial ? J'aimerais prendre quelques brochures et des devis pour des vols », dit Miranda.

« Bonne idée », répondit Cheryl. « Plus on en sait, mieux c'est. »

Quand elles arrivèrent à l'agence de voyage, il y avait la queue et Joe Cool, derrière le comptoir, leur dit qu'il serait « avec elles d'ici peu ». Elles prirent quelques brochures sur l'Australie et commencèrent à les feuilleter.

« Je peux vous aider ? » demanda enfin Joe Cool.

« Oui, on aimerait aller en Australie en décembre/janvier. Tu peux nous dire combien ça va nous coûter ? » dit Miranda.

« C'est la haute saison, c'est la période la plus chère pour y aller. Trois places ? » demanda Joe Cool. « Vous avez une compagnie aérienne préférée ? »

« Air Canada, peut-être Qantas – ça dépend du prix », répondit Miranda.

« Il se trouve qu'Air Canada a un partenariat avec Air New Zealand, et ils ont une offre pour Noël. Il faudrait partir le 1er décembre et revenir soit le 31 décembre, soit le 1er janvier. Le prix est de 2 299 $. Il faudrait réserver rapidement et me laisser un acompte. »

« Quelle aubaine ! » s'exclama Miranda. « Qu'est-ce que vous en dites, les filles ? »

« Je ne peux pas verser d'acompte aujourd'hui », dit Terri. « Tu pourrais nous réserver nos places jusqu'à lundi ? Je dois confirmer avec mon patron. On s'occupera du paiement à ce moment-là. »

« Tu peux réserver deux places fermement et on te donnera nos acomptes », dit Miranda. « On a juste besoin d'une confirmation pour la troisième place. »

« Vous avez toutes un passeport ? » demanda Joe Cool.

« Aucune d'entre nous ! »

« Alors voici les formulaires. Assurez-vous de vous occuper des photos, etc., dès que possible, car vous partez le 1er décembre. Votre nom sera inscrit sur la liste prioritaire puisque vous avez déjà réservé un vol. Acompte par carte de crédit ? »

« Non, par Interac », dit Miranda.

« Pareil pour moi », dit Cheryl.

« Merci pour ton aide », dit Miranda. « Quand as-tu besoin du reste de l'argent ? »

«Dans une semaine à compter d'aujourd'hui – je pourrai alors t'aider à organiser ton programme aussi. C'est un grand pays et il y a beaucoup à voir en un mois.»

« À bientôt. »

« On pourra faire nos photos de l'autre côté de la rue quand on reviendra la semaine prochaine », dit Miranda. « Tout va se passer comme sur des roulettes. On va en Australie ! On va vraiment en Australie ! »

« J'ai faim », dit Terri.

Ces trois amies ont mangé pas mal pour compenser leur absence d'hommes.

« Allons manger un hot-dog au parc. C'est une journée parfaite pour ça ! », dit Terri.

« J'arrive toujours pas à croire qu'on y va », dit Miranda. « Je nous imagine déjà, sur le sable blanc de la plage, en train de regarder les superbes surfeurs australiens. Et quand je

pense à tous ceux qui sont restés ici... à se geler les fesses
! »

Miranda déposa Cheryl chez elle et Terri chez la sienne.
Elle s'arrêta au 7-Eleven pour acheter du chocolat, du pain
et du lait, puis rentra chez elle.

Cheryl vivait avec sa mère et ses deux petits frères et
sœurs. Terri vivait avec sa mère, son père et son grand
frère.

Miranda, en revanche, n'irait jamais vivre chez ses
parents. C'était sympa d'y passer du temps, mais depuis
qu'elle avait déménagé, elle avait tellement mûri et elle
adorait sa liberté. Elle ne pourrait jamais retourner vivre
sous leur toit et suivre leurs règles. C'est vrai, ce n'était pas
facile de travailler aux horaires bizarres chez Vids-R-Us,
en faisant des rotations, mais comme elle était prête
à prendre tous les horaires qu'on lui proposait pour
joindre les deux bouts, vivre seule lui facilitait la vie.
C'était la principale raison pour laquelle elle pensait
qu'Andrew-le-Con la gardait, parce qu'elle travaillait plus
d'heures que n'importe qui d'autre et qu'elle ne s'en
plaignait pas.

Remarque, elle n'arrivait jamais à l'heure au travail.
Miranda avait fait savoir à Andrew à quel point elle avait
besoin d'heures supplémentaires pour joindre les deux
bouts. Elle savait qu'il comptait sur elle quand les choses
se gâtaient. Miranda s'estimait chanceuse. Elle travaillait
beaucoup. Elle avait fait de cet appartement un vrai
chez-soi. C'était le premier chez-soi de Miranda. Elle en
était tellement fière.

Elle s'allongea sur le canapé, zappa entre toutes les
chaînes de télé et constata qu'il n'y avait rien qui valait

la peine d'être regardé. Toutes les chaînes semblaient ne diffuser que du sport, du sport et encore du sport. Elle appuya sur le bouton d'arrêt. Elle alluma le lecteur CD et entendit la voix de Chris DeBurgh. Elle s'allongea sur le canapé et lut plusieurs chapitres de La Bible de Poisonwood. C'était ce livre, l'un des choix du Club de lecture d'Oprah, qui avait d'abord donné envie à Miranda de voyager. Elle réalisa qu'il y avait tout un autre monde là-bas qui n'attendait qu'elle pour venir l'explorer.

Une fois qu'on aura visité l'Australie, tout sera possible. Ensuite, l'Afrique, l'Inde, la Chine...Rien ne pourra nous arrêter !

En rêvant de faire une balade à dos de chameau dans l'Outback, Miranda finit par s'endormir.

CHAPITRE 5

Chez Terri, l'ambiance était loin d'être calme et détendue. En fait, on aurait dit que la Troisième Guerre mondiale venait d'éclater.

« Je t'interdis d'y aller », hurla Angelo, le père de Terri.

« Papa, calme-toi. Je suis adulte, je peux aller où je veux. Je n'ai pas besoin de ta permission. »

«Tu vis sous mon toit, petite ingrate. Tu respectes mes règles. Tu ne paies pas de loyer et tu n'achètes pas à manger. Tu n'as aucune idée de ce qu'est le monde réel.»

« Je ne pars pas seule, papa. Je pars avec Miranda et Cheryl. »

« Et ton travail, alors ? Tu as démissionné chez M. Travetti. »

« Non, je dois obtenir sa permission pour partir. Je lui demanderai demain. Je voulais juste en parler d'abord avec toi et maman. Je pensais que tu serais content pour moi. »

« Teresa, Teresa », dit Angelo.

Quand il était en colère, Angelo appelait toujours sa fille Teresa. Quand Terri entendait ça, elle savait que son père se préparait à une explosion colossale.

« Teresa, trois jeunes filles célibataires, visiblement jeunes et naïves, ne peuvent pas partir voyager en Australie. Qu'est-ce que vous savez du monde, vous trois ? Vous travaillez, vous ne connaissez rien des hommes. »

« Mais papa, j'ai vingt-cinq ans. »

« Peu importe ton âge, Teresa, tant que tu vis sous mon toit, tu suivras mes règles. Oublie ça maintenant. C'est pour ton bien. Tu me remercieras. »

« Papa, je t'appellerai tous les jours »,

« NON ! »

Terri supplia et regarda sa mère pour trouver un peu de soutien. La mère de Terri resta silencieuse.

Maria savait qu'Angelo n'avait pas encore atteint son point de rupture. Elle attendait en retrait, silencieusement, la tête baissée, comme si toute son attention était concentrée sur la broderie au point de croix posée sur ses genoux.

Terri observait sa mère, qui tripotait sa broderie, et ressentait de la colère à son égard. Elle voulait une alliée, quelqu'un qui soit de son côté. Sa mère pouvait sûrement comprendre ce qu'elle ressentait. En fait, Terri savait qu'elle comprenait, mais pour l'instant, sa mère était assise comme une femme invisible de l'autre côté du salon.

Terri regarda son père, qui avait le visage rouge. Angelo faisait les cent pas dans la pièce comme un père dans l'attente d'un enfant. De temps en temps, il s'asseyait, tapait du poing sur la table comme un enfant qui n'arrivait pas à obtenir ce qu'il voulait, puis se relevait d'un bond et recommençait à faire les cent pas.

C'était une bataille de volontés. Pour Terri, prouver qu'elle était adulte. Pour Angelo, accepter de laisser partir sa fille.

« Papa, je vais commencer à te payer un loyer. »

« Teresa ! Non ! Ce n'est pas une question d'argent. Je ne veux pas que tu partes ! »

Giovanni, le grand frère de Terri, entra dans la pièce. « Partir où ? Papa, je t'entendais crier depuis le bout de la rue. »

« Ta sœur veut nous quitter pour aller en Australie avec ses amies. »

« Pas question, vous ne pouvez pas y aller toutes seules. C'est dangereux. C'est un pays rude et vous trois, vous n'aurez aucune idée de comment survivre dans l'Outback. Aucune idée. »

« On ne va pas faire partie du casting de Survivor, tu sais bien, Giovanni ! On prévoit de loger dans des auberges, des chambres d'hôtes, des endroits où on sera parfaitement en sécurité. »

À peine avait-elle prononcé le mot « auberges » que Terri vit la réaction de Giovanni. Elle aurait voulu pouvoir retirer ces mots. Des larmes brûlantes coulaient sur ses joues.

« Des auberges ! » Il éclata de rire. « Vous trois, vous ne pourriez pas vous débrouiller sans votre propre salle de bain. Vous n'en avez aucune idée, absolument aucune. »

Maria se leva calmement.

Ils se tournèrent vers elle et la regardèrent poser délicatement son ouvrage de couture sur la table. Elle gardait les yeux baissés tandis qu'elle traversait la pièce.

« Va dans ta chambre, ma fille, et laisse-les-moi. Tout ira bien. Va-t'en maintenant. »

Terri savait que discuter ne servirait à rien. Elle était persuadée que sa mère ferait tout son possible pour convaincre son père. De retour dans sa chambre, Terri enfila son pyjama et remonta la couverture jusqu'au menton. Cela ne la réconfortait pas. Elle fixa le plafond et s'endormit.

Terri était dans l'Outback australien avec ses deux amies. Elles avaient très soif. La poussière rouge leur soufflait au visage, et des tumbleweeds venaient à leur rencontre. Elles faisaient du stop.

Au loin, une camionnette bleu ciel, saupoudrée de terre rouge, se dirigeait vers les trois amies. Lorsque la voiture rejoignit les filles, le Marlboro Man leur ouvrit la porte et les invita à monter.

« Besoin d'un coup de main ? » demanda-t-il.

« Merci, on est perdues », dit Terri en grimpant à côté de lui, suivie par Cheryl et Miranda. C'était un peu serré.

En sueur, collées les unes aux autres, la chaleur était étouffante. Le côté droit de Terri était contre le « Marlboro Man ». Elle pouvait voir sa barbe de trois jours et sentir son odeur musquée.

« D'où vous venez ? » demanda-t-il.

« On vient du Canada et on est perdues. » Terri ne pouvait pas s'empêcher de regarder sa bouche. »

« Oh, je vois, vous, les filles, vous n'auriez pas dû venir ici. Je vais vous ramener à A Town Called Alice. »

« A Town Called Alice ? pensa Terri. Je connais cet endroit. J'ai vu un téléfilm à ce sujet sur PBS. »

La voiture se mit à cogner et à tanguer. Les coups devenaient de plus en plus forts.

Quelqu'un était à la porte. C'était Maria.

« Ton père est un homme fier, mais il est très têtu. Allez, allez, tu peux y aller. Tu peux y aller, appeler chaque semaine et acheter un cadeau à ton père. »

« Merci maman », dit Terri en lui donnant une grosse accolade.

« Va dormir maintenant. N'en parle pas demain matin. Laisse passer un peu de temps. »

Terri s'allongea et essaya de se replonger dans son rêve. Le Marlboro Man avait disparu.

Parfois, Terri sentait que son désir d'un homme était si fort qu'elle allait tout simplement exploser. Ses parents entreraient un matin et la trouveraient... en morceaux.

Est-ce que quelqu'un me manquerait si je faisais

« POP »

Ses parents, oui. Son frère, oui. Son patron, oui. Comment s'en sortirait-il sans elle ? Il dépensait de l'argent comme si c'était la fin du monde et Terri devait lui dire d'arrêter.

Terri se souvenait de la nuit où M. Travetti lui avait raconté l'histoire de sa famille :

« Mes parents sont venus d'Italie, en 1921. Ils n'avaient pas d'argent. Papa était tailleur, maman était couturière, ils fabriquaient des bagages. Aujourd'hui, cinquante ans plus tard, on fabrique toujours des bagages. Sans eux, je ne serais rien. »

Terri a tout de suite su qu'elle voulait travailler pour M. Travetti, pour faire partie de la vision de sa famille, de leur rêve.

Après avoir parlé à M. Travetti demain, s'il dit oui, je verrai si on peut obtenir des offres exceptionnelles sur les bagages.

Terri était tellement excitée !

Au début, elle n'arrivait pas à dormir, mais quand elle s'est endormie, elle a rêvé de koalas tout doux.

CHAPITRE 6

« Maman, j'ai une super nouvelle », dit Cheryl. « Je suis sur le point d'exploser ! »

« Qu'est-ce que c'est ? », demanda Janet.

« Craig et Evelyn sont-ils déjà rentrés ? Je veux vous l'annoncer à tous ensemble. »

« Oui, Craig est dans le salon en train de regarder la télé et Evelyn est dans sa chambre. Craig ! Evelyn ! Venez, votre sœur a une annonce à faire. »

« Tu vas te marier ? » demanda Craig.

« Tu es enceinte », dit Evelyn.

« Evelyn, petite coquine à l'esprit mal tourné », dit Janet, « Ne fais pas attention à elle, Cheryl. Alors, c'est quoi ce grand secret ? »

« J'aimerais juste que papa soit là aussi », dit Cheryl.

« Il est là, ma chérie », dit Janet. « Vas-y, on t'écoute tous. »

« Je pars en Australie ! »

« Quoi ? »

« Quand ? »

« En décembre. On a déjà versé un acompte pour les billets d'avion. Je pars avec Miranda, c'est sûr, et peut-être avec Terri. Elle espère pouvoir prendre des congés. »

« C'est génial ! » s'exclama Janet. « Tes premières vacances à l'étranger, et je comprends pourquoi tu penses à ton père en ce moment. Il adorait l'Australie. C'était un endroit incroyablement spécial pour lui. »

« Tu me ramènerais un boomerang ? » demanda Craig, le frère de Cheryl, âgé de dix-sept ans.

« Bien sûr. Ce sera facile de trouver quelques boomerangs en Australie. »

« Ramène-moi le nageur, Ian Thorpe. Ouais, ça serait sympa », dit Evelyn, âgée de seize ans mais qui en paraissait vingt-cinq.

« Sympa. » demanda Janet. « Où tu le mettrais ? »

« Je trouverai un endroit, maman, t'inquiète pas. »

« Si je croise Ian Thorpe, je verrai s'il a un grand frère pour moi – comme ça, on sera tous les deux parés. »

« Oh, mon Dieu. Je viens de penser à quelque chose. Je reviens tout de suite », dit Janet.

« Qu'est-ce qu'il y a ? » demanda Craig.

« J'espère qu'elle ne pleure pas là-bas, tu vas vraiment nous manquer, ma sœur », dit Evelyn.

« Je ne pars que pour un mois. Je serai de retour avant même que tu t'en rendes compte. »

« Mais tu vas rater Noël », dit Evelyn.

« Je sais, mais on n'y peut rien. On a trouvé une super affaire sur ces vols, et c'est la haute saison et tout. Sans compter que c'est le moment idéal, puisque l'usine ferme en décembre. Le timing est parfait. C'est une occasion à ne pas laisser passer. »

Ils entendirent des pas monter de la cave. Janet portait manifestement quelque chose de lourd.

« Tu as besoin d'aide, maman ? » demanda Craig.

« Oui, ce serait sympa, Craig », répondit Janet en faisant porter une partie du poids de la vieille malle à son fils. « Ouf, c'est plus lourd que dans mon souvenir. »

« C'est sûr, maman, tu aurais dû m'appeler », dit Craig.

« Bon, on est en haut maintenant — posons-le ici, d'accord. Un, deux, trois. Super, voyons voir si je me souviens où est la clé. Oh, je m'en souviens, elle est dans le bocal de Toby dans le placard. Oui, la voilà. Rassemblez-vous. Comme vous le savez tous, ça appartenait à votre père. Laissez-moi juste l'ouvrir et oui, voilà quelque chose pour toi, Cheryl, quelque chose que je pense que ton père aurait voulu que tu aies pour ton voyage. »

C'était le sac de la Marine de son père. Cheryl le serra contre sa joue. Ça sentait encore son odeur – Irish Springs.

« Merci, maman. Je, je ne sais pas quoi dire. J'étais déjà heureuse, mais maintenant tu me rends encore plus heureuse. » Elle embrassa Janet et la serra dans ses bras.

« Il y a aussi des photos, regardons-les. Oui, voilà ton père au Sydney Harbour Bridge, dans les Blue Mountains et à l'Opéra de Sydney. Il est tellement beau. Il n'avait que vingt-cinq ans quand ces photos ont été prises.

« Papa avait le même âge que moi quand il est parti en Australie ? »

« Oui, c'est vrai, je n'y avais pas pensé avant. Je pense que tu es peut-être destinée à y aller et, comme tu es l'aînée, je crois qu'il est temps que tu utilises ce sac. Ton père est toujours avec toi en esprit et maintenant, son sac pourra être avec toi aussi. Ça te portera chance. Mais bon, regarde l'heure. Il est presque minuit. »

Craig, Evelyn et Cheryl passèrent devant leur mère pour l'embrasser sur la joue.

Pendant des heures, Janet resta près de la malle. Elle en sortit tout le contenu. Elle trouva une lettre d'amour qu'elle avait écrite à Martin. En fait, toutes les lettres qu'elle lui avait jamais écrites étaient attachées ensemble par un nœud. Elle les serra contre son cœur et les larmes se mirent à couler.

Certains disent que le temps guérit tout, mais le cœur de Janet continuait de souffrir. Elle rangea la cuisine et sortit les assiettes pour le petit-déjeuner du lendemain matin. Elle ne se coucha pas avant d'être complètement épuisée. Elle ne pouvait pas supporter de passer une autre nuit seule dans le lit qu'elle et Martin avaient autrefois partagé.

Cheryl passa le sac sur sa poitrine et dormit ainsi.

Elle rêva que son père était avec elle, lui racontant ses aventures en Australie : « C'est un pays qui peut être très rude et dangereux, Cher. N'oublie pas d'aller voir les Blue Mountains et quand tu traverseras le pont pour rejoindre la formation rocheuse des Three Sisters, pense à moi. Je serai là avec toi. Je serai le vent qui caresse ton visage. »

Cheryl se réveilla.

Tout cela était si réel, tellement réel. Il me manque tellement. Papa, tu me manques tellement. Plus personne ne m'appelle Cher. C'est pas juste que tu sois parti et qu'on soit encore là.

CHAPITRE 7

Dimanche matin, 10 h. C'était au tour de Miranda d'ouvrir chez Vids-R-Us. Andrew n'était pas là aujourd'hui, mais elle savait qu'il vérifiait toujours que la personne chargée de l'ouverture soit à l'heure. Elle était arrivée à 9 h 50 et avait de quoi s'occuper : elle devait réapprovisionner les rayons avec les vidéos qui avaient été rendues pendant la nuit.

À 10 h 03, son premier client est arrivé. Il a choisi deux vidéos et s'est rendu compte qu'il avait oublié sa carte d'identité.

« Désolée », a dit Miranda. « C'est la politique de l'entreprise. Pas de carte, pas de vidéos. »

« Salope », a-t-il dit en se frayant un chemin à travers les portes tournantes.

« Passe une bonne journée », a dit Miranda.

Aujourd'hui, rien ne va me contrarier. Parce que je pars en Australie pour de vraies vacances. Ma première fois en avion. Ma première fois à l'étranger. Rien ne viendra gâcher ça pour moi.

Le téléphone fixe a sonné à 10 h 05 et elle a répondu dès la première sonnerie. Andrew tenait absolument à garder le téléphone fixe. Il était agaçant sur ce point.

« Salut Andrew. Oui, je suis là depuis quinze minutes. Tu es en retard pour prendre de mes nouvelles, par contre. Je vais devoir le noter dans ton dossier. Ha ha. Profite bien de ton jour de congé et ne t'inquiète pas. Tout va super bien. N'oublie pas, j'ai le potentiel pour devenir assistante de direction. »

« Continue comme ça, Evans. »

«Oh, je dois y aller. Un nouveau client vient d'arriver. » Miranda raccrocha le téléphone et accueillit le client avec un chaleureux « Bonjour».

L'homme répondit par un grognement. Son odeur corporelle flottait dans l'air et persistait même s'il se trouvait désormais de l'autre côté de la pièce. Miranda vaporisa du Windex sur le comptoir pour tenter de dissiper l'odeur. Tout en essuyant le comptoir, elle remarqua que l'homme semblait ne pas savoir quoi faire.

Elle le regarda fouiller dans la section des nouveautés, jetant des vidéos par terre. Il avait la trentaine bien avancée, était blond, portait une veste en cuir et de vieilles bottes en cuir crasseuses. Il semblait agité de ne pas trouver un titre précis.

« Je peux t'aider à trouver quelque chose ? » demanda Miranda.

« Non », répondit-il en secouant le bras, ce qui fit flotter encore plus d'odeur corporelle dans sa direction. C'est alors qu'elle détecta une autre odeur : celle du whisky. Elle retint son souffle.

Derrière le comptoir, Miranda s'affairait à ranger les DVD dans les bacs. Elle avait le dos tourné à la caisse quand elle entendit des pas. Il se dirigeait vers elle, derrière le comptoir.

« Donne-moi l'argent, poupée. J'ai un flingue sous ma veste, et je m'en servirai. »

Au début, Miranda crut qu'elle était dans une émission de caméra cachée ou quelque chose du genre. Je veux dire, ma belle. Où ce type a-t-il passé ces cinquante dernières années, coincé dans une faille temporelle à regarder des films d'Al Capone ou quelque chose comme ça ?

« Il n'y a pas grand-chose dans la caisse pour l'instant. Franchement, je n'ai qu'un peu de petite monnaie. On est ouverts depuis moins d'une heure. Pourquoi tu ne pars pas, et on oublie tout ça, hein ? Je ne le dirai à personne. »

« Donne-moi l'argent ! »

Miranda lui tendit les 50 dollars de la caisse.

« C'est tout ? Où est le coffre-fort ? »

Miranda désigna le panneau accroché au mur indiquant qu'il n'y avait pas de coffre-fort sur place.

« Pousse-toi », dit l'homme en écartant Miranda d'un coup de coude pour attraper son sac à main. Il le fouilla et n'en retira que moins de 10 dollars. Frustré, il frappa du poing sur le comptoir.

Pendant ce temps, Miranda évaluait ses options. N° 1. Crier à l'aide. Il n'y avait pas âme qui vive dehors. Personne ne l'entendrait. N° 2. Appeler le 911. Le téléphone était de l'autre côté du comptoir. Pourrait-elle se jeter sur lui comme un éléphant dans un magasin de porcelaine, le renverser et avoir encore le temps de composer le 911 avant qu'il ne se relève ? Non. #3. Prier. C'était le meilleur choix des trois et Miranda se mit à réciter le « Notre Père ».

L'homme donna un coup de pied dans la caisse et fit s'écraser l'ordinateur au sol.

Aide-moi, mon Dieu. Envoie quelqu'un. Andrew ? Andrew.

Les prières de Miranda restèrent sans réponse.

L'homme l'attrapa par les épaules et, l'espace d'un instant, elle crut qu'il allait lui donner un coup de tête. Au lieu de ça, il la gifla juste assez fort pour la faire tomber.

« 60 dollars ! » a-t-il crié en serrant les poings. « Seulement 60 dollars ! »

« Écoute, on fait tous des erreurs. Prends les 60 dollars et pars, je te promets que je n'en dirai pas un mot. Tu peux sortir d'ici. »

Miranda voyait bien que ses paroles tombaient dans l'oreille d'un sourd. Il était en train de paniquer.

« Donne-moi tes cartes de crédit ! »

« Je... je n'en ai pas », dit-elle. Note à moi-même – Me procurer une carte de crédit pour les urgences. Elle sursauta à cette pensée, et un petit rire lui échappa. Elle essaya de le ravaler, mais il l'entendit et devint fou furieux. Elle se releva aussi vite qu'elle le put et tenta de se précipiter vers la porte, mais ce fut vain. Il l'eut en quelques secondes.

Il passa son bras gauche autour de son cou, la tenant prisonnière dans son étreinte. De l'autre main, il fouilla ses poches jusqu'à ce qu'il trouve ce qu'il cherchait. Les clés.

Il la traîna jusqu'à la porte d'entrée, la verrouilla, puis la poussa au sol derrière le comptoir. Elle cherchait une arme, n'importe laquelle, mais ne trouva rien. Elle se débattit tandis qu'il arrachait les boutons de son chemisier blanc tant aimé et tâtonnait avec son soutien-gorge jusqu'à ce que ses seins jaillissent. Il les palpa, la bouche baveuse. L'odeur de transpiration et de whisky lui retourna l'estomac.

Elle hurla, mais ce fut le dernier cri qu'on entendit ce matin-là, car il lui enfonça dans la bouche le chiffon qu'elle avait utilisé pour essuyer le comptoir. Ça sentait et avait le goût du Windex et de la poussière.

Il la déchira, et elle se débattit tandis qu'il lui arrachait le reste de ses vêtements. Il utilisa son soutien-gorge pour lui attacher les mains derrière la tête afin qu'elle ne puisse pas se défendre. Elle était impuissante tandis qu'il lui léchait les seins. Elle hurla, mais seulement pour elle-même, car un cri étouffé n'est pas un cri du tout, alors qu'il la pénétrait.

Quand ce fut fini, il dit : « C'était juste l'argent que je voulais, mais merci. » Il regarda son badge et lut son nom.

Pendant une seconde, Miranda a cru qu'il allait l'embrasser. Elle a eu un haut-le-cœur.

Il s'est penché vers elle et lui a donné un coup de poing dans la bouche.

« N'appelle pas la police, ou je reviendrai te chercher. T'es plutôt bonne. »

Il a remonté son pantalon et enfilé sa veste. Il a fouillé dans le sac à main de Miranda et pris son portefeuille. Il l'a glissé dans sa poche.

« Souviens-toi, je te retrouverai et je te tuerai, toi et tous ceux que tu aimes, si tu parles aux flics. »

C'était fini. Il était parti.

Miranda réussit à libérer ses mains au bout d'un moment. Pendant qu'il la violait, elle s'était réfugiée à l'intérieur de ses murs protecteurs. Là, il ne pouvait pas l'atteindre. Une fois libre, elle ramassa tous ses vêtements éparpillés sur le sol comme des pétales et s'habilla.

Elle savait qu'elle avait des ennuis ; de gros ennuis, et elle ne savait pas comment s'en sortir. Il avait sa carte d'identité. Il avait son adresse.

Elle n'était plus vierge. Elle ne faisait plus partie des Trois Mousquetaires Vierges.

Elle ne savait pas si elle l'avait dit à voix haute ou non, mais les mots semblaient résonner et se répercuter dans toute la pièce. Elle avait été son lot de consolation. Elle avait attendu vingt-cinq ans, et il l'avait prise contre son gré. Elle rit, puis se mit à sangloter de manière incontrôlable.

Elle se leva et vit deux personnes, un homme et une femme, le visage collé contre la vitre. Ils voulaient entrer.

Mieux vaut tard que jamais.

Elle remarqua l'expression d'inquiétude de la femme, lorsqu'elle se rendit compte qu'un de ses seins était encore entièrement dénudé. Elle savait qu'elle devait offrir un spectacle d'enfer. Elle sentait encore le sang couler sur son visage. Elle était en plein désarroi et probablement en état de choc.

Miranda décrocha le téléphone et poussa un soupir de soulagement en entendant la tonalité. Elle appuya sur la touche de numérotation rapide, le numéro d'Andrew. Il répondit. Elle ne se présenta pas.

« J'arrête ! Je viens de me faire violer pendant mon service ! On t'a toujours dit qu'il fallait être à deux pour les ouvertures et les fermetures ! »

Elle raccrocha sans attendre de réponse.

Elle composa le 911 et raconta à une gentille dame ce qui s'était passé. La femme dit qu'elle allait envoyer une ambulance et la police. Elle lui demanda si elle allait bien.

« Non, je ne vais pas bien. Je ne vais pas bien du tout ! En fait, je ne m'en remettrai probablement jamais ! » hurla Miranda dans le combiné.

Elle s'effondra sur le sol. Elle ne pensait à rien d'autre qu'à l'eau. De l'eau chaude. De l'eau bouillante. Qui coulait sur elle. Partout sur elle. Elle voulait s'arracher toute la peau du corps. Elle se demandait si de l'eau de Javel ferait disparaître son odeur.

Puis elle pensa à l'Australie. Elle y partait dans quelques semaines. Elle ne reviendrait plus jamais chez Vids-R-Us.

Quand ils arrivèrent, elle était assise près de la porte, recroquevillée en position fœtale, fredonnant une chanson sur l'Australie.

CHAPITRE 8

Miranda n'a pas tardé à regretter d'avoir parlé. Andrew a essayé de la réconforter en la serrant dans ses bras. Elle s'est écartée de lui.

La police a envoyé une femme et un homme : le sergent Jim Miller et l'agent Gerri Mitchell. Ils ont joué au jeu du bon flic et du méchant flic. Le sergent Miller était gentil, et l'agent Mitchell était une vraie sorcière, complètement insensible. À tel point que Miranda avait envie de pleurer.

Miranda leur a raconté ce qui s'était passé à plusieurs reprises. Elle aurait aimé qu'ils arrêtent de lui poser les mêmes questions. Ce qui était arrivé était arrivé et ça n'allait pas changer, peu importe combien de fois ils lui faisaient répéter.

« Tu n'avais jamais vu cet homme avant aujourd'hui ? »

« Non. »

« C'était un membre ? »

« Je ne sais pas. Il ne voulait pas de vidéos. Il voulait de l'argent. »

« Comment était-il habillé ? Un jean bleu ? Portait-il un boxer ou un slip ? » demanda l'agent Mitchell.

« Il portait une veste en cuir. Il empestait la transpiration et le whisky éventé. Il portait un jean bleu et des bottes. Des bottes de cow-boy, je crois. Je n'ai pas remarqué s'il portait un boxer ou un slip. »

Miranda les ignora en chantant une chanson de U2 dans sa tête.

Quand l'interrogatoire fut terminé, une trentaine de minutes plus tard, le sergent Miller dit : « Tu nous as été d'une aide précieuse, Mlle Evans. Maintenant, on va te mettre dans une ambulance. Tu pourras te laver. Tu te sentiras mieux après. »

Miranda pensait qu'elle ne se sentirait plus jamais mieux. Elle était contente du calme et de la tranquillité offerts par la sirène hurlante de l'ambulance. N'importe quoi valait mieux que d'être interrogée par l'agent Gerri Mitchell.

À l'hôpital, elle se déshabilla et attendit qu'un médecin l'examine.

« Excuse-moi, Mme Evans », dit l'agent Gerri Mitchell. « Je suis venue chercher tes vêtements pour faire des analyses. »

« Tu peux les brûler quand tu en auras fini avec. »

« Tu n'auras plus jamais à les revoir. »

« Merci. »

Un examen physique fut effectué, et des prélèvements furent pris à titre de preuves. Une analyse de sang fut réalisée afin de vérifier que l'agresseur n'avait pas de maladies vénériennes ou le VIH. Le médecin lui dit qu'elle devrait revenir une fois par mois pendant les deux prochaines années pour passer des examens avant qu'ils ne soient sûrs à 100 % qu'elle n'était pas porteuse du virus du sida.

Finalement, Miranda a été autorisée à prendre une douche.

« Y a-t-il quelqu'un que tu aimerais appeler, Mlle Evans, tes parents, des amis ? Je peux les contacter pour toi si tu veux », a demandé l'agent Gerri Mitchell.

Miranda a répondu : « Non. »

« Mais, Mlle Evans, tu as besoin de vêtements. Je peux aller te chercher des vêtements ? N'importe quoi ? »

« Mes clés, il a pris mes clés. »

« Quelqu'un d'autre en a un jeu ? »

« Ma propriétaire, Mme Pierce, en a. »

«D'accord, Mme Evans, je vais aller te chercher quelques vêtements, si ça te convient ?»

« Oui, merci. »

« Et je demanderai à la propriétaire de changer les serrures aussi, tant que j'y suis. »

« Mais tu ne lui diras rien de ce qui m'est arrivé, n'est-ce pas ? »

«Pas un mot, Mme Evans. Maintenant, va prendre une douche. Je laisserai tes vêtements juste devant la porte.»

« Agent Mitchell, merci. »

«Je ne fais que mon travail. »

Elle ouvrit le robinet d'eau chaude à fond. Elle laissa l'eau couler sur sa peau, s'écouler dans les égouts et rejoindre la mer. Quand elle ne se sentit plus souillée, elle remarqua que l'agent Mitchell avait posé son sac de voyage sur la chaise juste à l'intérieur de la porte. Elle était reconnaissante d'avoir ses affaires et les serra contre elle pendant quelques instants avant de commencer à s'habiller.

Puis une pensée lui traversa l'esprit : une minute vierge, la minute d'après comme une grenouille sur une table d'examen que tout le monde peut tripoter. Elle frissonna à cette idée, retenant ses larmes, et décida qu'un accompagnement psychologique serait peut-être nécessaire.

Si je le revois un jour, il sera mort. Je te le promets ! dit Miranda à son reflet dans le miroir.

L'agent Mitchell raccompagna Miranda chez elle dans sa voiture de police.

« Y a-t-il quelqu'un qui puisse rester avec toi ce soir ? Mme Pierce ne pourra pas faire changer les serrures avant demain. »

« Non, je mettrai le double verrou. Ça ira. Merci, pour, pour tout. Je suis désolée de t'avoir mal jugé tout à l'heure quand tu m'interrogeais. Je suppose que j'étais un peu trop sensible. »

« Désolé d'avoir dû être si dur avec toi. Je faisais juste mon travail. Prends soin de toi. »

Les mains de Miranda tremblaient lorsqu'elle ouvrit la porte. Une fois à l'intérieur, elle se servit une tasse de thé bien chaud. Elle envisagea d'y verser un peu de whisky, mais son odeur lui donna envie de vomir.

Qui veut gagner des millions ? passait à la télévision. Regis avait hâte de distribuer l'argent. Elle essaya de se concentrer, mais ses pensées ne cessaient de revenir sur les événements de la journée.

Elle organisa une visioconférence avec Terri et Cheryl. « J'ai besoin que vous veniez toutes les deux tout de suite. Je ne peux pas vous expliquer. »

Elles étaient à ses côtés en 10 minutes.

Miranda ne supportait pas de revenir sur tous les détails. Elle raconta à ses amies tout ce qu'elle pouvait, puis s'endormit en pleurant sur le canapé.

Terri et Cheryl se rendirent dans la cuisine. Elles ne connaissaient pas les détails, mais elles en savaient assez. C'était obscène.

« Tu crois qu'on devrait appeler ses parents ? » demanda Cheryl.

« Non, Miranda n'est pas proche d'eux. C'est à elle de décider quand et si elle leur raconte ce qui s'est passé aujourd'hui. »

« Mais ils devraient vraiment être mis au courant. Ce sont ses parents », expliqua Cheryl.

« Si c'était moi, je dirais oui, mais pas Miranda, elle ne voudrait pas qu'on leur dise. »

« D'accord », dit Cheryl en proposant un brandy à Terri et en s'en servant un à elle-même.

« Des animaux comme lui devraient être au zoo. Il n'a pas sa place dans le monde », dit Terri.

« La castration serait trop douce pour lui. »

Sur le canapé, Miranda entendait les commentaires de ses amies. Elle espérait que tout ça n'avait été qu'un mauvais rêve, mais son corps lui faisait mal, et elle savait que c'était la réalité. Elle essayait de toutes ses forces de ne rien ressentir.

Eh bien, l'engourdissement était l'état d'esprit qu'elle espérait atteindre.

CHAPITRE 9

« Salut Rosa, est-ce que M. Travetti est occupé ? J'ai vraiment besoin de lui parler », dit Terri.

« Il est au téléphone avec Rome. Ça ne devrait pas prendre longtemps. Assieds-toi. »

« Merci Rosa. »

« M. Travetti, Terri aimerait vous voir. »

« Fais-la entrer. » Il était ravi, tellement ravi, car son fils Amadeo rentrait à la maison pour les fêtes. Amadeo dirigeait la filiale de l'entreprise en Italie, et il n'était pas rentré chez lui depuis près de deux ans. Il se cala dans son fauteuil et alluma un cigare. Il tira une longue bouffée. « Terri, comment va ma collaboratrice la plus travailleuse aujourd'hui ? »

« Je vais très bien, merci, et toi ? »

« Je suis aux anges ! Mon fils rentre à la maison pour les fêtes. J'ai hâte de l'annoncer à ma femme et au reste de la famille. Ça fait deux ans qu'il n'est pas rentré. Il dirige notre entreprise à Rome. »

« Je suis tellement heureuse pour toi et Mme Travetti. Je me demandais si je pouvais te demander une faveur ? »

« Si je pouvais exaucer le vœu de quelqu'un, ce serait le tien, Terri. »

« Merci, monsieur. J'aimerais prendre un mois de congé en décembre pour aller en Australie avec mes amis. »

« C'est d'accord. »

« Tu veux que je parle à l'agence pour l'emploi ? Pour voir s'ils peuvent trouver quelqu'un pour me remplacer ? »

« Non, Terri, ce ne sera pas nécessaire. Mon fils pourra m'aider pendant ton absence. Ne t'inquiète pas, profite bien de ton séjour. »

« Merci beaucoup, je ferais mieux de retourner travailler. » Youpi ! Je pars en Australie !

CHAPITRE 10

L e temps passe et Miranda va de l'avant. Quelques mois plus tard, sa vie a bien changé. C'est une transformation incroyable.

Miranda s'est consacrée à 100 % à la préparation de son voyage. Elle s'est inscrite à la bibliothèque. Elle s'est plongée dans tout ce qui concernait l'Australie : manuels, CD, films, documentaires et journaux. Elle ne vivait que pour l'Australie. En fait, c'était le seul sujet dont elle parlait et c'était devenu sa raison d'être.

Son enthousiasme était contagieux, et ça l'a aidée quand elle est allée passer un entretien d'embauche. Le poste était dans une filiale de l'entreprise de M. Travetti. Terri a recommandé Miranda pour ce poste, qui demandait un peu d'expérience en secrétariat/réception.

Miranda craignait de ne pas avoir les qualifications nécessaires, mais M. Travetti et son nouveau patron, M. Mandelbaum, étaient convaincus qu'elle avait beaucoup à apporter à leur entreprise.

« Rien que son enthousiasme donne envie d'embaucher cette fille », a déclaré M. Mandelbaum.

« Mais elle ne peut pas commencer avant janvier », a mentionné M. Travetti.

« On peut attendre ; j'ai un bon pressentiment à propos de cette fille. »

Des vacances en Australie. Un nouveau boulot. La vie était meilleure qu'elle n'aurait jamais pu l'imaginer. Elle s'est mise au sport et a commencé à faire du jogging. Elle s'est mise au yoga. Elle a appris à nager.

Miranda Evans avait un but dans la vie pour la toute première fois.

CHAPITRE 11

S i cette pensée t'a traversé l'esprit et que tu t'inquiètes pour Miranda, ne t'en fais pas. Elle ne fuyait pas la vérité. En fait, elle l'a affrontée de front lorsqu'elle a révélé les détails du cambriolage à ses parents. Elle a décidé de ne pas leur parler du viol. Ça ne ferait que leur causer de la peine.

Étant donné que Miranda n'était pas proche de ses parents, son intention de les protéger de la douleur témoignait d'une formidable maturité. Autrefois, elle aurait probablement pris plaisir au bouleversement émotionnel qu'elle aurait pu provoquer dans leur vie. Elle aurait eu l'impression que c'était l'heure de la revanche.

Miranda Evans est née le 1er août 1977 à l'hôpital AP, à 5 h 22 du matin. Elle pesait 3,2 kg. C'était un bébé têtu, né avec deux semaines de retard, et Elizabeth et Tom Evans étaient très soulagés et ravis quand elle a enfin fait son apparition.

Elizabeth et Tom avaient tous deux la quarantaine bien avancée et Miranda était un bébé non planifié. Ils se sont vite rendu compte de tout le travail que représentait le quotidien d'élever un bébé et se sont sentis dépassés.

En grandissant, la différence d'âge entre les parents de Miranda et les autres parents est devenue évidente quand elle a commencé l'école.

« C'est tellement sympa que tes grands-parents t'amènent à l'école », disaient les autres enfants.

Ils riaient quand ils apprenaient la vérité et Miranda avait honte.

« Je rentre à pied tous les jours avec mes amis », disait Miranda à ses parents. Elle rentrait souvent seule. Ils ne l'ont jamais su.

« Si tu n'en parles pas, c'est comme si ça ne s'était jamais passé », disaient souvent Elizabeth et Tom Evans.

« Mais papa, ça s'est bien passé », répondait Miranda.

« Peu importe. Ignore-les, ils trouveront quelqu'un d'autre à embêter demain », répondait Elizabeth.

Mais ce n'était jamais le cas. Les enfants faisaient ce que font les enfants. Ils voyaient une fleur fragile. Quelqu'un qui était différent. Quelqu'un qui avait le cœur sur la main. Et les enfants étaient des brutes implacables.

« Je ne veux plus jamais aller à l'école ! », a dit Miranda à sa maman un matin.

« Qu'est-ce qui se passe ? », a demandé Elizabeth, tout en peignant les cheveux de sa fille.

« C'est les autres enfants. Ils m'appellent "tête de cuivre" et ils me bousculent et me frappent. Une fille a dit qu'elle allait me tabasser aujourd'hui si je ne lui apportais pas un dollar. »

« Ignore-la simplement et elle s'en ira. Moi aussi, j'ai été victime de harcèlement quand j'avais ton âge. Ça m'a rendue plus forte. »

« Mais maman ! » s'écria Miranda alors que sa mère la poussait vers la porte d'entrée et lui faisait signe de la main.

Plus tard, à table, Miranda s'assit. Elle avait un œil au beurre noir. Aucun de ses parents n'en fit mention. Elle vit qu'ils la regardaient. Ils firent comme si de rien n'était. Ils continuèrent à manger. Ils se passèrent le pain, le sel et le poivre. Ils mangèrent sans que personne ne parle.

Les autres soirs, les parents de Miranda s'asseyaient à table et parlaient de choses sans importance, comme la météo ou ce qu'il y avait à la télévision.

Après l'incident de l'œil au beurre noir, Miranda comprit qu'il ne servait à rien de montrer ses émotions. À la place, elle érigea un mur.

En grandissant, elle accepta ses parents tels qu'ils étaient, car elle ne savait pas à quel point sa relation avec eux était différente de celle des autres adolescents.

Puis elle rencontra Terri et Cheryl. Elle vit comment leurs familles interagissaient entre elles. S'amusaient ensemble. Ils se respectaient mutuellement et elle en voulait plus. Elle voulait que sa famille soit comme les autres familles.

Les parents de Miranda ne l'ont jamais gâtée, et à bien des égards, elle savait que sa naissance avait été une erreur. Ses parents ne lui ont jamais dit ce mot, mais elle savait que c'était vrai. Ses parents ne voulaient pas d'enfant. Sa mère était en début de ménopause quand elle est tombée enceinte. L'avortement a dû leur traverser l'esprit.

Miranda connaissait et acceptait tous ces faits. Elle acceptait aussi les lacunes de son enfance. Toutes ces années dont elle ne se souvenait pas du tout. Ses amis pouvaient raconter ce qu'ils avaient fait tel jour à telle heure, parce que leurs parents en parlaient. Miranda avait l'impression que ses souvenirs avaient été effacés.

Et ainsi, les amis de Miranda devinrent sa famille, et leurs familles devinrent sa famille.

Une fois, Miranda eut un plan fou. Elle pensait que si elle réunissait les familles de ses amis avec ses parents, ceux-ci se rendraient peut-être compte à quel point leur famille était différente et essaieraient de changer les choses. Elizabeth et Tom Evans sont rentrés chez eux juste après le dîner.

Miranda pensait davantage à sa mère depuis le viol. Elle pensait à ce que ça avait dû être pour sa mère de découvrir qu'elle était enceinte. Miranda pensait à ça parce qu'elle aurait pu tomber enceinte elle aussi. Aurait-elle avorté ? Une question à laquelle elle ne connaîtrait jamais la réponse.

CHAPITRE 12

Miranda monta les escaliers en trottinant jusqu'à son appartement. Elle découvrit un mot punaisé sur la porte d'entrée. Il venait de sa propriétaire, Mme Pierce. Un petit rappel pour lui signaler que son loyer était en retard.

Miranda sortit son chéquier du tiroir de son bureau et redescendit les escaliers en trottinant. Elle allait payer son loyer et en profiter pour soumettre une idée à Mme Pierce.

« Bonjour Mme Pierce, dit Miranda. Voici le chèque de loyer. Désolée pour le retard. »

« Oh, je comprends, ma chère, tu as eu beaucoup à faire ces derniers temps. »

« C'est certain. »

« Tu es superbe, Miranda, tu as changé, n'est-ce pas ? »

« Le monde m'a donné des citrons, alors j'ai fait une tarte au citron meringuée. »

« Bravo Miranda, bravo. Tu veux entrer prendre une tasse de thé ? »

« Oui, merci, si ça ne te dérange pas. J'ai besoin de te demander quelque chose d'assez important. »

« Entre ma chérie, assieds-toi, je mets la bouilloire en route. »

Miranda était déjà venue dans l'appartement de Mme Pierce. Il y avait toujours une odeur un peu moisie, comme un mélange de plantes et de talc.

« Tu veux un ou deux biscuits ? »

« Tu peux me tenter avec un seul, mais ne le dis à personne, d'accord ? J'essaie de me remettre en forme, pour ne pas faire peur à tout le monde quand je mettrai mon maillot de bain. »

« Tu as une silhouette ravissante. Bon, qu'est-ce que tu voulais me demander ? »

« J'ai une amie qui aimerait sous-louer mon appartement pendant mon absence. Ça te va ? »

« Comment s'appelle-t-elle ? »

« Christina. »

« Depuis combien de temps tu la connais ? »

« On ne s'est jamais rencontrées – en fait – c'est l'amie d'une amie d'une amie. Elle a un appartement de luxe à Toronto. Elle travaille à la plus grande librairie de l'univers. Elle a des amis ici et a besoin d'un endroit où loger pour Noël. »

« Eh bien Miranda, si tu t'assures qu'elle connaisse les règles et sache où me trouver au cas où elle aurait besoin de moi, alors ça me va. Merci de m'avoir demandé mon avis. Beaucoup ne l'auraient pas fait. «

« Merci Mme Pierce, je passerai te voir quand elle arrivera pour te présenter Christina. J'ai apprécié cette tasse de thé et cette conversation, mais je ferais mieux d'y aller. J'ai encore des valises à faire. »

«À demain. Je te souhaiterai bon voyage à ce moment-là.»

En montant vers son appartement, Miranda se sentait un peu coupable. Elle n'avait pas tout dit à Mme Pierce. À l'origine, Christina avait prévu de séjourner à l'hôtel. Miranda avait entendu l'amie d'une amie expliquer ça et l'avait convaincue de lui passer le numéro de téléphone de Christina. Miranda l'avait appelée, s'était présentée et lui avait expliqué qu'elle partait à l'étranger et que son appartement était disponible à la sous-location pendant les fêtes. Ça semblait être la solution idéale pour tout le monde. Miranda avait même fait un petit bénéfice en demandant 50 $ de plus par mois pour le loyer. Christina s'en fichait – après tout, les loyers à Toronto étaient bien plus élevés.

« Tu auras tout le confort de chez toi chez moi », a dit Miranda. « Et tu pourras aussi arroser mes plantes pour moi. »

« Oh là là », a dit Christina, « je ne suis pas douée avec les plantes. En fait, je les tue. »

« On laissera peut-être Mme Pierce s'occuper des plantes alors. C'est ma propriétaire. Elle a hâte de te rencontrer. »

« J'ai hâte de voir si tu ressembles à ce que j'imagine », dit Christina. « Tu as l'air d'une rousse. »

«Comment tu le sais ? T'as un don de voyance ou quoi ?»

« Non. Rappelle-toi, t'es l'amie d'une amie d'une amie – elles m'ont parlé de tes cheveux. »

« J'ai hâte de te rencontrer. À plus. »

CHAPITRE 13

« Terri », dit M. Travetti. « J'ai réuni tout le monde aujourd'hui pour faire une annonce. Est-ce que tout le monde a son verre rempli de champagne ? Alors lève ton verre avec moi et trinquons à notre nouvelle vice-présidente de la comptabilité, Mlle Terri Russo ! »

« Oh, mon Dieu », dit Terri, « je ne sais pas quoi dire. Merci, M. Travetti, merci beaucoup. »

« Merci, ma chère. Tu as une charge de travail deux fois plus importante avec les deux cabinets et il était grand temps que ton salaire en tienne compte. Je ne vais pas dévoiler les détails de ton augmentation ici, à moins bien sûr que tu ne le souhaites ? »

« Non, je pense qu'on peut garder les détails privés. Je n'arrive pas à croire que tu aies fait tout ça, cette fête, le champagne, pour moi. »

« On va essayer de ne pas s'effondrer quand tu seras partie, ma chérie. Allez, file et bon voyage ! »

« Bon voyage », lancèrent les collègues de Terri. Puis tout le monde se mit à chanter : « Car c'est une fille formidable, car c'est une fille formidable, car c'est une fille formidable que personne ne peut nier. »

Terri sortit de la pièce, et ils chantaient encore quand elle monta dans l'ascenseur. Elle n'en croyait pas sa chance : vice-présidente de la comptabilité. Elle avait hâte d'annoncer la nouvelle à sa famille et à ses amis.

CHAPITRE 14

Miranda, Terri et Cheryl étaient super excitées à l'idée de ce voyage, et elles étaient en route pour l'aéroport, assises à l'arrière du break des parents de Terri.

« Qu'est-ce que vous faites dès votre arrivée ? » demanda Angelo.

« On va direct à l'hôtel, on s'enregistre et on t'appelle. D'accord, papa ? »

« D'accord, et ne parlez pas à des inconnus. »

« Tout le monde sera un inconnu en Australie », dit Maria. « Arrête de t'inquiéter. Les filles vont s'amuser, et elles feront attention. N'est-ce pas, les filles ? »

« Oui », dirent-elles en hochant la tête comme trois figurines de chiens.

« Maman, papa, merci de nous avoir amenées à l'aéroport. On se reverra pour le Nouvel An. »

« Oui, merci M. et Mme Russo », dirent Miranda et Cheryl.

Angelo avait les larmes aux yeux. Maria aussi.

« Faites attention, les filles », dit Angelo.

« On fera attention, papa, ne t'inquiète pas. »

Elles passèrent sous le portique électronique et Cheryl fit bip.

Une femme munie d'un détecteur manuel le pointa vers elle. Elle s'arrêta pour regarder, puis décida de la laisser passer.

« Tes parents sont trop mignons, Terri. On dirait qu'ils ne vont plus jamais te revoir ou quelque chose comme ça », dit Miranda.

« Ouais, ce sont des perles rares », dit Terri. « On a un peu de temps à tuer. Tu veux aller manger un morceau ? J'ai entendu dire que la nourriture dans les avions est horrible.

« Hé, regarde, Swiss Chalet, autant profiter d'un excellent dernier repas sur le sol canadien », dit Miranda.

« Swiss Chalet, nous voilà ! » s'exclama Terri.

« Je vais juste prendre une soupe. Je n'arrive pas à croire que la nourriture dans les avions puisse être aussi mauvaise que ce qu'on dit », dit Cheryl.

« Eh bien, on va bientôt le découvrir, mais je ne prends aucun risque », dit Miranda. « Après ça, je vais faire le plein de malbouffe. Ce vol est bien trop long pour qu'on y reste coincées sans rien à manger ! »

Les bagages à main étaient pleins à craquer de romans et de toutes sortes de cochonneries imaginables. Elles montèrent à bord, prirent place et l'avion décolla peu après.

« Tu sais », dit Terri en riant. « J'ai dû promettre d'appeler mon père tous les dimanches soirs, quoi qu'il arrive. Il a notre programme et sait où on sera à chaque instant. Si je ne l'appelle pas à l'heure convenue, tu peux être sûre qu'il appellera la police australienne. Franchement, c'est un vrai anxieux ! »

« Je trouve tes parents adorables, Terri. Ils tiennent vraiment à toi et n'ont pas peur de le montrer. J'admire ça », dit Miranda. Miranda regardait les nuages défiler en pensant à ses parents. Ils savaient qu'elle partait et lui avaient souhaité un bon voyage. Ils lui ont demandé de leur envoyer une carte postale.

La maman de Cheryl voulait aussi venir dire au revoir aux filles, mais tout le monde ne pouvait pas venir. Janet ne s'inquiétait pas que les filles aient des ennuis. Elle se sentait rassurée puisque Miranda était avec elles. Après tout, Miranda était bien plus indépendante que ses deux amies. Elle vivait seule. Elle subvenait à ses propres besoins.

Quiconque a déjà pris l'avion pour l'Australie sait que c'est une évidence, mais le vol était LONG. Les filles étaient toutes super excitées par tout ça et appréciaient les petites nouveautés comme les cacahuètes et le jus d'orange, et le fait de pouvoir acheter des produits en duty-free à bord. Mais après douze heures, quinze heures, etc., etc., la nouveauté perd vraiment de son attrait.

Le film ne les intéressait pas vraiment puisqu'elles l'avaient vu il y a quelques semaines. Miranda a sorti un jeu de cartes, et elles ont commencé à jouer aux Cœurs.

« Oh, voilà le repas. Voyons voir ce que c'est », a dit Cheryl.

« Ça sent plutôt bon », a dit Terri.

« Je n'y touche pas », a dit Miranda. « Le poulet caoutchouteux n'a jamais été mon plat préféré. Le petit pain a l'air mangeable. Regarde, notre premier beurre et fromage néo-zélandais. »

Tout au long du vol, les filles ont puisé dans leur réserve inépuisable de malbouffe, goûtant à tout, des Cheeseballs aux Twizzlers, en passant par les barres Mars et les Wine Gums de Maynard. Au moment où l'avion a commencé à descendre vers Sydney, leur réserve était complètement épuisée.

Quand elles arrivèrent enfin à Sydney après près de 24 heures de vol, elles se bousculèrent pour avoir une place et apercevoir le Sydney Harbour Bridge et l'Opéra de Sydney. L'eau du port de Sydney scintillait.

« Tu sais », dit Terri, « la maison de Nicole Kidman et Tom Cruise est quelque part par là ! »

« Mais Tom n'habite plus là-bas. Je ne comprends pas comment Nicole a pu le laisser partir », a dit Miranda.

« Je suis sûre qu'il y a plus à cette histoire que ce qu'on sait. Personne ne quitte un mariage quand il y a des enfants, à moins de n'avoir pas le choix. J'y crois vraiment », a dit Cheryl alors qu'elles descendaient de l'avion.

Dès qu'elles ont mis le pied dehors, l'humidité et la chaleur étouffante les ont frappées de plein fouet. Il faisait une chaleur insupportable !

« Beurk ! Tu te rends compte qu'on porte les mêmes vêtements depuis plus de 24 heures ? Je crois qu'on ferait mieux de rester sous le vent par rapport aux autres », dit Miranda.

« C'est bien ma chance, je vais rencontrer l'homme de mes rêves maintenant », dit Cheryl.

« Oh, je suis tellement contente que personne ne vienne nous chercher à l'aéroport », dit Terri. « Ça serait tellement gênant.»

« Avec ma chance, Tom Cruise sera là-bas », dit Miranda en parcourant les panneaux, essayant de comprendre où elles devaient aller pour passer la douane et récupérer leurs bagages.

« Hé, regarde ces filles, elles étaient sur notre vol, non ? » demanda Terri. « Mais maintenant, elles portent des vêtements différents. »

« Elles ont dû se changer dans les toilettes de l'avion », dit Miranda.

« Ça ne m'avait pas traversé l'esprit ! », s'exclama Cheryl. «Les toilettes sont trop petites pour y faire un pas!»

« Eh bien, murmura Terri, elles sont assez grandes pour que certaines personnes y fassent l'amour. Je l'ai lu quelque part. »

« Pas possible ! », s'écria Cheryl. « C'est dégoûtant. Tu parles d'un coup de désespoir ! »

« Pour changer de sujet, je crois qu'on va avoir besoin d'un peu d'argent », dit Terri.

« J'ai quelques centaines de dollars canadiens. Changeons-les en dollars australiens. Ça fera l'affaire jusqu'à ce qu'on trouve une banque », dit Miranda.

« Bonne idée, ça nous permettra de tenir le coup », dit Cheryl.

À l'entrée de l'aéroport, elles hélèrent un taxi qui les emmena au Sydney Hilton. Miranda eut la priorité pour la douche, suivie de Terri puis de Cheryl.

« On est arrivées juste à temps pour le déjeuner, c'est parfait pour notre tout premier repas australien.

Demandons au réceptionniste de nous recommander un endroit », suggéra Terri.

« Notre hôtel propose une cuisine raffinée avec des plats traditionnels australiens et un large choix de plats internationaux », les informa le concierge.

« Merci », dit Terri. « Mangeons ici, comme ça on pourra sortir explorer Sydney sans se soucier de nos estomacs. »

Elles s'installèrent dans un restaurant avec vue sur les toits de Sydney.

« Puis-je vous servir, mesdames ? Un peu de vin avant de commencer votre repas ? »

« Oui », répondit Miranda. « On aimerait essayer une bouteille de Cabernet Sauvignon. Recommande-nous un vin australien, s'il te plaît. »

« Je détecte un accent ; vous êtes américaines ? »

« Non, mais tu n'es pas loin », répondit Cheryl. « Nous sommes canadiennes. »

« Oh, je suis désolé. J'espère ne pas t'avoir offensée. »

« Non, ce n'est pas grave. Ce sont nos voisins, c'est un fait. D'ailleurs, nous avons des amis et de la famille aux États-Unis », dit Terri.

« On aimerait aussi goûter certains de tes plats locaux, que nous recommandes-tu ? »

« Si vous aimez le poulet, essayez le crocodile ou l'émeu. Si vous aimez le bœuf saignant, essayez le kangourou. Si vous préférez le poisson, les calamars ou le barramundi sont d'excellents choix. Le homard est également bon, on fait un excellent homard Mornay, mais c'est terriblement cher. »

« C'est quoi, le homard Mornay ? » demanda Cheryl.

« C'est du homard dans une sauce crémeuse. C'est très bon. »

« Je vais essayer ça », dit Cheryl.

« Je prendrai le barramundi », dit Terri.

« Je n'aime pas trop l'idée de manger de l'émeu ou du kangourou. Je vais prendre le crocodile, s'il te plaît. »

Le serveur leur a proposé une bouteille de Cabernet Sauvignon Brown Brothers, que Miranda a goûtée.

« C'est magnifique », a-t-elle dit.

« Tu ne peux pas te tromper avec un Brown Brothers tant que tu es ici », a dit le serveur. « Vos plats vont arriver d'ici peu. »

« Je n'arrive pas à croire qu'on soit vraiment ici », a dit Miranda, les larmes aux yeux.

« Je comprends ce que tu ressens, ça fait si longtemps que c'est notre objectif, et être enfin ici, manger de la cuisine australienne, boire du vin australien, eh bien, c'est assez grisant », a dit Cheryl.

« Gardons le dessert pour plus tard, par contre », a dit Terri. « J'ai hâte de sortir et de voir l'effervescence de Sydney. Il faut aussi qu'on prenne une carte à la conciergerie au cas où on se perdrait. On pourra ensuite se diriger vers les attractions les plus proches.

Le repas est arrivé, et les trois amies se sont jetées dessus. Les trois plats étaient succulents et savoureux.

« J'ai lu un dépliant avec des conseils pour les touristes qui disait de ne pas laisser de pourboire. Les serveurs sont assez bien payés ici et considéreraient ça comme une insulte. Mais regarde, il y a un plat pour les pourboires près de la caisse. On le fait, ou pas ? Je ne veux offenser personne », a dit Miranda.

« Je pense qu'on devrait. Après tout, le serveur était excellent », a suggéré Cheryl.

À la réception, elles ont pris un plan et se sont vite rendu compte que les principales attractions touristiques, comme le Sydney Harbour Bridge, étaient accessibles à pied.

« Allons à Circular Quay (prononcé KWAY), quel nom bizarre. Puis à l'Opéra, et ensuite au Sydney Harbour Bridge », a suggéré Terri.

« Je crois que ça se prononce KEY », dit Miranda. « Ouais, voilà la prononciation dans ce livre qu'on a acheté sur la terminologie australienne. »

« Au moins, il y a un U dedans. Je n'ai jamais compris pourquoi ils écrivent Qantas sans U », dit Cheryl.

« C'est un mystère, doo-do-doo-do doo-do doo-do », dit Terri.

« Regarde, c'est Circular Quay et tout le reste est juste là. C'est trop cool ! », s'exclama Terri.

« Regarde, des étoiles le long du chemin pour les différents écrivains qui sont passés par là. Mark Twain a marché sur ce même chemin que moi », dit Miranda.

« Waouh, regarde tous ces ferries, il faut qu'on fasse une balade en bateau », dit Cheryl.

« Commençons par le commencement, allons voir de plus près l'Opéra de Sydney et voyons si on peut faire une visite guidée à l'intérieur », dit Terri. « C'est génial, on dirait des formations nuageuses. »

Elles marchèrent le long du rivage, puis montèrent dans les Jardins botaniques royaux, traversèrent ensuite le quartier de The Rocks et arrivèrent au Sydney Harbour Bridge. Elles réservèrent une ascension du

Sydney Harbour Bridge pour dans deux jours, puis prirent un taxi pour retourner à l'hôtel. Elles étaient épuisées.

CHAPITRE 15

« Oh mon Dieu ! » s'exclama Miranda. « On a dormi toute la journée ! Regarde, il commence déjà à faire nuit. Réveille-toi Terri, réveille-toi Cheryl ! »

« Qu'est-ce qui se passe ? » demanda Terri.

« Qu'est-ce qui se passe ? On a dormi et maintenant on a perdu une journée entière à Sydney. »

« Pas possible », dit Cheryl, « c'est impossible. »

« Eh bien, regarde la preuve. Il était presque minuit quand on s'est couchées et maintenant l'horloge indique 17 h. On arrive juste à temps pour le dîner ! »

« Je pense qu'on ferait mieux d'organiser un réveil quotidien », suggéra Terri.

« On a encore cette soirée. Autant en profiter au maximum. Debout tout le monde ! »

CHAPITRE 16

« Pourrais-tu nous dire où se trouve la banque la plus proche ? » demanda Terri au concierge. « On a besoin d'encaisser des chèques de voyage. »

« La banque la plus proche n'est qu'à quelques pâtés de maisons, mais j'ai bien peur qu'elle soit fermée. »

« D'accord, n'importe quelle banque fera l'affaire alors, même si on doit prendre un taxi », dit Miranda.

« J'ai bien peur que toutes les banques soient fermées. Certaines ferment à 17 h et d'autres à 16 h 30, mais aucune n'est ouverte après ça – à part Eftpos. »

« Eftpos, c'est comme notre Interac », dit Miranda. « Heureusement qu'on a des cartes de crédit, les filles. »

« Je peux vous aider à encaisser certains de vos chèques de voyage ici à l'hôtel en cas d'urgence. On a déjà vérifié vos passeports pour l'identité. »

« Eh bien, je pense que ça constitue bel et bien une urgence. Ce serait génial si tu pouvais nous aider », dit Cheryl.

« Viens avec moi. »

Le concierge entra dans la salle de la banque puis revint avec un homme à l'allure officielle, le directeur de l'hôtel. Il était ravi de les aider.

Enfin, elles avaient de l'argent dans leurs poches et étaient prêtes à sortir pour découvrir Sydney.

Une fois de plus, l'humidité les frappa comme une gifle.

« Je ne voulais pas le dire tout à l'heure, mais ça a vraiment l'air de faux billets », dit Terri.

« Je trouve ça joli », admit Cheryl, « mais ça fait bizarre au toucher. »

« C'est du plastique », dit Miranda, après avoir feuilleté les pages de la brochure.

« Pas vraiment », dit Terri. « Tu te moques de nous. »

« Non, pas du tout. C'est écrit ici qu'en 1996, tous les Australiens utilisaient de l'argent en plastique. Il a un revêtement protecteur, donc il n'absorbe pas l'humidité, et un billet dure jusqu'à quarante mois, alors qu'un billet en papier ne dure qu'environ six mois », lut Miranda. « Waouh, quelle invention australienne géniale. »

« Regarde, on ne peut pas le déchirer », dit Terri.

« J'aime bien notre monnaie canadienne, mais ça permettrait vraiment d'économiser des arbres. Je pense qu'on devrait en ramener quelques billets et les envoyer au Premier ministre Chrétien », suggéra Miranda.

« Il faut qu'on se souvienne, les filles : leur TPS est déjà incluse dans le prix. On n'a pas besoin de la calculer nous-mêmes comme chez nous », dit Terri. « On a tellement de choses à apprendre. C'est pas génial ? Et voilà autre chose. Tu savais qu'il n'y a pas de centimes ici ? »

« Vraiment, comment ça marche ? » demanda Cheryl.

« Tout ce que tu achètes est arrondi soit par excès, soit par défaut », dit Terri.

« Donc, si la caisse affiche 1,99 $, je dois payer 2,00 $? » demanda Cheryl.

« Oui, je trouve ça cool, et je parie que tout s'équilibre au final », dit Miranda. « Je meurs de faim ! Et si on allait manger un morceau au premier restaurant ou café qu'on voit ? »

« Il y en a un, juste en bas de la rue. Traversons », dit Cheryl.

« Ils ne servent que des gâteaux et du café, mais ça ira. Ça fera notre goûter en attendant de trouver autre chose. Ça vous va à tout le monde ? » demanda Terri.

« Est-ce que l'une d'entre nous refuserait l'occasion de goûter aux desserts australiens ? Pas question », dit Miranda. « Je prendrais un café. »

« Quel genre ? » demanda l'homme derrière le comptoir.

« Un café normal », répondit Miranda.

« Tu veux un café au lait, un cappuccino, un café au lait allégé, un cappuccino allégé, un café au lait entier ? »

« C'est trop compliqué », dit Miranda. «Je vais prendre un cappuccino et une part de tarte aux abricots, s'il te plaît.»

« Je vais essayer le café au lait », dit Terri. « Avec une part de cheesecake. »

« Tu préfères de la crème ou de la glace avec ça ? »

« Euh, ni l'un ni l'autre », répondit Terri.

« D'accord », dit l'homme.

« Je voudrais un café glacé, avec un lamington, s'il te plaît », dit Terri.

On leur demanda de payer immédiatement, puis on leur donna un numéro sur un bâtonnet pour que la serveuse puisse les retrouver.

« Ouah, cette monnaie est vraiment lourde », dit Cheryl. Tout le monde lui avait rendu la monnaie en pièces.

« Laisse-moi voir », dit Terri. « Oh, regarde tous ces petits animaux mignons. »

« Tu as raison Terri, ils sont vraiment mignons », dit Cheryl, « mais tu ne voudrais pas avoir trop de ces pièces qui s'entrechoquent dans tes poches, n'est-ce pas ? Il n'en faudrait pas beaucoup pour déchirer ta ceinture porte-monnaie en lambeaux. »

Bientôt, il était presque 20 h.

« Commandons simplement au room service », dit Terri. « J'ai mal aux pieds et j'en ai marre de marcher. »

« Il faut d'abord qu'on rentre à l'hôtel », dit Miranda. « Si on voit quelque chose qui nous plaît en chemin, on pourra y aller, sinon le room service me va très bien. »

« Oh, mon Dieu, qu'est-ce que c'est que ÇA sur mon cheeseburger ? » s'écria Cheryl.

« Ils ont mis un œuf dessus, et de la betterave, beurk », compatit Miranda. « Je suis bien contente de ne pas en avoir commandé un. Je suppose que c'est ce qu'ils appellent "la formule complète". »

Cheryl ouvrit le pain et commença à démonter son burger. « Les frites sont vraiment bonnes par contre ; elles ont un goût de poulet, je ne sais pas pourquoi. »

« Ça doit être ce truc orange qu'ils mettent dessus », dit Miranda en soulevant le couvercle pour dévoiler sa salade César. « Oh là là, c'est quoi ça ? » Des anchois entiers étaient éparpillés sur le dessus de la salade. Un œuf, presque dur à point, trônait comme de la gelée au sommet de la salade. Il était encore chaud.

« J'ai peur de soulever le couvercle du mien maintenant », dit Terri. « Mais j'ai commandé un club sandwich. Ils ne peuvent sûrement pas se tromper avec un club sandwich ? » Elle souleva le couvercle. Ils avaient bien mis la tomate et la laitue. À la place de la dinde, il y avait un blanc de poulet entier. À la place du bacon, une tranche de jambon.

« Si on fait toutes comme des chirurgiennes et qu'on enlève les mauvais morceaux, ça ira. En plus, c'est bientôt l'heure du petit-déjeuner », suggéra Miranda.

Elles appelèrent le concierge qui leur organisa un réveil à 7 h. Elles réglèrent leur réveil à 7 h 30, au cas où.

Les trois amies s'endormirent avec l'estomac qui gargouillait. Peut-être qu'elles rêvèrent toutes de la même chose : le petit-déjeuner.

CHAPITRE 17

L e lendemain matin, ils étaient bien reposés, mais affamés. Ils ont mangé au restaurant de l'hôtel, puis se sont dirigés vers le Sydney Harbour Bridge. Leur ascension commençait à 9 h, et ils devaient être sur place à 8 h 45 pour commencer à se préparer.

« L'ascension dure 3 heures », leur a dit l'homme qui leur a remis leurs billets.

Les trois amis se sont regardés. Ils ne s'étaient pas attendus à ce que l'ascension soit aussi longue.

Ils se sont rendus dans une zone d'attente pour attendre l'appel annonçant l'heure de leur ascension. Une course effrénée aux toilettes et une gorgée rapide d'une boisson énergisante leur ont permis de revenir dans la zone d'attente juste à temps.

Ils ont passé un alcootest, puis ils ont signé une déclaration concernant leur état de santé. Ensuite, ils ont signé un formulaire d'assurance. Puis, on leur a remis des combinaisons spatiales comme celles que portent les astronautes de la NASA. Ils ont choisi des casquettes et des brassards.

Puis les préparatifs techniques ont commencé. On leur a donné l'occasion de tester un dispositif d'attache, qui les maintiendrait reliées au pont et à leur groupe d'escalade.

Cheryl, qui n'était pas très fan des hauteurs, se sentait un peu mal à l'aise, car elles devaient faire un essai d'escalade en montant et en descendant une échelle. Elle s'en est bien sortie à la montée, mais quand elle a dû descendre à reculons, elle a failli se dégonfler.

« Je ne pense pas pouvoir le faire », a dit Cheryl.

« Allez Cheryl, tu peux le faire. Souviens-toi : Les Trois Mousquetaires ! On peut tout faire ! », a dit Miranda.

« Presque tout. Pas ça. »

« Allez Cheryl, une fois que tu seras là-haut et que tu verras la vue, tout ira bien. Tu es en parfaite sécurité », a expliqué Terri.

« Qu'est-ce qui se passe ? », a demandé le responsable.

« Je ne pense pas pouvoir le faire », a dit Cheryl.

« Viens devant, reste avec moi, je t'aiderai à y arriver », a dit leur guide. « Autre chose à prendre en compte : il n'y a pas de remboursement. Tu perdrais ton argent. Tu es venue jusqu'ici, tu peux le faire ! »

Ils ont été regroupés avec cinq autres personnes. Ils se sont mis ensemble et se sont raconté d'où ils venaient et pourquoi ils faisaient cette ascension. Il y avait un couple d'Angleterre qui rêvait depuis des années de gravir le Sydney Harbour Bridge, un couple âgé du Queensland qui avait toujours voulu le faire, une jeune fille de quinze ans de Sydney qui l'avait déjà fait et qui avait trouvé l'expérience tellement fantastique qu'elle voulait recommencer, puis Miranda, Cheryl et Terri.

Elle avait environ vingt-cinq ans et on la surnommait Mac ; elle a expliqué comment ils devaient aider la personne devant eux à faire fonctionner sa radio, et très vite, ils se sont mis en route. Mac s'est assurée que Cheryl soit en tête, suivie du couple âgé, puis de Terri et Miranda, du couple de Londres et enfin de l'adolescente. Leurs destins étaient tous liés.

Cheryl se concentrait pour ne pas être tentée de regarder en bas. Pendant ce temps, Terri et Miranda observaient attentivement les voitures filer sous leurs pieds, suivies par les trains. L'eau dansait et scintillait sous les puissants rayons du soleil. Alors qu'elles avançaient à tâtons le long de l'immense structure métallique, l'Opéra de Sydney apparut dans leur champ de vision. Il semblait si petit.

Mac parla dans le micro et raconta à son équipe l'histoire de Sydney et de ses attractions. Sa voix aida Cheryl à rester concentrée.

Alors qu'elles s'approchaient des drapeaux qui les attendaient tout en haut du pont, chacune poussa un soupir devant la vue spectaculaire. Mac prit des photos, et les trois amies étaient tellement en phase qu'elles se mirent à chanter en chœur la chanson de Céline Dion.

« Je suis la reine du monde », s'écria Miranda.

La descente s'avéra beaucoup plus facile. La vue de l'autre côté du pont dévoilait les Blue Mountains au loin.

Les genoux de Cheryl tremblaient tellement qu'elle craignait de trébucher. Elle a commencé à hyperventiler, et Mac est rapidement passée à l'action, lui offrant un peu d'eau et lui tapotant le dos de la main.

« Concentre-toi », a dit Mac, « compte les échelons de l'échelle et compte à voix haute pendant que tu descends. Je t'attendrai en bas. »

« Je n'y arriverai pas. »

« Si, tu peux. »

« Tu veux que je passe en premier ? » a proposé Miranda.

Cheryl a hoché la tête et elles ont échangé leurs places.

« À tout de suite, Cher, tu vas y arriver ! » a dit Miranda.

Miranda savait que c'était le surnom que le père de Cheryl lui avait donné. Ça la fit sursauter et passer à l'action, et bientôt, Cheryl et Miranda attendaient au premier niveau que Terri les rejoigne.

Une fois de retour à l'intérieur, elles poussèrent un cri de joie d'avoir grimpé jusqu'au sommet du Sydney Harbour Bridge. Elles rangèrent l'équipement, se lavèrent les mains, puis enfilèrent leurs propres vêtements. À ce moment-là, leur certificat, prouvant qu'elles avaient réussi l'ascension du pont, était prêt.

En sortant dans le quartier de The Rocks, réalisant qu'il était plus de 14 h, elles cherchèrent un endroit où manger et découvrirent un petit pub sympa appelé The Lord Nelson. Elles avaient très soif et décidèrent de prendre une bière locale ; elles commandèrent trois pintes de Foster's Lager. Après tout, quoi de plus australien que ça ? Après avoir soigneusement étudié le menu, elles ont décidé d'opter pour quelque chose de traditionnel, c'est-à-dire une tourte à la viande australienne avec des frites et une salade.

« Eh bien, a dit Cheryl, on n'attire certainement pas les beaux gosses australiens qu'on voit partout autour de nous en ce moment. Tu crois qu'on a l'air trop canadiennes ? Trop touristiques ? »

Miranda et Terri se posaient la même question. Elles ont convenu que l'une d'elles devrait demander à quelqu'un. Elles commandèrent une autre tournée de bières blondes, en espérant que ça leur donnerait le courage de poser la question.

« Excuse-moi, mais on se demandait juste. Est-ce qu'on a l'air de touristes ? Tu peux nous le dire ? »

Ils se mirent à rire, d'abord l'homme, puis les deux femmes. C'étaient aussi des Nord-Américains.

« On est en Australie depuis plus de deux semaines », dit l'homme. « Je m'appelle Robert et voici mes deux amies, Linda et Evie. »

« Je n'en crois pas mes oreilles », dit Terri, « parmi toutes les personnes qu'on aurait pu choisir de demander. »

« Honnêtement, dit Robert, vous devriez vous procurer du matériel et aller à Bondi Beach. Une fois sous le soleil, le sable et les vagues, tout le monde se ressemble. »

« Sauf qu'on est blanches comme un linge », dit Miranda.

« C'est vrai, c'est vrai, mais tu vas bronzer assez vite », dit Evie, « mais ne fais pas la même erreur que nous. Si tu portes ton maillot de bain de chez toi, tu vas te faire remarquer comme le nez au milieu de la figure. »

« On avait prévu d'acheter des maillots ici », dit Terri.

« Eh bien, on ne peut pas venir en Nouvelle-Galles du Sud sans voir Bondi. Où est-ce qu'elles devraient aller pour acheter des maillots de bain, les filles ? » demanda Robert.

« Va chez David Jones, ils ont un excellent choix », dit Linda. « Tiens, je vais te dessiner un plan. »

« Vous faites quelque chose samedi soir, les filles ? », demanda Robert, et elles secouèrent toutes la tête pour dire non. « Venez avec nous alors, on est invités à une soirée BYO (apportez votre propre alcool). »

« Oui, voici notre numéro de téléphone. Appelle-nous si tu veux venir. On peut passer te chercher en chemin. Ça devrait être génial », dit Linda.

« Eh bien, ça m'a fait plaisir de vous rencontrer toutes. Profitez bien du reste de votre voyage et j'espère vous revoir », dit Robert.

« Oh, et au fait », dit Evie, « ne laisse pas ces Australiens te convaincre d'essayer le Vegemite parce que c'est dégoûtant ! »

« Vraiment ? » demanda Miranda. « J'ai toujours voulu y goûter. »

« Au revoir et merci », dit Cheryl, et ils suivirent rapidement la carte pour se rendre chez David Jones. Ils visitèrent de nombreuses boutiques dans le quartier de The Rocks. L'une d'elles s'appelait The Mad Hatter, l'endroit idéal pour acheter des chapeaux anti-UV. Ils découvrirent que les magasins restaient ouverts le jeudi soir jusqu'à 21 h. Comme c'était jeudi, ils avaient des heures devant eux pour faire du shopping et profiter.

Le lendemain, elles ont pris un ferry pour se rendre à Darling Harbour. Paddy's Market était encore ouvert et bondé, alors elles s'y sont frayé un chemin et en sont ressorties avec plusieurs sacs remplis de souvenirs et de t-shirts. Terri a trouvé l'endroit idéal pour acheter un didgeridoo à son père, mais a décidé d'attendre leur retour à Sydney à la fin de leur voyage pour l'acheter, afin de ne pas avoir à le trimballer avec elles.

Pour le dîner, elles ont mangé à Darling Harbour, dans un restaurant appelé The Fish House. Elles ont traversé Chinatown, puis sont allées chez David Jones pour essayer des maillots de bain. C'était un peu traumatisant de les essayer car elles étaient si pâles, mais elles espéraient qu'elles se fondraient dans le décor une fois arrivées à la plage.

« Hé, dit Miranda, il faut faire gaffe aux méduses tueuses et aux requins tueurs dans l'eau, c'est écrit ici. Bon sang, si une méduse s'approche de moi, je vais me transformer en gelée moi-même et vous devrez tous me ramener à la maison dans une boîte.»

Cheryl et Terri ont ri, se demandant en secret si les méduses étaient vraiment si nombreuses. Elles ont chassé cette peur de leur esprit en rentrant à l'hôtel.

Même si ce n'était que vendredi, Terri décida d'appeler son père, pensant que si elle l'appelait ce soir-là, elle n'aurait pas à s'inquiéter de le rappeler dimanche. Il était incroyablement heureux d'entendre sa voix, mais se fâcha rapidement lorsqu'il réalisa qu'elle appelait un soir où ils ne s'étaient pas mis d'accord. Terri expliqua que tout allait bien. Elles passaient un moment fantastique et lui racontèrent leur ascension du Sydney Harbour Bridge. Dès qu'elle eut dit ça, Terri aurait voulu retirer ses paroles, car elle savait que son père allait penser qu'ils étaient fous de grimper là-haut. À sa grande surprise, il ne s'est pas fâché et a même dit qu'il voulait voir les photos pour avoir la preuve qu'ils avaient fait l'ascension. Terri a répondu qu'elle avait non seulement des photos, mais aussi un certificat pour le prouver.

« Je t'aime, Teresa. »

« Je t'aime aussi, papa. »

Le lendemain, le plan était de se rendre à Bondi Beach.

« L'Australie a le taux de cancer de la peau le plus élevé au monde, tu le savais ? » a dit Cheryl.

« Eh bien, » a dit Miranda, « si je dois mourir, je préfère quelque chose d'un peu plus rapide que le mélanome, disons me faire piquer par une méduse ou me faire dévorer par un requin. »

Terri lança un oreiller sur Miranda, et Cheryl fit de même.

Dans quoi s'étaient-elles embarquées ?

CHAPITRE 18

près un trajet en train, puis en bus, elles sont
arrivées à Bondi Beach. Du haut de la colline,
la vue était géniale. Elles sont entrées dans la
maison de plage, ont enfilé leurs nouveaux maillots de
bain et ont trouvé un coin près du bord de mer.

Elles ont marqué leur place dans le sable, puis se sont
précipitées tout droit vers l'eau. Elles ont couru vers
elle comme des enfants qui auraient été enfermés à la
maison pendant des jours. Le sable leur brûlait la plante
des pieds et le soleil tapait fort. Les vagues venaient
lécher le rivage.

« Aïe, c'est sacrément froid, les filles », a dit Miranda.

Terri a pensé que Miranda faisait juste sa mauviette
et s'est enfoncée un peu plus loin dans l'eau. Une vague
qui arrivait lui a éclaboussé les genoux.

« Aïe ! » a crié Terri, « Tu ne plaisantes pas ! »

Miranda regarda Cheryl. Cheryl regarda Terri. Terri
regarda Miranda.

« MERDE ! » s'écrièrent-elles en courant et en plongeant dans l'eau. Elles se sentaient comme Robert Redford et Paul Newman quand ils ont sauté de la falaise dans Butch Cassidy et le Kid.

« Je fais gaffe aux tentacules mortels », dit Cheryl.

Miranda et Terri éclatèrent de rire.

« Tu crois qu'elles viendraient te demander la permission ou quoi ? » demanda Miranda.

« Oui, maman, je peux te piquer ? » dit Terri.

« Bon, bon, vous deux. Vous me connaissez, moi et mes phobies », dit Cheryl. Elle nagea vers le rivage.

« Reviens ! » supplia Miranda. « On plaisantait, c'est tout. »

Cheryl se retourna et fit à ses deux amies la plus grosse grimace qu'elle pouvait. Elles lui rendirent la pareille, puis la suivirent jusqu'au rivage. Un petit mec qui les regardait passerait le temps, et ça aurait dû arriver depuis longtemps.

Elles mirent leurs lunettes de soleil foncées et se cachèrent derrière leurs romans. De temps en temps, les romans s'abaissaient, en même temps, quand un mec mignon passait. Elles tournaient les pages les unes après les autres, réalisant qu'aucun mec ne semblait se diriger vers elles.

« Je crois qu'on a mal choisi notre spot », dit Cheryl en se retournant juste à temps pour voir une bande de gars courir vers leurs planches de surf. « Hé, regarde ça ! »

Miranda et Terri se redressèrent et virent dix-neuf petits voyous foncer vers la vague.

« Eh bien, pas étonnant, on regarde dans la mauvaise direction ! » dit Terri.

« Le surf, c'est trop cool », dit Miranda. « Si je savais bien nager, je serais là-bas en un clin d'œil. »

« Pas moi », dit Cheryl. « Pas question. Pas avec toutes ces bestioles mortelles dans l'eau. »

« Quelqu'un veut un Bacardi ? », demanda Terri en ouvrant la glacière et en débouchant une bouteille.

« T'es sûre que c'est pas un problème, je veux dire, de boire sur la plage ? », demanda Cheryl.

« Robert, le gars qu'on a rencontré au pub, a dit que c'était tout à fait légal ici. Regarde là-bas, ces gars se baladent avec des bouteilles de bière à la main. Tu vois ? », dit Miranda en montrant deux jeunes hommes, à peine en âge d'acheter de l'alcool.

« Et les morceaux de verre cassé alors ? Je me demande si ça pose un problème ? », demanda Cheryl.

« Il y a plein de poubelles partout – ne t'inquiète pas, Cheryl. Je suis sûre que ça va », dit Miranda.

« Peut-être qu'ils ramènent leurs déchets chez eux, comme dans les trains », suggéra Terri.

« Regarde, regarde ! » s'exclama Miranda alors que trois jeunes gars s'approchaient. Ils s'installèrent à côté des trois amies.

Les gars faisaient semblant d'avoir l'air cool et désintéressés en discutant entre eux.

Miranda remarqua que l'un d'eux jetait un coup d'œil dans leur direction, les reluquant.

« C'est quelque chose qu'on a dit ? » demanda Miranda alors que les garçons ramassaient leurs serviettes et s'éloignaient.

« À ce rythme, on ne va jamais rencontrer d'Australiens », dit Cheryl.

« Peut-être qu'ici, ils s'attendent à ce que ce soit les femmes qui fassent le premier pas ? » dit Terri.

« Eh bien, qui sait ? On ne veut pas avoir l'air faciles. N'est-ce pas ? » demanda Miranda.

Elles convinrent que l'attente était le meilleur remède. Après tout, elles n'étaient en Australie que depuis quelques jours, et elles n'allaient pas laisser la rencontre avec des hommes les empêcher de profiter de leur séjour. De plus, elles étaient à Bondi Beach, trois filles célibataires et séduisantes, en vacances, profitant de la vie et jetant un œil aux beaux gosses. Il n'y avait pas d'urgence.

Il fit tellement chaud vers 15 h qu'elles décidèrent d'arrêter là pour aujourd'hui.

« Je suis sûrement rouge comme un homard », dit Miranda.

« Je me sens dégoûtante avec toute cette crème solaire sur la peau », dit Cheryl. « Ça me donne une sensation visqueuse et je déteste que le sable colle dessus. »

« Je suppose que j'ai de la chance », dit Terri. « Je ne brûle pas. C'est grâce à mes origines italiennes – mes proches vivaient en Sicile. »

Miranda s'inquiétait secrètement à l'idée de rencontrer des hommes. Elle se tourmentait, se demandant ce qu'elle ferait si elle rencontrait quelqu'un. Lui parlerait-elle de l'agression ? Ressentirait-elle le besoin de tout lui raconter ? Et si elle le faisait, serait-il rebuté par elle, ou l'aimerait-il encore plus ?

Miranda faisait quelques cauchemars depuis son arrivée à Sydney. Ces cauchemars portaient sur le fait de perdre le contrôle, de se le faire retirer, de se perdre sous le pouvoir de quelqu'un d'autre. L'agression jouait avec son subconscient.

Miranda repoussa ces pensées au fond de son esprit et ne les partagea pas avec ses amies. Elle ne voulait pas les déprimer, pas pendant ces vacances uniques.

Cheryl et Terri étaient sur la même longueur d'onde, s'inquiétant pour Miranda. Elle n'avait pas eu un seul rendez-vous depuis que ça s'était produit. Elle n'avait même pas été seule avec un mec. Elles voulaient la protéger.

Cheryl et Terri décidèrent que si l'une d'elles, ou les deux, rencontraient un mec, elles feraient équipe. Et si le jour venait où Miranda ferait suffisamment confiance à cet homme pour leur dire de se caser, elles se retireraient.

Quand Miranda serait prête, elle reprendrait le contrôle.

CHAPITRE 19

À 9 heures pile, le réveil s'est mis à sonner et Miranda s'est étirée pour l'éteindre. Une seconde plus tard, le téléphone a sonné : c'était la réception qui appelait pour te rappeler. Miranda s'est frotté les yeux et a baissé la tête, remarquant que le bouton rouge des messages clignotait intensément. Elle a composé le numéro de la réception. Il y avait un message urgent pour Terri.

« Réveille-toi, Terri. Tu as un message urgent. Tu dois appeler chez toi immédiatement. »

« Oh non, il a dû se passer quelque chose de terrible ! » Les doigts de Terri tremblaient tandis qu'elle composait le numéro. Ses parents ne l'auraient pas appelée au milieu de la nuit si tout le monde allait bien à la maison. Peut-être s'étaient-ils trompés d'heure ? À l'autre bout du fil, le téléphone sonna une fois, deux fois, et à la troisième sonnerie, quelqu'un décrocha. Miranda et Cheryl attendaient avec appréhension.

« Oui, papa, je comprends. Christina. Oui. Oh mon Dieu, je n'arrive pas à y croire. On dirait une scène de film.»

« Quoi, quoi ??? » demandèrent Miranda et Cheryl.

«Je te le dirai dans une minute, d'accord papa, c'est quel numéro ? Oui, je vais lui dire. Merci de nous avoir prévenues. » Elle raccrocha. « Miranda, il n'y a pas de manière facile de te dire ça, alors je vais juste le dire. Christina est morte. Elle a sauté, est tombée ou a été poussée du balcon. Personne ne sait vraiment. Les experts cherchent des preuves. Ils cherchent un mobile.»

« Mais comment ? Ça n'a aucun sens », dit Miranda.

« Apparemment, Mme Pierce a entendu un cri et s'est précipitée vers ton appartement. Ta porte était grande ouverte et il n'y a plus eu de cris après le premier. Elle est entrée et a trouvé l'appartement vide. Tout semblait en ordre. Puis elle a remarqué qu'il y avait un courant d'air et a vu les rideaux gonfler et se dégonfler. Elle a trouvé les portes-fenêtres ouvertes. Un vent glacial soufflait à travers. Elle était en pyjama, mais quelque chose lui a dit de sortir sur le balcon. Il n'y avait pas un bruit, car il n'était que 3 heures du matin. Elle a baissé les yeux et a vu Christina, étendue sur le sol, sa chemise de nuit flottant autour d'elle comme des ailes blanches. »

« Oh mon Dieu ! » s'est exclamée Cheryl.

Elle a utilisé le téléphone de Miranda et a composé le 911. En descendant les escaliers, elle a attrapé une couverture sur son canapé, puis s'est dirigée vers Christina. Christina respirait encore, à ce moment-là. Mme Pierce lui caressa le dos, lui disant de tenir bon, que tout allait bien se passer. Christina semblait essayer de dire quelque chose. Au début, Mme Pierce essaya de la calmer, mais cela bouleversa tellement la jeune fille.

« Pourquoi ? Pourquoi moi ? Pourquoi ? » furent les derniers mots de Christina.

L'arrivée de la police et de l'ambulance sembla prendre une éternité. Mme Pierce tremblait tellement qu'elle avait peur de faire de l'hypothermie, mais elle ne voulait pas déplacer Christina, et elle ne voulait pas la laisser dehors toute seule – même si elle était déjà partie de ce monde pour le paradis.

La police a interrogé Mme Pierce et s'est vite rendu compte que l'appartement était une sous-location. Mme Pierce leur a donné le nom de Miranda et leur a dit où elle se trouvait et quand elle rentrerait au Canada.

Le sergent Jim Miller est arrivé sur les lieux un peu plus tard et a reconnu le nom de Miranda sur les papiers.

La police a contacté la famille de Christina et a pris des dispositions pour que son corps soit rapatrié à Toronto dès que possible, une fois que les experts légistes auraient fini de rechercher des preuves.

« Voilà toute l'histoire », a dit Terri. « On dirait un film.»

« Oh mon Dieu, oh mon Dieu », répétait Miranda, hystérique.

« Le sergent Miller, tu te souviens de lui, Miranda ? », demanda Terri.

« Oui, je m'en souviens. Est-ce qu'il pense que l'homme qui m'a violée et ce meurtrier pourraient être la même personne ? »

« Il cherche des preuves. »

Miranda ne pouvait que sangloter. Il l'avait refait, cet animal l'avait refait, et cette fois, il avait tué quelqu'un.

Pourquoi ? Pour l'argent ? Miranda savait qu'elle ne pourrait plus jamais rentrer chez elle. Elle ne pourrait plus jamais vivre dans son appartement, tout... toute sa vie était souillée.

« Mais, Miranda, ils n'ont pas écarté la thèse du suicide », dit Terri. « Pas complètement. Ça n'a peut-être rien à voir avec lui.»

« Mais pourquoi Christina aurait-elle sous-loué mon appartement, serait-elle venue à AP, où elle voulait être près de ses amis pour les fêtes... pour ensuite sauter de mon balcon ? Ça n'a tout simplement aucun sens. »

« Mais bon, » intervint Cheryl. « Certaines personnes font des choses folles, surtout à Noël. »

Je me demande si mes parents sont au courant. pensa Miranda. S'ils le savent, pourquoi ne m'ont-ils pas appelée ? Ils seraient probablement incapables de trouver l'indicatif du pays même si leur vie en dépendait.

CHAPITRE 20

M iranda a composé le numéro du commissariat d'AP.

« Le sergent Jim Miller, s'il te plaît. »

« Qui est à l'appareil ? »

« C'est Miranda, Miranda Evans. »

« Un instant, s'il te plaît. »

« Mme Evans ? C'est le sergent Jim Miller, comment vas-tu ? »

« J'ai peur, à cause de ce qui s'est passé chez moi. »

« La jeune fille avait-elle l'air déprimée ou quelque chose comme ça quand tu l'as rencontrée ? »

« Non, pas du tout. Elle était super contente d'être à AP pour les vacances. »

« Merci, c'est tout ce que je voulais savoir pour l'instant. Profite bien de tes vacances et appelle-moi quand tu rentres chez toi. On pourra faire le point à ce moment-là. On sait comment te joindre si besoin. En attendant, ne t'inquiète pas. »

« Merci, sergent Miller. »

C'est ce qu'elle a dit à voix haute, mais dans sa tête, elle pensait : Il m'a menacée ! Il a dit que si je parlais à la police, il tuerait tous ceux que j'aime, puis il m'assassinerait. Mais pourquoi s'en serait-il pris à Christina ? Il n'y avait aucune raison. Christina était une victime des circonstances.

« On va inspecter ton appartement à la recherche d'indices et dresser une liste de son contenu. À ton retour, tu pourras vérifier qu'il ne manque rien. Tu pourras transmettre ces informations à ta compagnie d'assurance. Merci d'avoir appelé. »

Pourquoi quelqu'un serait-il entré dans mon appartement ? À moins qu'il ne veuille voler quelque chose. Non pas que j'aie beaucoup de luxe à offrir.

« Sergent Miller, y a-t-il eu effraction ? »

« Non, mais le balcon a peut-être été laissé ouvert. C'est peut-être par là que l'intrus est entré, s'il y en a eu un. Ou alors Christina a peut-être sauté. Il n'y avait aucun signe de lutte, même si la propriétaire jure avoir entendu un cri strident à glacer le sang. »

Après que Miranda eut raccroché, les trois filles s'assirent sur leurs lits, déconcertées par les nouvelles du matin. Miranda se sentait coupable, comme si elle avait été la cause de la mort de quelqu'un d'autre.

Cheryl appela la réception et demanda le service d'étage. Après la dernière fois, elle savait ce qu'il ne fallait pas commander. À la place, elle a demandé de la soupe. Elles avaient besoin de manger. Elles devaient garder leurs forces, après tout elles avaient payé une fortune pour faire ce voyage unique dans une vie et elles ne pouvaient rien faire pour aider puisqu'elles se trouvaient à l'autre bout du monde.

Terri a zappé entre les chaînes de télévision australiennes. « C'est comme à la maison », a-t-elle dit, « y a rien à regarder. »

« Passons la journée près de l'hôtel », a dit Miranda. « Ça te dérange ? »

« On peut profiter de la piscine, faire un peu d'exercice et se détendre aujourd'hui », a dit Cheryl.

« Et se remettre d'aplomb pour demain », a dit Terri.

C'est alors que Miranda s'est souvenue qu'elle avait laissé une copie de leur programme dans son appartement pour Christina, sur la table à côté du téléphone.

Est-ce que je deviens paranoïaque ? Mais et si ? Et s'il voulait me retrouver – et qu'il l'avait trouvée à ma place ? Et s'il l'avait tuée à ma place ? Et maintenant, maintenant il a mon agenda. Nos agendas. Je ne peux pas le dire à Terri et Cheryl. Ça n'a aucun sens d'avoir trois mousquetaires paranoïaques qui errent dans l'Outback, pas vrai ? Si quelque chose arrive, je devrai leur dire. Pour l'instant, je vais espérer que ces deux événements n'ont absolument aucun lien.

CHAPITRE 21

L e lendemain matin, les trois amies se sont réveillées et ont fait leurs valises pour passer deux nuits dans les Blue Mountains. Elles ont pris un café sur le pouce à l'hôtel, puis ont pris le train à la gare de Wynyard, ont changé à Central, et se sont rapidement mises en route.

Le train était luxueux, et elles avaient un compartiment rien que pour elles. Leur destination était Katoomba, une petite ville située à une centaine de kilomètres de Central.

« Ouah, ce livre dit que Katoomba est à 3 336 pieds, soit près de 1 000 mètres au-dessus du niveau de la mer », dit Miranda.

« Qu'est-ce qu'il dit d'autre ? » demanda Terri.

« Il dit qu'il faut aller à Echo Point. C'est là qu'on peut voir les Three Sisters, car elles ne sont qu'à une centaine de mètres les unes des autres. Je pense qu'on peut y aller à pied depuis la gare. C'est à seulement trente minutes. On peut d'abord prendre un petit-déjeuner rapide, puis aller visiter les sites touristiques. »

« Ça me semble être un bon plan », dit Cheryl.

Cheryl regardait par la fenêtre, perdue dans ses pensées. Elle ne voulait pas être celle qui aborde le sujet de la mort de Christina. Elle observait le relief varié, les arbres qui portaient encore les traces des feux de brousse, et admirait la vue.

Terri prit un exemplaire de la version australienne de magazine de séries télé. Elle feuilleta les pages.

« C'est hilarant, les filles ! Vous n'allez pas le croire !» dit Terri. «Regardez ça, le casting de Les Feux de l'amour : ce type est mort depuis plus de deux ans ! Cette fille ne fait même plus partie de la série ! Ouah, ils sont vraiment à la traîne ! »

« Eh bien, je suppose que regarder Y & R et les séries de l'après-midi en général n'est pas un marché aussi important ici qu'en Amérique du Nord. Je veux dire, si les Australiens s'intéressaient à Y & R, ils pourraient sûrement tout savoir en quelques secondes en parlant à leurs familles et amis nord-américains », a dit Cheryl.

« Mais ils ne savent pas qu'ils sont à la traîne », a dit Terri.

« Hé, ce serait quelque chose. Fais fuiter l'info, pour qu'ils connaissent tous l'intrigue à l'avance ! Personne ne prendrait plus la peine de regarder Y & R – jusqu'à ce qu'ils rattrapent leur retard sur le reste du monde, bien sûr », dit Miranda.

« Imagine tous les revenus publicitaires que les chaînes de télé perdraient ! Ils seraient complètement bourrés. Mais bon, ce sont les téléspectateurs qui devraient être énervés. Avec les satellites de nos jours, y a aucune raison pour que la programmation soit si en retard. Je ne comprends vraiment pas », dit Terri.

« Je suppose que les feuilletons sont éternels », dit Cheryl. «Et peut-être qu'avec tout ce beau temps qu'ils ont ici, ils préfèrent sortir plutôt que de regarder la télé.»

« Je parie que tout est une question d'argent », dit Miranda. « Les chaînes de télé sont juste radines, et comme personne ne se plaint, elles n'ont pas à faire quoi que ce soit. »

Une heure et demie plus tard, Miranda lisait toujours Down Under de Bill Bryson. Le train entra en gare de Katoomba et les trois amies descendirent.

«C'est pratique, non ?», dit Terri. «Un kiosque d'informations touristiques juste à la sortie de la gare.»

« Allons chercher une carte et l'adresse du meilleur restaurant où on pourra prendre le petit-déjeuner », dit Terri.

« On devrait peut-être d'abord déposer nos affaires au chalet ? », suggéra Cheryl.

Miranda regarda la carte.

« Le meilleur endroit pour le petit-déjeuner, c'est le Paragon Café », leur dit la femme du kiosque d'information. « Il suffit de suivre cette route. » Elle désigna la gauche. « Et le restaurant se trouve sur la droite, à environ 5 minutes de marche, tu ne peux pas le rater. C'est un bâtiment historique et la cuisine y est excellente. Après le petit-déjeuner, continuez à marcher sur la même route pendant environ 20 minutes. Vos chalets se trouvent sur la gauche. Si vous arrivez à Echo Point, c'est que vous êtes allées trop loin ! »

« Ça a l'air assez simple. Merci pour ton aide », dit Miranda. « OK, c'est parti. »

« Je meurs de faim », gémit Cheryl. « Je ne m'attendais vraiment pas à ce que le trajet en train soit aussi long. »

« Voilà, c'est mignon, ils ont officiellement indiqué un espace Intérieur et un espace Extérieur avec des panneaux et tout », dit Terri.

« Waouh, c'est comme si on faisait un saut dans le temps et qu'on se retrouvait dans les années folles ! », observa Cheryl.

« En fait, c'est les années 1930 », expliqua l'homme aux menus. « Ce bâtiment est classé par le National Trust pour son intérieur Art déco.»

« Je suis vraiment impressionnée », dit Cheryl. « Et vous fabriquez aussi vos propres chocolats ? »

« Oui, on est réputés pour ça. Vous pouvez en goûter quelques-uns en sortant si vous voulez. Vous voulez le menu du petit-déjeuner ou celui du déjeuner ? »

« Le petit-déjeuner pour tout le monde », dit Miranda. « On a passé toute la matinée dans le train depuis Sydney, et on est affamées. »

«Votre serveuse sera là dans quelques minutes. Voulez-vous du jus de fruits ou du café pour commencer?»

« Des cappuccinos pour tout le monde », dit Terri.

« Un grand pour moi », ajouta Miranda.

Le petit-déjeuner arriva peu après les cappuccinos.

« Beurk ! » s'exclama Miranda. « Ça ressemble plus à du jambon. »

« Je suis d'accord avec toi », dit Terri, « mais ça a peut-être meilleur goût que ça en a l'air. C'est pas mal, une fois qu'on a enlevé la couenne et ces trucs blancs. »

« J'aime mon bacon bien croustillant », se plaignit Miranda en tartinant généreusement une tranche de pain grillé de beurre avant de l'engloutir. « Excuse-moi, je pourrais commander un peu plus de pain grillé, s'il te plaît ? Je paierai un supplément. »

Quelques minutes plus tard, une seule tranche de pain grillé fut déposée devant Miranda.

« Bon sang, j'aurais dû en demander deux, je suppose, parce que pour une raison quelconque, elle m'en a donné une seule, qu'est-ce que tu veux y faire ? » dit Miranda. « On ferait mieux d'y aller de toute façon, je grignoterai mon toast en sortant pendant qu'on paie. »

Les filles se rendirent compte qu'elles n'avaient pas reçu l'addition et attendirent encore un moment. À ce moment-là, Miranda avait fini son toast et la serveuse n'était toujours pas revenue. Terri décida d'aller voir à l'arrière si la serveuse était en pause ou autre, mais elle ne la vit pas. Finalement, elle réussit à attirer l'attention d'une autre serveuse.

« Désolée, on ne donne pas de facture ici. Allez à la caisse, quelqu'un va vous aider. »

Les filles se dirigèrent vers l'entrée du café.

« Ça ne me semble pas normal », a dit Terri. « On pourrait sortir par cette porte sans payer, et ils ne s'en rendraient même pas compte. Les gens de Katoomba sont vraiment décontractés ! »

« Je suis d'accord », a dit Miranda, « je veux dire, il y a deux comptoirs, un à l'entrée et un à la sortie, et ils vendent des chocolats et des gâteaux là-haut, et il y a une file d'attente et pas de factures, ce serait tellement facile de simplement sortir. » Miranda n'aurait pas été surprise du tout si des gens étaient sortis sans payer – mais d'un autre côté, le personnel semblait totalement convaincu que tout le monde paierait.

« Le système de confiance fonctionne vraiment dans les restaurants australiens, mais je ne pense vraiment pas que ça marcherait au Canada, tu ne crois pas ? » demanda Miranda.

« Chez nous, les gens laissent l'argent sur les tables, et personne ne le vole – donc, j'imagine que c'est juste une question d'habitude », dit Cheryl.

Finalement, elles ont décidé de ne pas acheter de chocolats, car la marche durait vingt minutes et la température grimpait en flèche.

« Ça ne sert à rien de transporter des chocolats fondus », a dit Miranda.

Le chalet était équipé de tout le confort moderne : micro-ondes, cafetière et jacuzzi.

« Waouh, on a vraiment tiré le gros lot avec cet endroit », a dit Terri.

« On ferait mieux de se mettre en route », a dit Miranda. « Plus de la moitié de la journée est déjà passée et on n'a même pas encore aperçu les Three Sisters. La journée file à toute allure, et on ne veut rien manquer. »

Quand elles arrivèrent aux Blue Mountains – environ dix minutes plus tard –, les trois amies se tinrent debout, regardant par-delà le bord, émerveillées par la vue. Elles contemplaient le paysage, observant les milliers, voire les millions d'eucalyptus baignés dans la brume bleue.

« J'ai vu des photos du Grand Canyon, et je m'en souviens dans The Brady Bunch, mais ça n'arrive pas à la cheville de ce que j'ai vu ici. C'est tellement différent du Grand Canyon », dit Terri. « C'est mon imagination ou y a-t-il des gens qui marchent depuis le bord vers l'une des Trois Sœurs ? »

« Je vois quelque chose moi aussi », dit Cheryl. « L'une de vous a-t-elle de la monnaie pour le télescope ? »

Effectivement, plusieurs personnes marchaient sur un petit pont reliant le bord de la falaise à l'une des Three Sisters.

« Il faut qu'on le fasse ! » s'écria Miranda. « Ça a l'air génial ! J'ai hâte que ce soit notre tour ! »

« Allez-y, les filles, je ne suis pas sûre de pouvoir le faire. Le pont a l'air assez petit et étroit d'ici, je ne sais pas », dit Cheryl.

« Allez Cheryl, après le Sydney Harbour Bridge, ça va être du gâteau ! », dit Miranda.

Cheryl se souvint que son père lui était apparu en rêve, lui disant qu'il serait avec elle lorsqu'elle traverserait le pont menant à la formation rocheuse des Three Sisters. Demain, elles feraient le voyage.

Le kiosque d'information qu'elles visitèrent était très pratique, tout près d'Echo Point, ainsi que quelques boutiques de souvenirs.

« Il faut qu'on revienne ici demain », dit Terri, « j'aimerais acheter quelques souvenirs. »

« Hé, regarde, ils ont un Sceniscender. C'est le téléphérique le plus raide d'Australie. Il t'emmène pour un trajet de 545 mètres dans la forêt tropicale de la vallée de Jamison, classée au patrimoine mondial. OUAH. Oh, et ça t'emmène directement jusqu'à la passerelle de la forêt tropicale. Il n'est que 15 h 45, on peut y aller », s'exclama Miranda.

« Comment on remonte au sommet ? », demanda Terri.

« Euh, bonne question », dit Cheryl. « On ne veut pas se retrouver coincées là-bas. J'ai entendu dire qu'il faisait vraiment froid la nuit par ici. »

« Tu as raison », dit Miranda. « Ils fêtent Noël en juillet ici, et il neige et tout, mais c'est l'été maintenant, donc je ne pense pas qu'on ait à s'inquiéter de la neige. » Elle tourna encore quelques pages. « Oh, voilà, le Katoomba Scenic Railway, le chemin de fer à pente la plus raide du monde. »

« Prenons un bus, comme ça on aura plus de temps pour se balader dans la forêt tropicale », suggéra Cheryl. « Regarde, en voilà un qui arrive.»

«C'est quoi ce drôle de bruit ? C'est un kookaburra ! » s'exclama Miranda. «Notre tout premier kookaburra ! Et regarde, là-bas, sur cette antenne, il y en a un autre !»

Elles observèrent les deux oiseaux. Un « koo-ka-ka-ka-ka-ka » résonna dans l'air. Il fut suivi d'un rire similaire, presque comme s'ils discutaient.

« Probablement un couple », dit Cheryl alors qu'elles montaient dans le bus et s'éloignaient d'Echo Point. Pourquoi, oh pourquoi, pensa Cheryl, tout est-il si grand, si haut ici ?

« Le voilà », s'écria Miranda. « Imagine-toi là-haut, en train de voler dans le ciel, suspendue uniquement par ces câbles. »

« Tais-toi, Miranda », dit Terri, « tu énerves Cheryl. Je suis sûre que c'est parfaitement sûr. »

Elles achetèrent leurs billets et firent la queue jusqu'à ce que ce soit au tour des trois amies de monter à bord. Ça tremblait quand elles entrèrent. L'avant, l'arrière et les deux côtés étaient des panneaux de verre.

« Je reste à l'arrière », dit Cheryl.

« Je ne pense pas que ça te servirait à grand-chose d'être à l'arrière si on s'écrasait », dit Miranda.

« Arrête de faire ta garce, Miranda, qu'est-ce qui te prend ? », demanda Terri.

« Je plaisante juste, désolée Cheryl. »

Il a fait un bond en avant, s'est arrêté, puis a entamé un voyage tout en douceur à travers le ciel.

« N'hésitez pas à vous promener dans la cabine », leur a dit le guide.

Le trajet était remarquablement court et elles sont rapidement arrivées au cœur de la forêt tropicale. L'air sentait l'eucalyptus, avec une odeur de marécage. C'était le parfum naturel dominant.

Après deux heures de marche, leurs pieds leur faisaient mal.

« J'ai vraiment apprécié cette gorgée de la source de Marrangaroo », dit Miranda. « C'était tellement propre et pur. »

« Ça m'a vraiment fait du bien après toute cette marche », dit Terri. « Et maintenant, on va où ? Comment on prend le train pour remonter au sommet ? »

Miranda regarda la carte. « On suit ce chemin-là. Ça nous mènera au Scenic Railway et nous ramènera en haut. Il est écrit qu'en 1862, on exploitait ces zones pour le schiste et que le téléphérique qu'on va prendre servait autrefois à transporter les mineurs vers le haut et vers le bas de l'escarpement. »

« J'espère qu'ils l'ont modernisé depuis », dit Terri, juste au moment où elles s'approchaient de la voie. « Oups, j'ai parlé trop vite. On doit monter là-haut, à l'envers ? »

« On dirait bien », dit Cheryl.

« C'est écrit sur ce panneau qu'avant, ils transportaient 18 personnes avec 60 kilowatts, et maintenant ils en transportent 84 avec 150 kilowatts, donc ils l'ont modernisé », dit Miranda.

Le train descendit. Miranda, puis Terri, puis Cheryl montèrent à bord.

« Euh, où sont les ceintures de sécurité ? » demanda Terri.

« Et où est la barre pour nous retenir ? » dit Miranda.

La cabine fit un soubresaut et commença à les tirer vers le ciel. Le mouvement les poussa vers l'avant. Toutes les trois s'agrippèrent à la rampe de tout leur cœur tandis que le paysage défilait devant elles.

« Ouah, c'était intéressant », dit Terri, « je me demande où se trouvent les toilettes ? Oh, les voilà. Je reviens dans une seconde. »

« Ok », dit Cheryl, « j'ai vraiment besoin d'un VERRE ! » Ses genoux tremblaient.

« Tu es trop drôle », dit Miranda. « Après le Sydney Harbour Bridge, ça n'était rien ! »

« T'avais peur toi aussi, Miranda », dit Terri, « j'ai vu tes jointures blanchir pendant que ce truc nous tirait vers le haut. »

Miranda tira la langue à Terri.

Après une petite marche pour retourner à leur cabine, elles feuilletèrent les Pages Jaunes et décidèrent d'essayer un restaurant de steaks et de fruits de mer accessible à pied. À Katoomba, tout semblait être accessible à pied.

« Je me demande si on doit réserver ? » demanda Cheryl.

« Ça ne coûte rien d'appeler pour voir », dit Terri en décrochant le téléphone et en parlant dans le combiné. « On a une heure pour se préparer, alors on ferait mieux de se dépêcher. Apparemment, ils sont très pris ce soir, donc c'est une bonne chose qu'on ait vérifié. »

« Il faut qu'on fasse quelques courses aussi, il y a peut-être une épicerie sur le chemin ? » se demanda Miranda.

Quarante-cinq minutes plus tard, elles se mirent en route. Les pieds de Cheryl lui faisaient tellement mal qu'elles finirent par héler un taxi. Il s'arrêta devant un petite épicerie de quartier pour qu'elles puissent acheter quelques provisions, et le restaurant leur proposa gentiment de les garder au vestiaire jusqu'à ce qu'elles soient prêtes à partir. Bientôt, elles savouraient l'ambiance du restaurant et dînaient avec élégance tout en admirant la vue nocturne spectaculaire sur les Blue Mountains.

« Il semble y avoir une pénurie de gens de notre âge à Katoomba, tu as remarqué ? » demanda Miranda.

« Oui, j'ai remarqué. Beaucoup de personnes âgées – peu d'hommes », dit Terri.

« Peut-être qu'ils ont choisi un restaurant moins cher », suggéra Cheryl, « D'ailleurs, je suis trop fatiguée de toute façon ! »

« Regarde autour de nous quand même », dit Miranda. « Que des couples. Pas un seul homme célibataire – à part le barman. »

Les trois amies ont apprécié leur repas, qui s'est avéré plus somptueux qu'elles ne l'avaient imaginé. Après, elles ont pensé aller se dégourdir les jambes – mais les pieds de Cheryl n'étaient pas d'humeur. Elles ont pris un taxi pour rentrer au chalet et se sont mises à l'aise. Quelques heures plus tard, même si elles étaient épuisées, elles n'arrivaient pas à dormir. Elles ont décidé de regarder un peu la télévision.

« Comment font-ils pour tenir le coup ? » demanda Terri. « Avec seulement cinq chaînes. Je deviendrais folle!»

Terri écrivit quelques cartes postales. Cheryl lut un livre et but un verre de vin dans le jacuzzi. Miranda se blottit sur le canapé et lut.

Du moins, c'est ce qu'ont cru ses deux amies. Miranda semblait plongée dans son livre, alors qu'en réalité, elle était préoccupée par Christina. Elle n'arrivait pas à se la sortir de la tête. Elle ne savait pas pourquoi, mais elle était certaine que Christina avait été assassinée. Mais pourquoi ? Ça n'avait aucun sens.

Demain, j'appellerai maman et papa. S'ils se souviennent encore qu'ils ont une fille.

CHAPITRE 22

Miranda s'est réveillée la première. Elle a repéré une prise téléphonique dans la salle de bains. Parfait, elle allait appeler ses parents de là-bas. Inutile de réveiller Terri et Cheryl. Miranda n'était pas tout à fait sûre de l'heure qu'il était chez elle. Elle s'est dit qu'il pouvait être aussi tard que 19 h. Elle se demandait si ses parents seraient à la maison.

Une sonnerie. Deux sonneries. Je raccroche ???? Quatre sonneries. Oui, raccroche-

« Comment ça va, maman ? Comment va papa ? »

« On va bien. Quel temps fait-il en Australie ? Quelle heure est-il ? »

Bavardages inutiles. Je suis ta fille ! Parle-moi ! Comme si j'étais une vraie personne. Quelqu'un qui te tient à cœur. Quelqu'un que tu – aimes. Parle-moi !

- Silence – les minutes s'égrènent – l'argent part en fumée –

Et en parlant de toilettes, tu savais que l'eau dans les toilettes australiennes tourne dans le sens inverse des aiguilles d'une montre quand on tire la chasse ????

« Maman, tu as entendu parler de la fille qui sous-louait mon appart ? De ce qui lui est arrivé ? Tu savais qu'elle avait été assassinée ? »

« Miranda, elle n'a pas été assassinée. Dans le journal, il était écrit qu'elle s'était suicidée. Quelle imagination tu as!»

« Un suicide ?... Ils en sont sûrs à 100 % ? »

« Attends une seconde, ton père veut te parler de ce qu'il a lu dans le journal. Je ne lis jamais le journal, tu sais. »

« Ok, salut maman. Salut papa. »

« Quelle heure est-il là-bas ? Il fait chaud ? »

« Il est 8 heures du matin, il ne fait pas encore chaud papa, mais il devrait faire jusqu'à 32 degrés plus tard. »

« Oh, ce n'est pas trop mal alors. Oui, oui ma chérie, je sais – ta maman s'inquiète de ce que ça te coûte – la fille qui est morte a envoyé une lettre de suicide à ses parents. Elle est arrivée le lendemain de sa mort. »

« Je suppose que c'est une bonne chose pour ses parents, ça leur a permis de faire leur deuil. »

« C'est certain. »

« C'est super sympa ici, papa. On a escaladé le Sydney Harbour Bridge. On est dans les Blue Mountains en ce moment, dans un chalet et... »

« C'est bien, c'est bien, on est contents d'avoir de tes nouvelles, mais cet appel te coûte une fortune ! Envoie-nous une carte postale et raconte-nous tout ça quand tu rentreras. À plus tard. »

Eh bien, au moins aujourd'hui, pour la première fois, je suis à l'autre bout du monde par rapport à mes parents, au lieu d'avoir cette impression tout en vivant dans la même ville.

Miranda vaporisa du gel à raser sur ses jambes et commença à les raser. Alors qu'elle passait la lame vers le haut, elle ressentit du dégoût envers ses parents. Quelques instants plus tard, elle fut submergée par la culpabilité et l'angoisse. Elle aspirait à leur approbation – à être proche d'eux – puis se méprisait d'avoir besoin d'eux.

Au fond de son cœur, bien au-delà de la douleur, Miranda acceptait ses parents tels qu'ils étaient. Elle se mit à pleurer. Elle les détestait. Elle se réfugia en sanglotant sous une douche très chaude.

Reprends-toi, ma fille ! C'est un voyage unique dans une vie et personne ne va le gâcher !

Quand elle sortit, ses amies étaient levées et la cafetière était en route. Terri préparait des œufs et des toasts. Cheryl était de bonne humeur et chantait en chœur avec la radio. Miranda restait silencieuse.

Un peu plus d'une heure plus tard, elles étaient dans un bus, en route vers les rochers des Trois Sœurs. Le chauffeur leur demanda si elles voulaient connaître l'histoire des Trois Sœurs. Ça l'aidait à passer le temps.

« Il y a très longtemps, trois sœurs nommées Meehni, Wimlah et Gunnedoo vivaient dans les Blue Mountains avec leur père, qui était un sorcier. Il s'appelait Tyawan. »

« C'est génial d'avoir un sorcier pour père », dit Terri.

« Tu ne seras peut-être plus du même avis quand j'aurai fini cette histoire », dit le chauffeur de bus. « Elles craignaient le bunyip qui vivait dans un trou profond tout près. »

« C'est quoi, un bunyip ? » demanda Miranda.

« Le bunyip, c'est comme un goule ou un vampire, ça remonte à l'époque des Aborigènes », expliqua le chauffeur de bus. « Maintenant, tu ferais mieux de me laisser continuer, sinon je n'aurai pas fini l'histoire avant que vous ne deviez reprendre vos activités. Le sorcier devait partir. Il cacha ses filles au sommet d'une falaise, derrière un mur. Ses filles étaient accroupies là, terrifiées, quand soudain un gros mille-pattes rampait vers elles. Meehni lui lança une pierre. Ça a marché et ça a fait fuir la créature, mais malheureusement, ça en a réveillé une autre : le bunyip. Les sœurs se blottirent l'une contre l'autre alors que le bunyip se rapprochait de plus en plus d'elles. Leur père entendit le vacarme. Pour sauver ses filles, il les transforma en pierre à l'aide d'un os magique. Le bunyip s'en est pris à lui. Il a laissé tomber l'os magique et le cherche encore aujourd'hui. Ses filles espèrent qu'un jour il le retrouvera et les libérera. »

« C'est tellement triste », dit Cheryl, les larmes coulant sur ses joues.

« Au moins, les trois amies sont toujours ensemble », dit Miranda.

« Oui, c'est une petite consolation », répondit Cheryl.

« Merci beaucoup de nous avoir raconté cette histoire. Ça rendra notre voyage pour rendre visite à la première sœur encore plus agréable. C'est le trajet en bus le plus intéressant que j'aie jamais fait », dit Terri.

« De rien, passez une bonne journée. »

Elles empruntèrent un sentier sinueux jusqu'à atteindre Le Grand Escalier. Il y avait 800 marches qui descendaient jusqu'au pied de la montagne, mais pour rejoindre la première sœur, il leur suffisait de descendre un seul niveau.

Les marches étaient très étroites, et des gens montaient en même temps qu'elles descendaient. Les trois amies se collèrent au flanc droit de la montagne, car du côté gauche, il n'y avait rien pour les protéger.

Quand elles arrivèrent enfin au pont, l'étroitesse du chemin les fit toutes s'arrêter net. C'était un minuscule pont suspendu. Les rafales de vent le faisaient osciller doucement. Une seule personne pouvait le traverser à la fois.

Terri a mis le pied sur le pont la première et a traversé jusqu'à l'autre côté, suivie par Cheryl qui n'a pas regardé en bas et n'a pas hésité. Miranda était la suivante. Deux gars attendaient derrière elle.

Miranda a fait cinq pas, puis s'est figée. Elle avait l'impression que quelqu'un l'avait attrapée par les chevilles par en dessous.

Un bunyip ?

Quoi que ce fût, ça l'avait attrapée et elle ne pouvait plus bouger. Pas d'un pouce.

« Avance, Sheila », dit l'un des gars derrière Miranda, s'impatientant.

« Allez, Sheila, t'as fait quoi, t'as perdu ton biberon ? », demanda l'autre.

« D'abord, j'ai pas de biberon, et ensuite, je m'appelle pas Sheila... Désolée, mais je peux pas bouger. Mes pieds ne bougent pas d'un pouce ! »

Terri revint vers Miranda. Elle tendit la main vers Miranda et essaya de la tirer vers l'avant. Le haut de son corps se précipita, mais ses pieds refusaient de bouger.

« Reculez », dit Terri aux deux gars, « vous la rendez nerveuse. Laissez-lui un peu d'espace. »

« On n'a pas toute la journée, tu sais. Maudite Sheila – elle a le vertige. »

Miranda ne pouvait pas reculer non plus.

« Il va falloir faire venir un fichu hélicoptère pour me descendre, parce que ces pieds ne bougeront pas d'un pouce. »

« Tu as toujours aussi peur des hauteurs ? » demandèrent les gars.

« Eh bien, je n'avais pas peur la semaine dernière quand j'ai escaladé le Sydney Harbour Bridge. Je n'avais même pas peur. J'ai l'impression que quelqu'un, ou quelque chose, me retient par les chevilles. Je veux avancer. Je veux aller de l'autre côté. Mais je... je n'y arrive pas. »

À ce moment-là, les larmes coulaient sur le visage de Miranda. Cheryl s'approcha d'elle. Elle se baissa. Elle retira des mains imaginaires des chevilles de Miranda. Une à une, ses pieds commencèrent à avancer. Ça avait marché. Miranda était libre.

« Je me demande laquelle des trois sœurs c'est celle-là ? » demanda Miranda. « Je suppose que ça n'a pas d'importance, parce que je vais la serrer dans mes bras. » Elle ouvrit les bras et se blottit contre la sécurité de la formation rocheuse. Elle était fraîche et une sensation de calme envahit le corps de Miranda.

« Ces types étaient plutôt grossiers, par contre », dit Terri. « Pas du genre empathiques. »

« Hé, où sont-ils passés ? » demanda Miranda.

« Oh, ils sont partis depuis un bail — tu étais trop occupée à serrer Meehni, Wimlah ou Gunnedoo dans tes bras pour t'en rendre compte », dit Cheryl.

« On ferait peut-être mieux de rentrer nous aussi », dit Terri. « Ça te va de retraverser, Miranda ? »

« Je pense que oui, mais je devrais peut-être passer en premier cette fois-ci ? » Elle posa le pied sur le pont et, en quelques secondes, elle était de l'autre côté.

Cheryl la suivit, puis Terri. Elles montèrent les escaliers et se retrouvèrent bientôt à marcher le long du sentier sinueux. Demain, elles quitteraient Katoomba.

Les trois amies n'avaient pas vraiment prêté attention aux deux Australiens. Ceux-ci s'intéressaient à Terri et Cheryl, et ils pensaient que leur amie, qui avait le vertige, s'entendrait bien avec Miranda. C'était la première occasion pour les filles de rencontrer des garçons célibataires, et elles ne s'en étaient même pas rendu compte.

Espérons que ce ne soit pas leur dernière occasion.

CHAPITRE 23

Le lendemain matin, les trois amis ont fait leurs valises et étaient déjà partis à 9 heures. Ils ont juste eu le temps de faire un petit tour pour jeter un dernier coup d'œil aux Montagnes Bleues avant de se diriger vers la gare. C'était une matinée brumeuse. Il ne pleuvait pas, mais il y avait une épaisse brume dans l'air. À mesure qu'ils s'approchaient du pied de la montagne, la brume devenait de plus en plus dense.

« Si je ne l'avais pas vu de mes propres yeux, je ne l'aurais jamais cru. Je suis sûre que les montagnes sont là, mais je ne vois rien », dit Miranda.

« Allons-y alors, ça ne sert à rien de traîner – on ne veut pas tout gâcher à la dernière minute », dit Terri.

« J'espère que les trains ne sont pas annulés ! », demanda Cheryl.

« Tu as raison », dit Miranda, « Si c'est le cas, il faudra qu'on trouve un hébergement pour une nuit de plus. »

Elles descendirent la rue principale, s'éloignant des Blue Mountains. Elles s'arrêtèrent au Paragon Café et choisirent une boîte de chocolats artisanaux. Le temps qu'elles arrivent à la gare, le brouillard s'était complètement dissipé.

« C'est tellement bizarre », dit Miranda. « Peut-être que le brouillard nous faisait ses adieux. »

Une fois dans le train, Miranda remarqua trois garçons qui couraient vers le quai à toute vitesse. Elle reconnut deux d'entre eux : ceux qui l'avaient appelée « Sheila » quand elle était coincée aux Three Sisters. Elle sentit ses joues rougir quand le plus grand lui fit signe.

« Quelle surprise de te revoir », dit-il. « Ça te dérange si on se joint à vous ? »

Les trois amies acquiescèrent d'un signe de tête tandis que les garçons s'asseyaient.

« Je m'appelle Hayden et voici mes potes, Jake et Ben.»

« Ravie de vous rencontrer. Je m'appelle Miranda et voici mes amies, Terri et Cheryl. »

« Salut. »

« Je ne me souviens pas t'avoir vu hier », dit Miranda en regardant le gars le plus mignon des trois.

« Lui aussi a le vertige », dit Hayden. « Du coup, il est allé aux grottes de Jenolan tout seul. »

« S'il était venu avec nous, on serait encore sur le pont », dit Jake en riant.

« Allez les gars, laissez-moi tranquille », dit Ben. « Alors, d'où venez-vous, les filles ? Du Canada ? »

« Oui », dit Terri, « bien deviné. »

« En fait, ce n'était pas une supposition. J'ai une tante qui vit à Ottawa, en Ontario, donc je reconnaissais l'accent. On lui parle tous les Noëls. »

« Tu es déjà allé au Canada ? », demanda Cheryl.

« Non », répondit Ben, « j'adorerais, mais je n'ai pas le fric – je veux dire l'argent – mais j'irai un de ces jours. Et là, je ferai un tour du monde. »

« À condition qu'on arrive à le faire monter dans un avion ! », dit Hayden.

Partager un trajet d'une heure et demie avec trois parfaits inconnus, c'est risqué. Soit on s'entend comme des amis de longue date, soit on apprend vite à se détester, et pas qu'un peu. Dans ce cas-là, deux sur trois, c'était pas mal.

« D'où venez-vous ? » demanda Terri.

« On vient de Melbourne, on est juste là pour une semaine de vacances », répondit Hayden. « On repart dimanche soir. » Hayden était le plus âgé et aussi le plus grand. Il avait des cheveux foncés et bouclés, des yeux marron-noirs et un petit grain de beauté sur la joue droite. « J'ai trente ans, et je suis ingénieur en électronique chez Telstra. »

« On vient de l'Ontario. On est dans la Snow Belt, donc il fait loin d'être aussi froid qu'à Ottawa », dit Terri. « Je travaille pour une entreprise qui fabrique des bagages, je suis à la comptabilité. »

« Oh, une comptable », dit Jake. « Je travaille chez Telstra moi aussi. » Jake passait le plus clair de son temps à admirer son propre reflet dans la vitre et à passer ses doigts dans ses cheveux. Il était blond, avait les yeux bleus et était complètement imbu de lui-même.

« Je commence un nouveau boulot à mon retour », dit Miranda. « On ne parle pas de boulot, hein. On est en vacances. »

« C'est lequel d'entre vous qui s'est retrouvé coincé aux Three Sisters ? » demanda Ben. Ben était le plus discret, il avait vingt-sept ans et était le cousin de Jake. Il mesurait environ 1,70 m, avait les cheveux blond roux et quelques taches de rousseur éparpillées sur le nez. Ses yeux étaient bleus et il avait un air doux. Sa voix était douce et apaisante.

« C'était moi », dit Miranda, « je crois que c'est l'histoire du chauffeur de bus sur le bunyip qui m'a fait ça. » Elle rit.

« T'as toujours été comme ça, Ben ? » demanda Cheryl. « Je veux dire, avoir le vertige. Pour moi, ça va et ça vient. J'ai pas eu de problème aux Three Sisters, mais le Sydney Harbour Bridge, ça, ça m'a pétrifiée. »

« Je suis comme ça depuis aussi longtemps que je me souvienne », dit Ben, « avant, j'avais le trac rien qu'en montant sur une grande roue. Je suppose que je suis un peu une mauviette. »

« Non, pas du tout », dit Miranda, « je pense que ça fait du bien d'en parler. » Miranda remarqua que Jake donnait un coup de coude dans les côtes de Hayden. « Qu'est-ce qui te fait rire ? »

« On pensait juste », dit Hayden, « à notre projet de faire du saut à l'élastique dans les montagnes. Ben a complètement paniqué – après qu'on ait déboursé notre argent. »

« Je vous avais dit de sauter sans moi », dit Ben.

« Fais pas tant d'histoires », dit Jake. « On a fait un pacte : c'était tous ensemble, ou personne. Rappelle-toi, on est les trois mousquetaires. »

« Hé, c'est comme ça qu'on s'appelle nous aussi ! », s'exclama Terri.

« Hé, arrête de changer de sujet », dit Hayden. « Après tout, on a chacun déboursé 150 dollars ! »

« Merde », s'écria Ben très fort.

À l'unisson, les filles dirent : « Chut ! »

« Désolé, je te rembourserai. À la prochaine paie. »

« Tu ne me dois pas un centime », dit Jake, « on était tous d'accord. »

« Eh bien, tu es peut-être Allan Bond », dit Hayden, « mais moi non – et j'ai besoin de cet argent. »

« Sujet clos », dit Jake en articulant silencieusement « désolé » aux filles.

Puis, comme ça arrive souvent quand des inconnus se rencontrent, des conversations séparées s'ensuivirent. Ben et Miranda parlèrent de leur peur du vide. Terri et Hayden discutèrent de Telstra, et des différences entre travailler pour un grand conglomérat et pour une entreprise familiale.

Cheryl n'était pas impressionnée par Jake. Elle essaya de le faire parler, mais tout ce qui semblait l'intéresser, c'était son propre reflet. Au bout d'un moment, elle abandonna et se joignit à la conversation de Miranda et Ben.

« Je vais pisser », dit Jake.

« Les filles n'ont pas besoin d'entendre ça », a dit Hayden.

« Nous non plus, mon pote », a dit Ben.

Le voyage touchait à sa fin et Ben avait désespérément envie de revoir Miranda.

« Vous faites quelque chose samedi, les filles ? On va à Darling Harbour. Ça vous dirait de se retrouver pour dîner et aller danser après ? »

« On adorerait », a dit Miranda.

« Ce serait génial », dit Terri.

« Cheryl ? », demanda Miranda.

« Bien sûr, si tu veux. »

« On loge à l'auberge Backpackers à King's Cross », dit Ben en fouillant dans son portefeuille. « Voici le numéro, au cas où tu ne pourrais pas venir ou autre. Fais-nous signe. Ça nous a fait plaisir de discuter avec vous. »

« On a aussi été ravis de vous rencontrer », dit Miranda. « On est à l'hôtel, appelle-nous si tu ne peux pas venir, sinon on se voit là-bas. Vers 19 h ? »

« Ça me va, à plus tard et merci pour la compagnie », dit Ben, tandis que les trois amis montaient les escaliers et sortaient sur le quai.

« Quel numéro, ce Jake... C'est sûrement l'être humain le plus ennuyeux que j'aie jamais rencontré », dit Cheryl.

« Hayden n'est pas terrible non plus, mais je crois que Miranda et Ben se sont vraiment bien entendus, donc on peut y aller. Ça va être sympa... Et c'est pas comme si on avait mieux à faire », dit Terri.

« C'est vrai, mais assure-toi juste que je ne me retrouve pas seule avec Jake, beurk. »

« Je pense que tu peux me laisser seule avec Ben », dit Miranda, rayonnante.

« Eh bien, on a enfin rencontré des Australiens ! », s'exclama Terri.

« Oui, c'est vrai. T'as remarqué que Jake passait son temps à se regarder dans le miroir ? »

« Comment aurions-nous pu rater ça ? », rétorqua Miranda.

Miranda décida de prendre un bain. Elle se servit un verre de Cabernet Sauvignon – une mini-bouteille sortie du frigo – et prit un livre. Elle s'enfonça profondément dans la baignoire, en pensant à Ben. Il semblait très sincère. Elle avait hâte de le revoir.

CHAPITRE 24

L e lendemain matin, Cheryl s'est réveillée et a vomi. Elle avait mal à la tête, mal au dos, et ses règles étaient arrivées.

« Je n'ai envie ni de sortir ni de faire quoi que ce soit », a dit Cheryl. « Tout ce que je veux, c'est me glisser dans mon lit et me reposer. »

« Je vais t'acheter du Midol et tu seras en pleine forme en un rien de temps », a suggéré Miranda.

« Prenons un bon petit-déjeuner, repose-toi bien ce matin et on verra comment ça se passe », a dit Terri. « Tu te sentiras peut-être mieux plus tard. »

« Je n'ai pas envie de manger, et je ne veux pas de Midol, je veux juste me reposer, rester tranquille. Pourquoi vous ne sortez pas, les filles, pour vous amuser ? Je me débrouillerai toute seule ici. »

« T'es sûre ? » demanda Terri.

« Je suis sûre, j'ai juste envie d'être seule. »

« Ça n'a rien à voir avec, tu sais, ta rencontre avec les garçons hier, n'est-ce pas ? » demanda Miranda.

« Non, ça n'a rien à voir avec qui que ce soit ni avec quoi que ce soit. Je me sens juste épuisée et je... » Elle s'interrompit, se mit à pleurer et courut vers la salle de bain.

« Je déteste la laisser toute seule dans cet état », dit Terri.

« Mais si c'est ce qu'elle veut, je pense qu'on devrait le faire. Laissons-lui un peu de temps pour se remettre. » Puis Miranda frappa à la porte de la salle de bain : « Cheryl, on sort quelques heures, repose-toi et mets tes pieds en l'air. »

« D'accord, merci les filles, je me sentirai mieux tout à l'heure, j'en suis sûre. »

Dans l'ascenseur, Miranda se mit à parler de Ben : «C'est pas le plus beau gamin du monde, mais il est intelligent, drôle et gentil. J'ai vraiment hâte de le revoir !»

« Vas-y doucement quand même, Miranda. Vous venez juste de vous rencontrer. »

« Je sais, mais ça fait tellement longtemps que j'ai pas ressenti ça. »

« Je sais, et tu mérites de rencontrer quelqu'un. »

« Merci », dit Miranda.

« Je me demande comment va Cheryl là-dedans ? »

« J'ai remarqué ces derniers jours qu'elle semblait parfois distante. Je me demande si elle a un peu le mal du pays. Après tout, c'est la première fois qu'elle est loin de sa famille. »

« Mais on n'est parties que pour quelques semaines et ce voyage nous a coûté une bonne partie de nos économies

– donc, on ne peut pas vraiment se permettre de perdre un jour par-ci, un jour par-là, tu sais », dit Terri.

« Je suis d'accord. On devrait rentrer et essayer de la remonter le moral. Si elle a un peu le mal du pays, le pire remède pour elle, c'est de rester assise toute seule à ruminer. Elle a besoin de sortir et de découvrir de nouvelles choses, de rencontrer des gens, et elle oubliera vite tout ça.»

Alors que Miranda tournait la clé dans la serrure, elles entendirent Cheryl au téléphone. Elle pleurait.

« Je veux rentrer à la maison, maman, je ne veux plus être ici, je n'aime pas cet endroit, tu me manques » – Elle s'interrompit, puis dit dans un murmure : « Euh, je dois y aller maintenant, je t'appellerai plus tard, d'accord maman ? Je t'aime. » Cheryl regarda ses deux amies et se sentit gênée. Elle se jeta sur son lit et sanglota.

« Écoute, Cheryl », dit Miranda. « Tu n'as qu'à rentrer chez toi en pleurant comme un petit bébé si c'est ce que tu veux, mais c'est le voyage d'une vie et on ne rentrera pas avec toi. On est là pour un peu plus d'un mois et je pense que tu le regretteras toute ta vie si tu laisses passer cette occasion. »

« On sait que tu le regretteras. »

Les filles s'assirent ensemble, bavardant comme des adolescentes à une soirée pyjama. Finalement, elles convainquirent Cheryl de se bouger. Elles firent leurs valises et réussirent à attraper un vol de nuit pour l'Outback.

Demain, elles escaladeraient Uluru.

CHAPITRE 25

Il faisait déjà 40 degrés quand elles se sont réveillées. La clim tournait à plein régime. Elles se sont réveillées avec un goût désagréable de poussière dans la bouche.

« J'ai besoin d'eau, dit Miranda, je me sens tellement déshydratée. »

« Je crois que boire autant de vin hier soir n'était pas une si bonne idée après tout, dit Terri, mais on s'est bien amusées, les filles ? »

« Ouais, on s'est bien amusées, mais on ferait mieux de se dépêcher. On doit escalader Uluru aujourd'hui, et il va faire de plus en plus chaud au fil de la journée. Je propose qu'on prenne un yaourt ou un truc rapide en bas, puis qu'on parte », suggéra Cheryl.

Après un petit-déjeuner rapide, elles s'aventurèrent hors du motel. Elles montèrent dans un bus touristique. Les accents nord-américains et britanniques fusaient tandis qu'elles se dirigeaient vers ce site emblématique des Aborigènes.

« Uluru », commença Miranda. « Autrefois connu sous le nom d'Ayers Rock, ses propriétaires traditionnels étaient une tribu appelée les Anangu qui vivait dans la région depuis près de 22 000 ans. Le rocher lui-même a entre 600 et 700 millions d'années ! »

Le majestueux monolithe écarlate dérivant dans une mer de sable se rapprochait de plus en plus d'elles.

« Les Blancs », poursuivit Miranda. « ont expliqué l'existence d'Uluru par un soulèvement de roches conglomérées qui s'est produit lorsque le continent était en partie recouvert de vastes mers intérieures, mais les Anangu disent que leurs ancêtres ont créé Uluru à l'époque du Tjukurpa, lorsque des êtres surnaturels ont traversé le continent, créant des montagnes, des vallées et des points d'eau sur leur passage. »

Quand ils descendirent du bus, le silence régnait. Tout le monde était émerveillé face à la silhouette qui se dressait devant eux. L'air chaud les caressait et leur coupait le souffle.

« Autrefois, il était possible d'escalader Uluru », expliqua le guide, « mais aujourd'hui, c'est interdit. Le site est sacré pour le peuple Anangu. Il est interdit de prendre des photos. Uluru signifie « gros caillou ». Uluru est une roche sédimentaire. C'était l'itinéraire traditionnel emprunté par les ancêtres Mala à leur arrivée à Uluru. Il a été déclaré parc national en 1950, puis en 1985, le titre a été rendu au peuple aborigène. Si tu souhaites revenir demain matin, au lever du soleil, inscris-toi pour une visite guidée autour de la base. Avec ton groupe, tu marcheras tout autour du rocher. Cela prendra trois heures. Ça vaut le coup de se lever tôt. Pour l'instant, le centre d'information et les autres activités autour d'Uluru sont à ta disposition. Profite bien de ton séjour. »

« C'est un peu triste de ne pas pouvoir l'escalader », dit Miranda. « Mais je comprends. C'est tellement beau. Je détesterais le voir détruit.»

« Pour ma part, ça ne me dérange pas de rester ici en bas et de le voir sous cet angle, mais j'aimerais bien faire cette visite guidée. Je ne sais juste pas si on peut changer nos vols. Après tout, on est censées repartir pour Sydney à 9 h », dit Cheryl.

« On a encore quelques heures ici, alors profitons-en au maximum », dit Miranda, « Et on pourra appeler Qantas à notre retour pour voir s'ils peuvent réorganiser notre programme. »

Elles ont visité le complexe Maruku Arts and Craft, situé au pied d'Uluru.

« Regarde ces peintures incroyables ! », s'exclama Cheryl.

« Regarde ces objets remarquables. J'aimerais bien acheter le didgeridoo de mon père ici », dit Terri. « Mais je ne veux pas le laisser à l'hôtel ni le transporter avec nous. J'aimerais vraiment soutenir ces artistes locaux, par contre.»

« Regarde, des grottes », s'exclama Miranda. « Des peintures partout. Incroyable ! Comment ont-ils bien pu faire ça ? »

« Les artistes ont fabriqué un pinceau à partir d'écorce et l'ont utilisé pour créer des motifs abstraits. Chaque segment représente la vie aborigène », expliqua le guide.

« Quand la dernière a-t-elle été créée ? », demanda Miranda.

« Dans les années 1930. »

« On doit rester et revenir demain matin », dit Miranda. « On n'a pas le choix. On ne repassera peut-être jamais par là. »

« T'as raison », dit Cheryl. « Même si on doit payer une amende, je suis prête à le faire. »

« Moi aussi, c'est trop génial pour laisser passer. »

De retour au motel, Cheryl réussit à joindre Qantas. Aucuns frais ne seraient facturés, et leur vol fut modifié à 14 h 45.

« Ça en vaudra la peine. Tiens, je viens de me rappeler qu'on a un rendez-vous samedi soir », dit Miranda.

« Ouais, on ferait mieux de dîner et de se coucher tôt. Demain va être une journée incroyablement chargée », dit Cheryl.

Plus tard, alors qu'elles se détendaient dans leurs chaises de jardin, les lumières flamboyantes dansaient dans le ciel. Les étoiles occupaient toute l'étendue du ciel, car aucune lumière de la ville ne venait leur faire concurrence.

CHAPITRE 26

L e lendemain matin, de bonne heure, les filles étaient déjà debout et dans le bus. Il ne faisait pas encore tout à fait jour, et l'air était plus frais et plus reposant. Elles ont pris un petit-déjeuner sur le pouce et plusieurs bouteilles d'eau, qu'elles ont glissées dans leurs sacs à dos.

« Ces blocs de glace isothermes vont garder nos boissons au frais pendant des heures », a dit Miranda.

Le trajet jusqu'au monolithe est passé très vite. Le bus débordait d'excitation et d'impatience.

« Mesdames et messieurs, vous êtes sur le point de commencer un voyage que vous n'oublierez jamais. Veuillez ne pas jeter vos billets. Les illustrations contiennent des symboles aborigènes et sont considérées comme sacrées. Nous vous remercions. Profitez bien de votre visite. »

Le guide leur a expliqué l'histoire géologique de Kata Tjuta, les Olgas, tandis qu'elles marchaient parmi les anciens dômes rocheux. Le soleil s'est levé, et dans toute sa splendeur, ses rayons ont caressé Uluru, créant une aura inimaginable.

Épuisés par leur journée de marche, ils firent leurs bagages et se mirent bientôt en route pour l'aéroport.

« Je ne peux pas te dire à quel point voir ces incroyables merveilles naturelles m'a changée », dit Miranda. « Les chutes du Niagara sont impressionnantes, mais être ici, voir tout ça, je me sens tellement chanceuse. »

« Je vois ce que tu veux dire », a dit Terri.

« Je suis d'accord, mais on est tous épuisés. Allons dormir un peu. On sera bientôt de retour à Sydney. »

CHAPITRE 27

« J'ai hâte qu'on rentre à Sydney, dit Miranda, parce que ce soir, je vais voir Ben ! »

« Ben qui ? » la taquina Terri.

« Je ne me réjouis pas trop de passer du temps avec Jake », dit Cheryl.

« On va manger, on va discuter, et on va danser un peu. Si on empêche Jake de s'approcher des miroirs, je suis sûre qu'il te fera passer un bon moment », dit Terri.

L'avion atterrit à 18 h. Il était 18 h 30 quand elles furent de retour à l'hôtel Hilton – et elles se précipitèrent pour se préparer et descendre à Darling Harbour avant 19 h. Néanmoins, leur mission fut accomplie avec succès, et les trois amies arrivèrent, sur leur trente-et-un, à 19 h 05 pile. Il n'y avait aucun signe des garçons.

« Bon, les filles, on est superbes, et en un temps record en plus », dit Terri.

« Si on doit rester ici trop longtemps », dit Cheryl, « vu les regards qu'on nous lance, je vais peut-être avoir un autre choix que Jake pour la soirée. »

« Pauvre Jake, il va se retrouver sans rendez-vous et sans amis dans une ville inconnue où il ne connaît personne », dit Miranda.

« Sors les violons », dit Cheryl. « Tu me brises le cœur.»

« Il est 19 h 15, tu crois qu'ils ont oublié ? », demanda Miranda.

« Je ne pense pas que Ben oublierait quoi que ce soit qui te concerne. Il avait l'air plutôt intéressé, Miranda », dit Cheryl. « Et je ne dis pas ça juste comme ça. »

« Je le pensais aussi », dit Miranda. « Mais maman, là-bas, dit que je devrais y aller doucement, ne pas laisser mon imagination s'emballer. »

« Terri a raison, mais la soirée ne fait que commencer », dit Cheryl.

« S'ils ne sont pas là à 19 h 30, trouvons un restaurant et allons manger quelque chose. Je ne pense pas que ce soit bon pour nous de rester plantés là si longtemps », dit Terri.

« Miranda, Miranda », appela Ben en courant pour les rejoindre. « Jake et Hayden sont en route. Désolés d'être en retard. Vous êtes superbes tous les trois. Comment ça va ? »

« Je vais bien, on va tous bien », répondit Miranda. « On pensait que tu nous avais peut-être oubliés. »

« Pas question, on a fait de la plongée aujourd'hui et le temps a filé. On avait hâte de vous voir tous les trois depuis qu'on s'est rencontrés. Oh, les voilà. »

« Salut », dirent Jake et Hayden à l'unisson.

« Waouh, vous avez l'air superbes tous les trois ! », s'exclama Hayden.

« Pareil », renchérit Jake. « En gros, ça veut dire que vous avez l'air géniaux ! »

« Merci », répondirent-ils.

« Bon, allons au restaurant Raintree. On s'est dit qu'on y mangerait bien. Plus tard, quand il y aura de la musique live, des groupes locaux et de la danse. On a tout ce qu'il faut là-bas, pour ainsi dire, à moins que vous ayez d'autres idées pour le dîner ? » dit Ben.

« Non, on te laisse choisir », dit Miranda. « Vu qu'on connaît pas vraiment les restaurants par ici. »

« Regarde les choses en face », dit Terri. « On mangera tout ce qui ne bouge pas. »

« Hmm, ça réduit pas mal le choix alors », dit Jake. « Remarque, les Morton Bay Bugs ne bougent plus quand on te les met dans l'assiette. Allez, essaie donc ! »

« Beurk, tu plaisantes, non ? Les gens ne mangent pas d'insectes ? », dit Cheryl.

Ils arrivèrent au restaurant et s'assirent. Ils commandèrent des boissons pour tout le monde et s'affairèrent à consulter les menus.

« Si tu ne me crois pas, regarde ça », s'exclama Jake.

« Des Morton Bay Bugs ! », s'écria Terri. « C'est quoi ? C'est comme des cafards ou quoi ? »

« Cette idée est tellement dégoûtante », dit Miranda. « Fais gaffe. Tu vas me couper l'appétit et on devra peut-être aller chez Mickey D's à la place. »

« En fait, dit Ben, ils ressemblent à des mini-homards et ont le même goût. Ici, c'est considéré comme un mets raffiné. Réfléchis-y : certains mangent du caviar – des œufs de poisson – et d'autres des escargots, alors les Morton Bay Bugs, ce n'est pas si mal. Et c'est non pour le restaurant de hamburgers.»

« Je vais prendre des crevettes, c'est la même chose que les crevettes roses, non ? » demanda Miranda.

« Mais en plus grosses », dit Hayden. « Commandons du vin, un Cabernet Sauvignon, ça te va ? Quelqu'un préfère une bière ? »

« C'est ma préférée », dit Miranda.

« Je préfère la bière », dit Jake.

Le vin et la bière furent servis. On porta un toast aux nouveaux amis. On passa commande. On partagea le pain. Quand les plats arrivèrent, tout le monde était content, sauf Miranda.

« Ils me regardent. »

« Bien sûr qu'ils te regardent », dit Jake. « Tu les décortiques et tu les manges. Y a rien de tel que le goût des crevettes fraîches. »

« Je ne peux pas les manger, avec la tête encore dessus, sans parler des intestins qui sont encore dedans. Oh là là, je crois que je vais vomir. »

« Bois encore une gorgée de vin, et regarde-moi », dit Ben en sortant une crevette du bol de Miranda et en la coupant en deux. « Il y a tout un art à manger des crevettes et une façon simple de les décortiquer. Tu vois comment j'ai cassé ici ? Eh bien, c'est ça le truc. Maintenant, la partie charnue est juste là, qui t'attend. Il suffit de décoller cette partie. Tu vois, la tête a disparu et tu n'as plus rien à en faire. Tiens, trempe-la juste dans la sauce et goûte. »

« À Rome, fais comme les Romains », dit Miranda en mordant dans la crevette blanche et charnue. « C'est l'une des meilleures choses que j'aie jamais goûtées. C'est un peu salé et un peu sucré. Tiens, laisse-moi essayer d'en décortiquer une moi-même. Servez-vous tous, je ne vais certainement pas pouvoir manger tout ça. »

« Ce risotto au saumon est succulent », dit Cheryl. « Je n'avais jamais entendu parler du risotto avant. »

« C'est encore meilleur avec du parmesan frais saupoudré dessus. » Il fit signe au serveur. « Du parmesan frais, s'il vous plaît.»

Il revint avec du parmesan et Cheryl en saupoudra le plat. « Tu as raison, c'est encore meilleur. Merci pour la suggestion. »

« Et ce couscous cajun est magnifique aussi », dit Terri. « Je l'ai vu dans les magasins chez moi, mais je n'avais jamais eu envie de l'essayer avant. Maintenant, je vais vraiment devoir apprendre à le faire. »

« Alors, qu'est-ce que vous avez fait depuis la dernière fois qu'on vous a vues ? » demanda Hayden.

« On a pas mal visité Sydney, et on est allées à Uluru », dit Miranda. « Quel monolithe impressionnant ! »

« Je suis content que vous ayez pu découvrir autant de l'Australie », dit Ben. « Vous comptez passer un peu de temps à Melbourne ? »

« On est à Melbourne pour Noël », révéla Miranda. « On arrive mardi soir et on repart vendredi soir. On va voir un match au MCG le premier jour, et... »

« Une visite du Centre des Arts mercredi, plus un peu de shopping de Noël », l'interrompit Terri.

« Pourquoi ne viendriez-vous pas passer Noël chez moi ? On fait un barbecue, et vous êtes les bienvenues », proposa Ben.

« On adorerait ! » s'exclama Miranda. « C'est tellement généreux de ta part. »

« C'est juste un peu d'hospitalité australienne », dit Ben. « En plus, Melbourne est très différente de Sydney. Les gens sont différents, et la culture est différente. Il y a une sacrée rivalité entre les deux villes et... » Il baissa la voix, « Melbourne est bien sûr la meilleure ville. »

« Ha ha », rit Jake, « Je te mets au défi de le crier haut et fort, mon pote ! »

« Quoi, et provoquer une bagarre ici ? » dit Hayden. « Remarque, à voir la foule, je parie qu'à nous trois, on pourrait tous les mettre K.O. »

« Mieux vaut ne pas le vérifier », dit Cheryl.

« Tout le monde est prêt à danser ? » demanda Hayden.

« Montre-nous le chemin », dit Terri en passant son bras sous le sien.

Quand ils se séparèrent, il était plus de 2 heures du matin. La musique avait été très forte dans la salle. Ils n'avaient pas très bien pu s'entendre.

« Merci pour cette soirée sympa », dit Miranda, « Et on se reverra à Melbourne. »

« Bien sûr », dit Ben, en se penchant pour embrasser Miranda sur la joue gauche, puis sur la joue droite.

« Vas-y, mon vieux ! », dit Jake en se penchant pour embrasser Cheryl sur les lèvres. Elle tourna la tête sur le côté, et il embrassa ses cheveux.

« À la semaine prochaine », dit Terri.

Hayden se pencha vers elle, puis changea d'avis. Il ne voulait pas prendre de risques après ce qui s'était passé avec Cheryl.

Les trois amis montèrent dans leur taxi, qui s'élança dans la nuit.

CHAPITRE 28

De retour à l'hôtel, saines et sauves, Miranda s'est réveillée en hurlant. Elle s'est redressée dans son lit.

« Qu'est-ce qu'il y a ? » a demandé Cheryl en allumant la lumière.

« Tout le monde va bien ? »

« Non, je ne vais pas bien », a répondu Miranda, « j'ai fait un rêve, un rêve très effrayant. »

« Raconte-nous », a dit Cheryl. « Tu sais ce qu'on dit : un mal partagé... »

« Je ne veux pas, c'est trop effrayant. »

« Je vais faire du café, on va s'asseoir sur le balcon et tu nous le raconteras quand tu seras prête. Ça ne sert à rien de retourner se coucher maintenant. Regarde, le soleil se lève », dit Terri.

Une fois installés sur le balcon, profitant de l'air frais du matin et sirotant leur café, Miranda raconta les événements de son rêve.

« J'étais toute seule, au sommet d'Uluru. Quelqu'un me poursuivait. Il avait un couteau. C'était un homme. J'ai couru et couru, et il n'arrêtait pas de me suivre. J'étais acculée ; je n'avais nulle part où aller, puis il a retiré son masque. C'était lui. Le violeur.

« Tu dois mourir ! » a-t-il dit. « Sinon, ils découvriront que c'était moi. C'était moi tout seul. Je l'ai tuée, j'ai tué ton amie et maintenant je vais te tuer. »

Je lui ai donné un coup de pied dans les couilles, il s'est effondré et le couteau est tombé. Il a commencé à glisser vers le bord. On s'est tous les deux précipités pour l'attraper, mais la pluie s'est mise à tomber et les rochers sont devenus glissants. C'était comme de la glace pure. On s'est battus. C'était comme si on patinait. Je nous regardais d'en haut et on aurait dit une espèce en train d'accomplir un rituel d'accouplement. J'avais la nausée. Il m'avait coincée. Il m'avait attrapée par le cou et me tenait au-dessus du vide. Il poussait mon corps vers l'avant. C'est là que je me suis réveillée. »

« Pas étonnant que tu aies eu une peur bleue », dit Cheryl. « J'ai la chair de poule rien qu'en t'écoutant. »

« Moi aussi », dit Terri.

Miranda se redressa d'un bond et courut vers la salle de bains. Elle a vomi jusqu'à ce qu'il ne reste plus rien à vomir.

« Je ne comprends pas, pourtant », dit Terri. « Pourquoi Miranda fait le lien entre ces deux choses. Son père a dit que Christina s'était suicidée. Ses parents ont reçu une lettre de suicide. »

« Il y a quelque chose que Miranda ne nous a pas dit, j'en suis sûre », dit Cheryl.

« Ça va ? » demanda Cheryl quand Miranda réapparut sur le balcon.

« Non, je ne vais pas bien. Je ne vais pas bien du tout. »

« Je ne comprends pas », dit Terri, « Qu'est-ce qui te tracasse ? »

« Mon subconscient est convaincu que le violeur et le meurtrier sont la même personne. Point final. »

« Mais, même si c'était vrai, il n'a aucune idée de l'endroit où tu te trouves », dit Cheryl.

« Au contraire. S'il a assassiné Christina, il y a de fortes chances qu'il sache où je suis. Tu vois, j'ai laissé un agenda complet sur la table à côté du téléphone. Juste au cas où Christina ou Mme Pierce auraient besoin de me joindre. C'est vrai. »

« Alors, pourquoi tu ne nous l'as pas dit plus tôt ? » demanda Cheryl.

« Ça n'a pas d'importance. Même si c'était la même personne, pourquoi aurait-il regardé sur la table près du téléphone ? » dit Terri. « C'est peu probable, et je ne vais certainement pas m'en faire pour ça. »

Cheryl acquiesça à contrecœur. En apparence, elle ne semblait pas s'inquiéter pour ses amies, mais au fond d'elle-même, elle souhaitait de plus en plus être de retour chez elle. En sécurité. Et avec sa famille à proximité.

CHAPITRE 29

Après un court vol, leur avion a atterri à Surfer's Paradise, dans le Queensland. Un bus les attendait pour les emmener, ainsi que quelques autres personnes, à Oxenford, sur la Gold Coast. Le trajet a duré vingt minutes.

« Cet endroit ressemble aux photos que j'ai vues de Las Vegas », a dit Terri.

« Ou aux publicités qui incitent les Snowbirds à venir à Los Angeles pour échapper à l'hiver », a ajouté Miranda.

« Oh, mon Dieu ! Regarde les panneaux pour Dream World, Jupiter's Casino, Warner Bros. Movie World, Sea World, Wet "n" Wild Water World — dommage qu'on soit là que pour quelques jours, il y a l'air d'y avoir tellement de choses à faire », dit Cheryl.

« J'ai hâte de nous enregistrer à l'hôtel pour qu'on puisse sortir et s'amuser ! », dit Miranda.

« Mais qu'est-ce qu'on va faire en premier ? » demanda Terri.

« Voyons ce que dit le guide Aussie Sights. Ça a l'air très prometteur : "La Gold Coast est l'une des principales destinations de vacances en Australie. Elle offre 42 km de plages ensoleillées, des forêts tropicales classées au patrimoine mondial, des parcs d'attractions, du shopping et une vie nocturne animée. C'est la côte qui a le plus à offrir !" » lut Miranda.

« Je propose qu'on aille d'abord à Warner Bros., puis aux autres si on a le temps », suggéra Terri.

« Sea World, c'est notre deuxième choix, si on a le temps », dit Cheryl. « J'ai pas vraiment envie de me mouiller aujourd'hui. »

« Et ce soir, on file au Jupiter's Casino pour dîner dans le chic ! », s'exclama Miranda.

Le problème, c'est qu'elles étaient tellement fatiguées après avoir passé six heures à arpenter Warner Bros. World, tellement stressées par toutes les attractions sur lesquelles elles avaient hurlé, et tellement repues après toutes les collations qu'elles avaient grignotées, qu'elles n'ont rien fait d'autre que rentrer dans leur chambre et s'endormir.

CHAPITRE 30

« Je ferais mieux d'appeler à la maison », dit Terri. « C'est dimanche soir et papa va s'inquiéter si je ne le fais pas. »

« Vas-y », dit Miranda. « Je vais prendre une douche. On a tellement de choses à faire aujourd'hui ! »

« Je vais regarder la carte et organiser notre programme – le Jupiter's Casino sera notre première étape. Je me demande à quelle heure il ouvre. Je vais voir ce que je peux trouver », dit Cheryl.

« Salut papa », dit Terri. « Oui, on va tous très bien. Comment ça va à la maison ? On s'éclate vraiment. D'accord papa. Transmets mes amitiés à tout le monde. On se voit bientôt. » Elle raccrocha, l'air pensif. « Ça a été rapide et très bizarre. »

Cheryl poussa un cri de joie, changeant de sujet. «Youpi, on a touché le jackpot ! Le Jupiter's est ouvert 24 h/24, 7 j/7 ! Il ne nous manque plus qu'un taxi pour nous y emmener.»

« C'est quoi tout ce remue-ménage ? » demanda Miranda, qui était déjà habillée.

« D'abord, Terri a raccroché si vite que ça lui a donné le tournis, et puis j'ai découvert que le casino est ouvert 24 h/24, 7 j/7. Je vais appeler un taxi – on peut être prêtes dans une heure, hein ? » dit Cheryl.

« Une heure ? On devrait pouvoir y arriver », dit Terri en se dirigeant vers la douche. « On pourra prendre le petit-déjeuner là-bas. »

« Attends, attends », dit Miranda. « Je viens de me souvenir d'un truc que j'ai lu sur les cours de plongée sous-marine. J'aimerais vraiment essayer. »

« Ça ne me dérangerait pas non plus, on n'est pas obligées d'aller au casino tout de suite, allons d'abord faire de la plongée sous-marine, puis au casino pour dîner », dit Terri. « N'importe qui peut prendre le petit-déjeuner, mais le dîner, ça, c'est quelque chose pour lequel j'aimerais vraiment être au casino.

« D'accord, ce sera la plongée alors », dit Cheryl. « Je vais appeler en bas pour voir s'ils peuvent nous organiser ça, dès que possible. »

Miranda consulta les pages jaunes pendant que Cheryl parlait avec le concierge.

« On doit prendre un bus, ça va nous coûter, mais ils seront devant l'hôtel dans 30 minutes. Ils prennent quelques autres personnes, donc on peut se joindre à eux », dit Cheryl.

« Cool », dit Miranda, « Dépêche-toi Terri, c'est encore au tour de Cheryl, et on a seulement 30 minutes pour se préparer et être devant l'entrée. »

« Oups », dit Terri en sortant dans la pièce alors que Cheryl passait à toute vitesse devant elle.

CHAPITRE 31

« Bonjour à tous, je suis ton moniteur aujourd'hui et je m'appelle Ned. Choisis une combinaison et prépare-toi. On se retrouve ici dans dix minutes. » Tout le monde se dirigea vers les combinaisons, et il poursuivit : « Si tu te poses des questions sur les requins, je peux t'emmener les voir après le cours. Ça coûte 25 $ de plus par personne et tu devras signer des formulaires d'assurance, mais tu te retrouveras face à face avec un requin. Tu seras parfaitement protégé dans une cage, donc pas de souci. Allez, tout le monde, préparez-vous ! On se retrouve ici dans dix minutes. »

« Pas question que je fasse ça ! » s'écria Cheryl.

« Allez, ça va être génial », dit Miranda.

« On sera parfaitement en sécurité dans la cage », répéta Terri à l'instar de l'instructeur.

Ils sortirent sur le pont du bateau et Terri demanda à l'instructeur s'ils pouvaient tous descendre dans une seule cage.

« Ce n'est pas conseillé. Ce fichu truc deviendrait trop lourd à soulever en cas d'urgence, tu comprends ? Vous descendrez une par une. S'il arrive quelque chose, il suffit de tirer sur la corde et le tour est joué : on te remontera. Tu n'auras jamais d'autre occasion, n'est-ce pas ? »

« Non », dit Cheryl.

« Je dis : un pour tous et tous pour un, allons-y ! », s'exclama Miranda.

« D'abord, finissons-en avec la leçon. Ensuite, tu pourras décider ce que tu veux faire. Je suppose que tout le monde sait nager ? »

La leçon fut revigorante, et les trois amies prirent suffisamment confiance pour remettre chacune 25 dollars à leur instructeur à la peau tannée.

« Je veux y aller en premier », dit Cheryl.

« D'accord, marché conclu. »

Les trois amies se tapèrent dans la main.

Une fois à l'intérieur de la cage, Cheryl fut descendue lentement dans l'océan. La cage était spacieuse, et elle essaya de rester au milieu. L'eau était chaude tout autour d'elle et elle scruta l'horizon en attendant l'arrivée du redoutable Bruce. Elle n'avait jamais aimé ce film, Les Dents de la mer.

Quelques minutes plus tard, des entrailles de poisson ensanglantées flottèrent autour d'elle. Elle eut un haut-le-cœur à cette vue. Le premier requin ne tarda pas à faire son apparition.

Au début, il nagea autour d'elle en la regardant fixement.

« Bonjour, M. Jaws, je m'appelle Cheryl, gentil requin, gentil requin. »

Il heurta la cage. Cheryl ne cria pas et ne cligna pas des yeux. Elle resta immobile comme une statue, espérant qu'il s'en aille.

Il a percuté la cage de plein fouet avec sa tête et a essayé de mordre les barreaux. Cheryl est tombée, a attrapé la corde et a tiré de toutes ses forces. Quelques secondes plus tard, elle était à la surface.

« Oh mon Dieu ! » s'est exclamée Cheryl, « Un requin, un énorme requin a percuté la cage de tout son poids et m'a fait tomber. Je n'ai jamais eu aussi peur de toute ma vie et je suis vraiment contente que ce soit fini. À toi, Miranda. »

« Vraiment, un requin s'est approché d'aussi près ? »

« Tout à fait, ça te dit ? Ou on laisse Terri y aller en premier ? » a dit Cheryl.

« Pas question, je passe mon tour », a dit Miranda.

« Moi aussi », a dit Terri.

« Cot cot cot », a dit Cheryl.

Plus tard, au Jupiter's Casino, Cheryl était l'héroïne de la soirée. Elle avait fait preuve de courage en descendant dans la cage à requins.

« Je peux t'offrir un autre verre ? » demanda Miranda.

« Bien sûr, je prendrai une piña colada cette fois-ci », répondit Cheryl, rayonnante de fierté. « Donne-moi une carte », dit-elle au croupier. « Donne-m'en une autre. Et continue à m'en servir ! »

CHAPITRE 32

L e matin, le petit bouton rouge clignotait sur le téléphone. Un autre message.

« Encore des problèmes ? » demanda Terri. Elle parla à la réceptionniste qui lui confirma qu'Angelo, le père de Terri, avait appelé. Comme elle venait juste de lui parler, elle savait que quelque chose devait vraiment ne pas aller.

« Salut papa, j'ai reçu ton message. Tout va bien ? »

« Non, ça ne va pas. J'ai bien peur qu'il y ait d'autres mauvaises nouvelles pour Miranda. Son père a eu un accident. Elizabeth a appelé ici tard hier soir. Elle était affolée après avoir essayé de joindre Miranda pendant des heures. Elle est toujours à l'hôpital avec Tom. Il n'est pas en très bonne forme. Tu as un stylo sous la main ? »

« Oui papa, je note ça, d'accord, oui. Je vais lui transmettre le message, et elle pourra appeler tout de suite. Tu sais ce qui s'est passé ? »

« Elizabeth n'était pas en état de nous donner des détails, elle était hystérique. Elle mettra Miranda au courant. »

« D'accord papa, merci. »

« Qu'est-ce qui s'est passé encore ? » demanda Miranda.

« Je ne sais pas vraiment, mais ta mère a appelé mes parents hier soir. Elle est à l'hôpital avec ton père, il est blessé. Papa ne connaissait pas les détails. Apparemment, ta mère n'était pas en forme quand elle les a appelés à l'aide. »

« Encore de la malchance », dit Miranda en composant le numéro. « La chambre de Tom Evans, s'il te plaît. »

« À qui ai-je l'honneur de parler ? »

« Miranda Evans, sa fille. »

« Oui, Mlle Evans, votre nom figure sur la liste. Je vous passe la communication. »

« Maman, c'est moi, Miranda. M. Russo m'a appelée. Qu'est-il arrivé à papa ? Il va bien ? »

« Ton père dort en ce moment. Il a vécu une véritable épreuve. »

« Il va mourir ? Mais qu'est-ce qui s'est passé, bon sang?»

« Non, ce n'est pas si grave. Il a trois côtes cassées, quelques points de suture à la tête et une entorse au pied. Il souffrait beaucoup. Les médicaments l'ont complètement assommé, le pauvre. »

« Il a eu un accident ? »

« Non, il a été agressé. »

« Agressé ? »

« Ton père allait au magasin du coin pour acheter quelques trucs. L'homme l'attendait dehors et lui a demandé son portefeuille.»

« Oh mon Dieu ! »

« Bien sûr, ton père n'avait pas son portefeuille. Il n'avait que quelques dollars dans sa poche. Il les a donnés à l'homme, qui est devenu très agressif. Il lui a donné un coup de pied dans les côtes, lui a piétiné le pied et lui a mis un coup de poing à la tête. Puis il s'est enfui avec la voiture de ton père. La police dit que ton père a eu une chance incroyable. »

« Une chance, en effet ! Tu veux que je rentre à la maison, maman ? »

« Non, ton père va s'en sortir. Il a dit de ne pas t'inquiéter, Miranda. Profite bien du reste de tes vacances.»

« D'accord maman, mais à quoi ressemblait ce type ? »

« Il a dit que l'homme était trapu, mais pas gros. Il avait les cheveux blonds, très gras. »

Miranda laissa tomber le téléphone qui heurta le sol, rebondit et heurta la table de chevet. Miranda devint blanche comme un linge et s'assit sur le lit.

« Allô ? Allô ? »

« Mme Evans, c'est Cheryl. Miranda a eu un petit malaise. On va s'occuper d'elle, ne t'inquiète pas. D'accord, à plus. »

« Qu'est-ce qui s'est passé ? » demanda Terri. « Tu as pâli. J'ai cru que tu allais t'évanouir. »

« Ton papa va bien ? » demanda Cheryl.

« Papa s'est fait agresser en allant à l'épicerie du coin. Il n'avait que quelques dollars sur lui et pas de portefeuille, alors le type lui a cassé trois côtes, lui a foulé le pied, lui a donné un coup de poing à la tête, puis lui a volé sa voiture.»

« Mais cette nouvelle ne t'a pas bouleversée, n'est-ce pas ? Enfin, si, mais pas autant que quand tu as demandé à quoi ressemblait le type », dit Terri. « Oh non, tu ne penses pas ce que je crois que tu penses, Miranda ? »

« Papa a dit que le type qui l'avait attaqué était trapu, pas gros, avec des cheveux blonds gras. C'est lui. Je sais juste que c'est lui. »

« Mais Miranda, dit Cheryl, il y a des millions de types qui correspondent à cette description. »

Je sais que mon intuition est juste. Il avait mon nom. Ça lui serait facile de découvrir qui était mon père. Il avait besoin d'argent et voulait me faire du mal, alors il a fait du mal à mon père. Tout comme avec Christina, il voulait me faire du mal, et comme je n'étais pas là, c'est elle qui est morte. Je ne sais pas quoi faire. Des gens sont blessés, meurent, à cause de moi. Qui sera le prochain ? Ou suis-je complètement paranoïaque ?

Miranda a ri.

Cheryl et Terri ne riaient pas.

Elles n'en ont pas parlé. Mais elles se posaient toutes les deux la même question. Miranda était-elle en train de perdre la tête?

CHAPITRE 33

A près un réveil matinal, les filles étaient prêtes pour leur vol vers l'Australie-Occidentale. Deux jours à Perth, un jour à Fremantle. Des programmes encore plus chargés alors que les jours restants de leurs vacances s'amenuisaient.

« Je n'aurais jamais pensé dire ça, mais je déteste vraiment prendre l'avion », a déclaré Miranda. « Au début, c'était une nouveauté, mais maintenant, ce n'est plus drôle du tout. »

« Ça aiderait si la nourriture n'était pas aussi mauvaise », a dit Terri.

« Et si on n'avait pas déjà vu tous les films », a ajouté Cheryl.

« Parlons de l'autre soir », a dit Terri. « Je me suis vraiment bien amusée, mais je ne pense pas que Hayden soit le bon pour moi. Il est sympa et tout, mais il n'y a pas d'alchimie. »

« Il n'y a pas la moindre alchimie entre Jake et moi », dit Cheryl. « Il était drôle quand même, et je suis contente d'avoir pu découvrir une autre facette de sa personnalité. »

Cheryl et Terri regardèrent Miranda, attendant qu'elle dise quelque chose.

« Alors ? » demanda Terri.

« Alors quoi ? » dit Miranda.

« Toi et Ben, vous aviez l'air de bien vous entendre, ton opinion sur lui a-t-elle changé ? » demanda Terri.

« Oh non, je pense que lui et moi, on pourrait facilement tomber amoureux, si seulement on ne vivait pas aux antipodes l'un de l'autre. »

« Dans ce cas, autant annuler le barbecue », dit Cheryl.

« Non ! » s'écria Miranda.

« Je plaisante. Vous étiez tous les deux dans votre petit monde quand vous dansiez », dit Terri.

« C'est un bon danseur. Vous essayez de me taquiner ou quoi ? Je préfère ne pas en parler ; on peut changer de sujet? »

« D'accord, alors qu'est-ce que ton livre dit qu'on peut faire à Perth ? » demanda Cheryl.

Miranda feuilleta le chapitre sur Perth, puis dit : « Il dit que la meilleure façon de découvrir la ville, c'est de se promener à pied. Si tu es en forme − c'est notre cas, je pense −, ça prendra trois heures. Je pense qu'on devrait se procurer une carte et voir jusqu'où on peut aller. On devrait atterrir bientôt, et on aura la moitié de la journée pour explorer. Qu'est-ce que tu en penses ? »

« Mais qu'y a-t-il à voir là-bas ? » demanda Terri.

« L'architecture est censée être totalement différente de celle de Sydney. Il y a même un moulin à vent construit en 1835. C'était autrefois un moulin à farine. On dirait que Perth est très britannique. »

« Oh super, britannique, ça veut dire des pubs et de la bonne bouffe », dit Terri. « Alors, on va juste se balader, manger, faire du shopping, on verra bien. »

« Ça me semble être un bon plan », dit Cheryl.

Pendant deux jours, les trois amies se promenèrent dans Perth. La ville était animée par les lumières et les décorations de Noël.

« Bizarrement, "I'm Dreaming of a White Christmas" n'a pas vraiment de sens ici », fit remarquer Miranda.

« En fait, tout le mythe du Père Noël n'a pas beaucoup de sens », dit Terri, « il fait près de 40 degrés Celsius et ce gros bonhomme ferait une crise cardiaque s'il se baladait ici dans son costume rouge. »

« Et pourtant, regarde, il y a une photo du Père Noël, et on peut acheter des sapins de Noël, comme chez nous », dit Cheryl. « Je ne sais pas pour vous, mais moi, j'ai un peu le mal du pays. »

« Je suis contente que Ben nous ait invitées pour le dîner de Noël », dit Miranda. « Pour l'instant, profitons au maximum de notre séjour à Perth. On a encore plein de choses à voir. »

Elles traversèrent la ville de long en large, s'arrêtant en chemin dans des petits cafés, des restaurants et des pubs. Les trois amies tombèrent sous le charme de Northbridge, un quartier branché offrant tous les avantages que l'on s'attend à trouver dans une ville bien plus grande. On comparait ce quartier à King's Cross à Sydney.

« C'est là que Ben et ses amis logeaient, dans une auberge de jeunesse », se souvint Miranda.

« T'as raison. Il va falloir qu'on aille voir ça. Hé, c'est pas là où se déroule le célèbre Gay Mardi Gras ? Je me souviens en avoir vu des extraits à la télé l'année dernière », dit Terri.

« Je m'en souviens aussi », dit Cheryl. « Quand la Gay Parade de Toronto a eu lieu, ils ont diffusé des extraits de celle de Sydney. Ça avait l'air plutôt osé. »

À Fremantle, elles montèrent à bord d'un sous-marin, participèrent à une visite guidée sur le patrimoine aborigène et passèrent un moment à la Chocolate Factory.

Peu après, elles étaient dans un autre avion, en route pour Adélaïde, en Australie-Méridionale, où elles devaient passer deux nuits.

Le premier soir, elles visitèrent la région viticole de la vallée de Barossa. Elles dégustèrent, et parfois recrachèrent, des vins au goût absolument merveilleux.

Miranda acheta deux bouteilles de Cabernet Sauvignon : une pour Ben et une pour ses parents.

CHAPITRE 34

Quand elles sont arrivées à Melbourne et qu'elles se sont enregistrées à l'hôtel, elles ont découvert le casino.

«Oui, une nouvelle chance de gagner un peu d'argent », s'est exclamée Cheryl. « J'ai gagné 5 dollars au Jupiter's.»

« J'ai perdu la même somme », a dit Miranda. « Mais je suis prête à retenter ma chance. »

Une fois arrivées au casino, elles ont été submergées par le cliquetis des machines à sous et le murmure incessant des joueurs excités. Le Jupiter's était petit, comparé au casino de Melbourne.

Miranda était tellement excitée que ses mains tremblaient, mais elle a réussi à prendre les devants et à se lancer directement dans le jeu tandis que ses deux amies se tenaient derrière elle pour lui apporter leur soutien moral. Miranda avait reçu un 16, et elle a rapidement demandé au croupier de sa table de « me donner une carte ». Elles ont toutes retenu leur souffle dans l'attente du résultat, et Miranda a reçu un 10.

Miranda était déterminée à continuer et a enchaîné les mains perdues jusqu'à ce que les trente minutes qu'elles s'étaient accordées pour jouer au blackjack soient écoulées. Miranda avait perdu la majeure partie de son pécule et envisageait d'aller chercher d'autres jetons, alors qu'elles se dirigeaient vers la table de poker pour que Terri puisse s'y essayer.

Miranda et Terri se sont tout de suite lancées. Terri a réussi un full et a remporté la première main, se constituant ainsi un petit pécule, tandis que Miranda n'a pas eu autant de chance. Elles ont joué encore 30 minutes, puis sont retournées aux machines à sous. Elles ont joué pendant près d'une heure avant de décider de chercher un bon restaurant.

« Vous êtes des aventurières culinaires ? »

« On essaie tout au moins une fois », a répondu Miranda.

« Il y a un super restaurant thaï tout au bout de la rue. Tu devras peut-être attendre un peu, mais ça vaut le coup. »

De là où elles se trouvaient, elles ne pouvaient pas vraiment se faire une idée de Melbourne, ni dans un sens ni dans l'autre. Il y avait plein de grues partout, beaucoup de grands immeubles, mais l'endroit semblait un peu hostile et la plupart des gens dans la rue avaient l'air perdus dans leurs pensées. Une fois arrivées au restaurant, elles ont constaté qu'il était bondé et ont dû attendre 20 minutes avant qu'une table se libère.

« J'espère que ça vaut le coup d'attendre », a dit Cheryl.

« Eh bien, s'il y a autant de monde un soir de semaine, ça doit être bon signe, non ? », a suggéré Terri.

Miranda acquiesça d'un signe de tête tandis que l'hôtesse s'approchait d'elles et les conduisait à leur table.

La décoration était très traditionnelle, et le menu regorgeait de toutes sortes de mets raffinés que les filles n'avaient jamais goûtés auparavant. Elles commandèrent tout un assortiment de plats à partager, accompagnés de sauce chili piquante et de sauce aux cacahuètes, et se jetèrent immédiatement sur la nourriture. Elles commandèrent des boissons, puis encore des boissons, et se retrouvèrent bientôt plus qu'un peu éméchées.

Les filles marchèrent dans la rue, et pour une raison ou une autre, rien ne leur semblait familier. Elles ne voyaient pas le casino, et elles avaient plus que tout peur de s'être perdues. Cheryl fit un tour sur elle-même, manquant de perdre l'équilibre, et ne reconnut rien, quelle que soit la direction.

Miranda, qui décida qu'il était hors de question qu'elle prenne le risque de tourner sur elle-même vu l'état de son estomac, crut Cheryl sur parole et suggéra qu'elles hélent un taxi. Elles se demandaient comment elles avaient pu se perdre à ce point.

Elles se souvenaient d'avoir marché environ dix minutes depuis le Casino, et pourtant : OÙ ÉTAIT-IL ? Elles ne le voyaient nulle part. Après mûre réflexion, elles se dirent que le restaurant avait peut-être deux sorties. Peut-être étaient-elles du mauvais côté ? Elles retournèrent dans le restaurant, regardant partout comme trois femmes folles, jusqu'à ce qu'un serveur leur demande s'il pouvait les aider.

« On vient d'arriver à Melbourne et on a l'impression d'avoir égaré le Casino », dit Miranda.

« C'est juste là-bas », répondit le serveur en leur indiquant la direction d'où elles venaient.

« On ne peut pas être aussi ivres », dit Terri.

« Il faudrait mettre un avertissement sur ce saké ! », s'exclama Cheryl en titubant vers la porte.

Elles se retrouvèrent dehors, respirant l'air frais.

«Ah, excuse-moi», dit Miranda à une fille en tenue de cuisine. «Tu pourrais nous indiquer où se trouve le Casino?»

« Suis-moi », dit-elle, « je vais par là. »

« Oh, le voilà », chantonna Miranda. « Exactement là où on l'avait laissé ! »

« Merci, hein ! » dit Terri en se faufilant à l'intérieur de l'hôtel.

Elles étaient épuisées et s'effondrèrent sur leurs lits tout habillées.

« Prochain voyage : Las Vegas », dit Miranda.

« Ça, c'est si on se remet demain après tout cet alcool ! », s'exclama Terri.

« Chut, je dors », dit Cheryl.

CHAPITRE 35

Le lendemain matin, les trois amis se sont réveillés avec la gueule de bois. Ils ont pris leur petit-déjeuner dans leur chambre et ont grignoté des croissants tout en buvant du café bien fort. Le téléphone a sonné.

« Salut », a dit Ben.

« Euh, on est un peu patraques aujourd'hui », a dit Miranda. « On a un peu trop bu de saké. »

« Je voulais juste vous souhaiter la bienvenue à Melbourne et vous souhaiter une bonne journée. Vous faites quoi ? »

« On fait le tour des sites touristiques, dans un bus à impériale – et – à propos – on ferait mieux de se dépêcher.»

« Qu'est-ce que vous faites ce soir ? » demanda Ben.

«Je ne sais pas trop, tu as une idée ? »

« Pourquoi on ne se retrouverait pas ? J'ai deux nouvelles amies à présenter à Cheryl et Terri. On peut vous faire visiter la ville.»

« Une seconde », dit Miranda avant de mettre sa main en porte-voix et de demander à Cheryl et Terri si elles voulaient rencontrer deux amis de Ben. « Bien sûr, merci Ben. »

« On est là pour te faire plaisir », dit Ben. « Et si on se retrouvait au Casino, et qu'on parte de là pour faire la fête en boîte ?»

« Vers 19 h ? »

« Super, à tout à l'heure Miranda. »

« À tout à l'heure. »

Miranda était tellement excitée. Elle n'avait rien vu de Melbourne jusqu'à ce qu'elle aperçoive Ben à 19 h 02 pile. Elle avait envie de lui faire un gros câlin. C'était la première fois qu'elle avait envie d'enlacer un homme depuis le viol. Mais elle ne l'a pas fait.

« J'aimerais te présenter mes potes, Phillip et Patrick. Voici Miranda (c'est ma copine), son amie Terri et Cheryl.»

Tout le monde s'est salué, puis Ben et Miranda ont pris la tête du groupe pour entrer dans les Jardins botaniques royaux. Ben tenait la main de Miranda.

Terri et Phillip travaillaient dans le même secteur. Phillip était comptable chez Warner Brothers Music.

Patrick travaillait chez Telstra. C'était un technicien. Il était très proche de sa famille et vivait chez ses parents.

Ben et Miranda parlaient comme de vieux amis et il y avait entre eux une familiarité que tous leurs amis ont tout de suite remarquée. Les deux autres couples suivaient derrière, en leur laissant de l'espace.

« Je crois que c'est ma deuxième maison », a dit Miranda.

« Comment ça ? »

« Les deux expériences spirituelles les plus fortes que j'ai jamais vécues ont eu lieu aux Blue Mountains et à Uluru. C'est comme si quelque chose m'avait parlé à ces deux endroits et m'avait guérie. Ça a l'air idiot, je sais », dit Miranda.

« Je suis content que tu aies trouvé tant de choses ici qui te font te sentir chez toi », dit Ben. « Un jour, tu pourras me rendre la pareille quand je viendrai au Canada. Comment sont vraiment les chutes du Niagara ? »

« Tu sais, je les ai vues tellement de fois au fil des ans que ça ne me semble plus avoir la même magie. Quand j'étais enfant, toutes les sorties scolaires allaient aux chutes du Niagara. On y allait presque chaque année et ce que j'aimais autrefois, j'ai fini par le détester. Ça n'a pas aidé que j'aie le mal des transports à chaque fois. En tant qu'adulte, j'ai envie de les montrer à quelqu'un qui ne les a pas encore vues, tu comprends ? »

« Tu peux me les montrer, et j'adorerais voir la neige – tu peux m'emmener à la montagne pour skier – NON ! »

« Oh, tu m'as presque eu là ! Imagine-nous tous les deux, avec notre peur du vide, à Banff. Tu devrais quand même venir au Canada », dit Miranda. « Parce que, eh bien, tout ce truc de Noël me semble un peu bizarre ici. C'est le froid et la neige qui donnent vie à Noël pour moi. »

« On n'a pas de Père Noël ici, enfin certaines familles en ont un, mais la majorité parle de Father Christmas », dit Ben. « On a tendance à suivre nos racines anglaises à Noël.»

« Oh, ça se comprend mieux, après tout, il n'y a pas toujours de neige en Angleterre à Noël non plus, n'est-ce pas ? Ce n'est pas garanti au Canada, mais c'est incroyable le nombre de matins de Noël où on se réveille et où il y a une fine couche de neige au sol. C'est ce qu'on appelle de la neige vierge, intacte, et ça rend vraiment Noël encore plus spécial. »

« Alors, tu passes toujours Noël avec ta mère et ton père?»

« Souvent, je passe Noël chez la famille de Terri ou de Cheryl. Je ne suis pas très proche de mes parents. »

« Ça m'étonne, Miranda. Tu as parfois l'air d'une vraie casanière, et d'autres fois, on dirait que tu n'as besoin de personne. Tu es une femme compliquée. »

« Ouais, je suis complexe », a ri Miranda. « Je suppose que tu es proche de tes parents ? »

« Ils ont toujours été là pour moi, et je ne les échangerais pour rien au monde », dit Ben. « Tu verras ce que je veux dire quand tu les rencontreras le jour de Noël. Ils sont vraiment exceptionnels. »

« Excusez-moi, les tourtereaux », dit Phillip, « mais il commence à faire nuit et on meurt de faim. »

« Rentrons. J'ai le restaurant parfait », dit Ben.

Au restaurant indien, on les conduisit à une table, et le menu regorgeait de mets raffinés dont les trois amis n'avaient jamais entendu parler. La soirée fut géniale, jusqu'au moment où Ben les raccompagna chez eux.

« On t'enverra un chauffeur samedi soir. Un barbecue australien traditionnel en ton honneur chez moi. »

« J'ai hâte », dit Miranda.

« On ferait mieux de monter », dit Cheryl en bâillant.

« Ouais, il est vraiment tard », dit Terri.

« Allez-y toutes les deux, je monte dans une seconde. »

« Je ne veux pas que cette soirée se termine », dit Ben.

« Moi non plus. »

« Tu veux aller voir un film tardif ? »

« Oui, pourquoi pas ? Je ferais mieux de prévenir mes amies ; tu peux attendre une seconde ? »

« Bien sûr, pas de problème. »

« Chambre 417, s'il te plaît. Salut Terri, c'est moi. Je vais au cinéma avec Ben. On va voir la dernière séance. Je ne sais pas quand je rentrerai. »

« T'es sûre ? Je veux dire, absolument sûre ? » demanda Terri.

« Absolument, sans aucun doute. » Miranda raccrocha le téléphone et sortit dans le hall pour rejoindre Ben. Il lui prit la main et ils franchirent ensemble les portes battantes.

« Et tu l'as laissée partir ? » s'exclama Cheryl.

« Qu'est-ce que je pouvais faire, elle est prête. Elle était radieuse aujourd'hui. Ben lui fait du bien. »

« Je sais, je l'ai vu aussi. C'est juste que je m'inquiète. »

« Je suis d'accord avec toi et je ne fermerai pas l'œil tant qu'elle ne sera pas rentrée. Allons voir ce qu'il y a à la télé. Ça ne fait pas de mal de l'attendre comme si on était ses parents, hein ? » dit Terri.

« À quoi servent les amis ? »

Dehors, la température baissait, et Miranda regrettait de ne pas être montée chercher un pull. Ben retira le sien et le lui mit sur les épaules. Il semblait savoir exactement ce qu'elle pensait. Mais bon, ses frissons lui avaient sans doute donné un indice.

« Tu as déjà vu Moulin Rouge ? » demanda Ben.

« Non, mais j'adorerais le voir. J'en ai tellement entendu parler... Et il a été tourné ici aussi, non ? »

« Oui, il a été tourné aux studios Fox. J'ai entendu dire qu'il était bien. »

Au fur et à mesure que le film avançait, Miranda sentait les larmes lui monter aux yeux. Elle avait le cœur serré. Elle essaya de les retenir, mais le film était tellement triste, surtout quand Nicole chantait : « Quoi qu'il arrive, quoi qu'il arrive. Je t'aimerai jusqu'à mon dernier souffle. »

Ben prit ses mains dans les siennes et les caressa. Il les embrassa. Miranda se sentit plus en sécurité qu'elle ne l'avait été depuis des mois en plongeant son regard dans ses yeux bleu ciel. Pas besoin d'explications, pas besoin de mots.

Après le film, Ben et Miranda rentrèrent à l'hôtel. Ils se tenaient la main. Ils marchaient côte à côte. Leurs cœurs battaient à l'unisson. Aucun des deux n'avait jamais été vraiment amoureux auparavant. Ils s'embrassèrent, puis se séparèrent.

Miranda était au septième ciel quand elle arriva dans leur chambre. Ses deux amies dormaient profondément sur les canapés. Elle était trop excitée pour dormir. Elle enfila sa pyjama et ouvrit les portes-fenêtres. Elle voulait respirer l'air de la nuit, sentir la chair de poule sur sa peau.

Quand il tient ma main dans la sienne, c'est comme si on était les seules personnes sur toute cette planète. Je me sens tellement en sécurité, tellement belle, et pourtant, on ne se connaît que depuis quelques jours. Comment est-ce possible ? Comment je peux ressentir ça ? Et il veut que je rencontre ses parents !

Tout allait pour le mieux dans le monde de Miranda, et même les étoiles semblaient lui dire bravo !

CHAPITRE 36

Mardi, les trois amis ont assisté à leur premier match de footy au MCG (Melbourne Cricket Ground). Ils avaient d'excellentes places, mais n'arrivaient pas vraiment à comprendre ce qui se passait. Finalement, ils ont décidé que le hockey était bien plus passionnant – même si personne ne se souvenait avoir entendu parler de quelqu'un qui s'était fait arracher l'oreille lors d'un match de hockey. Remarque, Mike Tyson a bien arraché l'oreille de ce type lors d'un combat de boxe.

Le jour de Noël, Ben avait prévu d'envoyer une voiture chercher les filles. Malheureusement, la voiture était au garage, alors Ben a expliqué à Miranda comment fonctionnaient les horaires de train à Melbourne.

« C'est simple. Il suffit de marcher jusqu'à la gare de Flinders Street et de prendre la ligne Hurstbridge. Tu restes dedans jusqu'à la gare de Heidelberg. Les trains passent toutes les trente minutes. Si tu pars maintenant, mes parents seront là avant ton arrivée, et je viendrai te chercher à la gare. »

« D'accord », dit Miranda. « À tout à l'heure. »

Le trajet s'est fait sans encombre, et Miranda a aperçu Ben par la fenêtre du train avant qu'il ne la voie. Il se tenait sur le quai, vêtu d'un t-shirt bleu clair qui moulait son torse et faisait paraître ses yeux encore plus bleus.

« Je n'arrive pas à croire que tu sois enfin là », dit Ben. « Joyeux Noël », dit-il en serrant Miranda contre lui et en lui donnant un petit baiser sur les lèvres.

« Ça a l'air sérieux », dit Terri.

« J'espère bien », répondit Ben en prenant la main de Miranda dans la sienne.

Ils bavardèrent tranquillement sur le chemin de chez lui.

« Mes parents ont hâte de vous rencontrer tous les trois. Ils sont déjà allés au Canada, mais ça fait pas mal d'années. Je crois que je t'ai dit que la cousine de ma mère vit à Ottawa. »

« Il fait un froid de canard à Ottawa, je suis surprise que tes proches ne soient pas venus ici pour rester chez toi et échapper à l'hiver », dit Miranda.

« Je pense que tante Cath adorerait venir ici, mais son fils est à l'école et elle n'a pas beaucoup d'argent. Son mari est décédé il y a quelques années. C'est pour ça que mes parents sont allés au Canada, pour ses funérailles. »

« Tu devras nous donner son numéro de téléphone pour qu'on puisse lui envoyer un petit mot », dit Miranda.

« Ce serait sympa », dit Ben. Après avoir hésité un instant ou deux, il dit : « Nous y voilà enfin, mon chez-moi si cher. »

Miranda regarda la maison. Elle était pittoresque, toute en briques, avec un joli petit jardin devant. Il y avait une couronne sur la porte d'entrée et un petit sapin dans le hall. Alors qu'ils traversaient la maison, les odeurs de cuisine firent gargouiller l'estomac de Miranda. Elle sentait la dinde rôtie et le Christmas Pudding.

Des chants de Noël résonnaient depuis l'extérieur. Alors qu'ils se dirigeaient vers le son et pénétraient dans le jardin à l'arrière, Miranda eut le souffle coupé en découvrant qu'il était élégamment décoré de guirlandes lumineuses, de nœuds et même d'un peu de fausse neige. Tout avait l'air incroyablement spécial, et le jardin était bondé d'invités.

« Ils sont là ! » cria quelqu'un et tout le monde se mit à chanter : « Ô Canada, Ô Canada, Ô Canada, Ô Canada, Ô Canada. »

« C'est tout un accueil », dit Miranda. « Mais j'ai besoin de quelques verres avant de chanter le reste de notre hymne national pour vous. Je peux même le chanter en français. »

« Hourra ! Donne-lui un verre ou deux alors », cria quelqu'un dans la foule.

« Miranda, voici ma mère, Angela, et voici mon père, Robert. »

«Ravie de vous rencontrer tous les deux », dit Miranda. « Je vous ai apporté cette bouteille de vin de la vallée de Barossa, j'espère que vous aimez le Cabernet Sauvignon. Ben, en voici une pour toi aussi, je sais que tu l'aimes. Je suis tellement contente de vous rencontrer tous les deux, Ben m'a tellement parlé de vous.»

« Merci pour le vin, c'est très attentionné de ta part. Ça fait plaisir d'entendre que Ben t'a parlé de nous, car il n'a parlé de rien d'autre que de toi depuis que vous vous êtes rencontrés », dit Angela. « Pourquoi ne viendrais-tu pas m'aider en cuisine, Miranda, si ça ne te dérange pas ? »

« Je serai ravie de donner un coup de main », dit Miranda. « Oh, excusez-moi, Angela et Robert, voici mes deux meilleures amies, Terri et Cheryl. »

« Ravie de vous rencontrer – passez voir les garçons. Il y en a quelques-uns de mignons », dit Angela. « Ben, présente les amies de Miranda à tout le monde et sers-leur un verre. »

« Oui, maman. »

Dans la cuisine, Angela s'affairait à couper des légumes. Elle demanda à Miranda de préparer la sauce. Elles discutèrent de choses et d'autres, puis passèrent à Ben.

« Ben est un garçon très confiant. Il a une très haute opinion de toi. Mais tu pars très bientôt, n'est-ce pas ? Comment tu te sens par rapport à ça ? »

« Pour être tout à fait honnête avec toi, j'aimerais ne pas avoir à rentrer chez moi. J'adore cet endroit, tout ce qui s'y rapporte. »

« Mon fils ? »

Miranda rougit violemment puis dit : « Je crois que oui, mais je ne lui ai pas encore dit et je ne trouve pas ça juste que sa maman le sache avant lui. »

« Oh, il le sait, Miranda. Ben est un garçon très perspicace. Il veut que tu viennes vivre ici ou qu'il vienne te rendre visite au Canada. Il a déjà contacté le consulat canadien. Il est très sérieux à ton sujet. »

« J'ai eu une année difficile, et Ben est la meilleure chose qui me soit arrivée depuis très longtemps. »

Ben arriva dans la cuisine et prit Miranda dans ses bras. Elle ne savait pas s'il avait entendu leur conversation. Elle espérait que non. Elle ne voulait pas qu'il se sente poussé à quoi que ce soit.

« J'ai un cadeau pour toi, Miranda, mais je ne veux pas que tu l'ouvres avant tout à l'heure », dit Ben.

« Oh, c'est cruel ! Je ne peux pas l'ouvrir maintenant ? »

« Non, et est-ce que je peux te faire confiance ? Ou est-ce que je dois le remettre sous le sapin ? Je vois à ton regard que je ferais mieux de le reprendre. Il sera juste là, sous le sapin », dit Ben.

« Tu ne me fais pas confiance ? Hmmm, comment cette relation va-t-elle bien pouvoir tenir ? » demanda Miranda, en prenant la main de Ben dans la sienne, et ensemble, ils sortirent.

Le dîner était servi sous forme de buffet et il y avait de tout, de la dinde rôtie à l'agneau rôti en passant par la citrouille rôtie. Les toasts fusèrent, la nourriture était splendide et la conversation était incroyable.

À la fin du dîner, Miranda avait hâte de passer un moment seule avec Ben. Elle essaya d'attirer son attention, mais il était très occupé à s'occuper de ses invités. Finalement, il rentra dans la maison et Miranda le suivit.

« Je passe un moment merveilleux, Ben, merci beaucoup de nous avoir invités.»

« Oh, je vois, tu veux ouvrir ton cadeau maintenant, c'est ça ? D'accord, je cède. Je vais te le chercher. » Ben revint avec la petite boîte.

Miranda déchira le papier d'emballage et découvrit une boîte à bague en velours à l'intérieur. Son cœur fit un bond. Elle ouvrit le couvercle. C'était une bague.

« C'est la bague que j'ai reçue de mes parents quand j'ai eu 21 ans, j'aimerais que tu la portes. »

« Je... je ne peux pas l'accepter, Ben. J'apprécie le geste, mais il vient de tes parents. Ce ne serait pas correct.»

« Mais je veux que tu l'aies. »

Miranda embrassa Ben. Elle le serra fort dans ses bras.

« Je ne peux tout simplement pas l'accepter, Ben. Je suis touchée que tu veuilles me le donner, mais je suis désolée. » Elle lui rendit la bague.

« Tu ne m'aimes pas ? » demanda Ben.

« Si, je t'aime, Ben, mais je veux que tu gardes la bague de tes parents. »

« D'accord, je ne vais pas insister, et je suis aux anges qu'on ressente tous les deux la même chose l'un pour l'autre. » Ben était ravi, et il donna à Miranda un baiser doux mais passionné.

Quand leurs lèvres se séparèrent enfin, Miranda se pencha à nouveau pour un autre baiser.

« Mmmmmmmmmmm,, Mmmmmmmmmm », entendirent-ils derrière eux. Miranda et Ben ouvrirent les yeux. La moitié des invités se tenait dans la cuisine, les regardant s'embrasser. Des applaudissements éclatèrent.

Miranda devint rouge comme une tomate. Ben rit. Gênés, les deux amoureux se prirent par la main et sortirent vers le barbecue où les moustiques (ou « mozzies », comme on les appelle en Australie) dévoraient les invités.

C'était une soirée charmante, dans l'ensemble, et Miranda ne voulait pas que ça se termine. On leur appela un taxi, et peu après minuit, ils étaient en route pour rentrer à leur hôtel. Miranda n'arrêtait pas de parler de Ben et de ses parents. Le deuxième groupe d'amis de Ben n'avait pas fait l'affaire pour Terri et Cheryl.

Terri craignait que Miranda ne se laisse emporter trop vite par toute cette histoire d'amour avec Ben. Elle voulait le dire à Miranda, mais elle pensait que ça pourrait être mal interprété. Miranda est tellement heureuse, eh bien, laisse-la être heureuse tant que ça dure, notre voyage sera bientôt terminé, et là, elle l'oubliera complètement et reprendra sa vie chez elle.

Du moins, c'est ce qu'elle espérait.

CHAPITRE 37

L eur séjour à Melbourne touchant à sa fin, les filles ont fait leurs valises et se sont préparées pour le retour à Sydney. Elles ont décidé qu'un détour par les Blue Mountains serait la plus belle façon de clore leur aventure. Elles ont essayé de réserver le même chalet, mais il était déjà complet.

Elles ont réservé dans un petit motel. C'était ce qu'on pourrait appeler un établissement sans fioritures. Autrement dit, pas de télé, pas de restaurant, rien du tout.

Comme elles y étaient déjà allées, elles ont pu se débrouiller et profiter de leur séjour sans avoir tous ces petits extras à portée de main.

Elles ont engagé un guide de randonnée pour les accompagner à travers les montagnes et leur faire découvrir les lieux. Elles ont demandé si des chaussures de randonnée ou du matériel étaient nécessaires et on leur a répondu que de bonnes chaussures de course feraient très bien l'affaire, mais qu'elles devaient emporter un sac à dos avec beaucoup d'eau, de la nourriture et un peu de produit anti-moustiques.

La veille au soir, Ben a demandé s'il pouvait accompagner les filles à l'aéroport. Il est arrivé une heure plus tôt que nécessaire, dans l'espoir de convaincre Miranda de déjeuner avec lui. Il a choisi un petit restaurant italien, non loin de l'hôtel, et tous deux ont marché main dans la main avant de s'installer dans un coin très isolé et romantique du restaurant.

« Je n'ai pas faim du tout », a dit Miranda, « et tu t'es donné tant de mal pour tout organiser.

«Je ne peux rien avaler non plus, mais prenons une coupe de bulles et trinquons au temps qu'on a passé ensemble. Garçon, on pourrait commander une bouteille de champagne et de la bruschetta, s'il te plaît.»

Ben tendit la main par-dessus la table et prit celle de Miranda dans la sienne. Ils se regardèrent dans les yeux. Miranda se mit à pleurer.

« On se reverra », dit Ben, « je te le promets. Je peux venir au Canada. Je peux obtenir un permis de travail vacances et rester peut-être six mois. »

« Tu peux ? Oh, ce serait merveilleux, Ben. »

« On s'écrira des lettres, on s'appellera et... »

« Oh, mon Dieu, le temps a filé à toute allure. Il faut qu'on aille à l'aéroport, Ben », dit Miranda. « Mais je ne veux pas te dire au revoir. »

« Alors ne le fais pas. Ce n'est pas un adieu, un adieu, c'est définitif. »

Miranda embrassa doucement Ben sur les lèvres et le serra dans ses bras. Elle essaya de se dégager, mais Ben la ramena vers lui pour un baiser passionné. Ça lui coupa le souffle.

Quand elle eut retrouvé son calme, elle s'éloigna. Elle ne se retourna pas. Si elle l'avait fait, elle aurait peut-être découvert que Ben n'était rien de plus qu'un rêve.

Miranda et ses amis montèrent dans l'avion. Ben regarda leur avion décoller. Des larmes coulaient sur ses joues. Elle lui manquait déjà.

Dehors, une voiture surgit de nulle part et percuta un piéton sur le passage piéton.

Le piéton fut projeté en l'air.

Le jeune homme fut transporté d'urgence à l'hôpital.

Il était inconscient.

CHAPITRE 38

D e retour à l'hôtel The Sydney, le voyant rouge clignotait sur le téléphone de leur chambre. Elle a appelé la réception et on lui a conseillé d'appeler chez elle de toute urgence.

« Je parie que c'est Ben », a dit Miranda. « Je parie que c'est lui. »

« Eh bien, rappelle-le », a dit Cheryl. « Ne nous laisse pas dans l'expectative. »

« Hôpital privé de Melbourne, Katie à l'appareil. »

« Quoi ? Je crois que j'ai dû me tromper de numéro. Quel numéro ai-je composé ? Oui, c'est bien le numéro que j'ai là. Je ne comprends pas. J'ai un message urgent de quelqu'un qui me demande d'appeler ce numéro. »

« Ton nom, s'il te plaît ? »

« Miranda, Miranda Evans. »

« Oh, oui, Mme Evans, on attendait ton appel. Un instant, je te passe la communication. »

« Allô. »

« Angela ? » demanda Miranda.

« Miranda ? Merci d'avoir appelé, j'ai bien peur que ce ne soit pas une bonne nouvelle. » Elle sanglotait au téléphone.

« Miranda, dit Robert, Angela prend ça très mal. C'est un moment difficile. Je ne sais pas comment te dire ça. »

« Ben ? Qu'est-il arrivé à Ben ? »

« Il a été renversé par une voiture. Il est dans un état critique. C'était un délit de fuite. »

Miranda s'évanouit, tomba sur le lit le plus proche puis rebondit sur le sol. Cheryl prit le téléphone.

« C'est Cheryl, Robert, qu'est-ce qui s'est passé ? Miranda vient de s'évanouir. »

« Ben, il a eu un accident. Il est dans un état critique. Comateux. C'était un délit de fuite. Il a des blessures graves à la moelle épinière et au dos. Les médecins disent qu'il ne remarchera peut-être plus jamais. »

« Je suis vraiment désolée, je ne sais pas quoi dire. Y a-t-il quelque chose qu'on puisse faire ? Je pense que Ben voudrait que Miranda soit là. On devrait reprendre l'avion?»

« Je veux être avec Ben », dit Miranda en prenant le téléphone des mains de Cheryl et en parlant dedans, « Je vais prendre un avion tout de suite. Je veux être là pour lui.»

« À ce stade, Miranda, ça ne sert à rien que tu restes ici. Il ne saura pas que tu es là, et Angela et moi sommes à ses côtés. Seuls les membres de la famille proche sont autorisés. »

« Je me sens tellement impuissante », dit Miranda. « La police a-t-elle des suspects ? »

« Ils ont demandé à ce que des témoins se manifestent, mais pour l'instant, personne ne l'a fait. On espère que quand Ben se réveillera, il s'en souviendra. Je dois y aller, Angela va très mal, je t'appellerai s'il y a du nouveau. »

Terri, qui ne comprenait pas ce qui se passait, réconfortait Miranda. Elle savait que ça avait un rapport avec Ben, mais elle n'avait aucune idée de la gravité de la situation.

« Ils ne peuvent pas m'empêcher d'aller à ses côtés », dit Miranda.

« Attendons juste jusqu'au matin, on vient d'arriver ici et on est épuisées », dit Cheryl. « Demain matin, on pourra annuler notre voyage aux Blue Mountains et aller à Melbourne avec toi. Ce n'est pas un problème, mais pour l'instant, je pense qu'on a besoin de dormir un peu. »

« Dormir ? Comment je pourrais dormir alors que Ben est là-bas, sans moi ? C'est la meilleure chose qui me soit arrivée depuis très, très longtemps. Je l'aime, vraiment. »

« Je sais que tu l'aimes, Miranda », dit Cheryl, « mais les choses te sembleront meilleures demain matin. »

Miranda voulait croire que c'était vrai. Elle voulait croire qu'Angela et Robert lui diraient que tout allait bien se passer. Ou mieux encore, qu'elle se réveillerait et découvrirait que tout ça n'avait été qu'un mauvais rêve, rien de plus. Épuisée, elle s'endormit en sanglotant dans son oreiller.

Comme Miranda dormait profondément, Cheryl et Terri décidèrent de descendre prendre un verre au bar. Elles étaient toutes les deux tellement tendues qu'elles n'auraient jamais pu dormir.

« Tu crois que c'est une coïncidence ? » demanda Terri.

« Je ne sais pas, mais il se passe quelque chose de bizarre », dit Cheryl. « Je veux dire, d'abord Miranda se fait violer. Ensuite, la personne à qui elle sous-loue son appart se fait assassiner. Puis son père se fait agresser et gravement blessé. Et maintenant on est là, à l'autre bout du monde. Avec Ben dans le coma ! Il a été victime d'un délit de fuite. C'est trop bizarre. C'est de la malchance. Une très mauvaise chance, et on dirait qu'elle suit Miranda partout où elle va. »

« Je ne peux pas m'empêcher de me demander si toi et moi, si nous sommes en danger aussi », dit Terri. « Je sais que ça a l'air égoïste, mais... »

« Je suis morte d'inquiétude pour Miranda, plus que pour moi-même. Si quelque chose de grave arrive à Ben, je ne sais pas si elle sera capable de le supporter. Elle est tellement follement amoureuse de Ben. Tout le monde peut le voir. Ça ne peut sûrement pas finir en tragédie après tout ce qu'elle a traversé. La vie ne peut pas être aussi cruelle !»

Quand elles sont revenues dans leur chambre d'hôtel, Miranda dormait toujours. Cheryl l'a embrassée sur le front. Miranda a remué et a murmuré le nom de Ben.

« Chut », dit Cheryl. « Tout ira bien ; rendors-toi. »

« D'accord », dit Miranda, et en quelques secondes, elle s'était rendormie.

« J'espère que tu as raison », dit Terri, en remontant la couverture jusqu'à ses épaules.

Qui savait ce que le matin nous réservait ?

CHAPITRE 39

Miranda se réveilla en sursaut, se demandant si elle n'avait pas rêvé tout ça. Ben était dans ses rêves, tendant la main vers elle. Elle essayait de l'atteindre, mais la distance était trop grande. Il semblait toujours être juste hors de sa portée. Parfois, elle tournait au coin d'un couloir, et il était là ; elle essayait de lui parler ou de l'attraper, puis il disparaissait comme par enchantement. Ces séquences avaient hanté l'imagination de Miranda toute la nuit.

Soudain, Miranda se redressa et regarda autour d'elle. Ben avait-il eu un accident ? Peut-être que tout ça n'était qu'un rêve. Elle jeta un coup d'œil et vit ses deux amies endormies. Terri ronflait à poings fermés, et Cheryl souriait. Elle se demanda si ses deux meilleures amies pourraient dormir aussi paisiblement si la vie de Ben ne tenait vraiment qu'à un fil.

Elle tourna son visage vers le mur et essaya de se rendormir. Elle regarda l'horloge. Il était 3 h 21 du matin.

Elle ne dormait pas depuis longtemps. En fait, elle ne se souvenait même pas de s'être endormie. Elle décida que le mieux à faire était de se lever, d'ouvrir la porte du balcon et de s'asseoir dehors jusqu'à ce qu'elle soit prête à s'endormir.

Miranda se dit qu'un petit remède maison pourrait l'aider à rejoindre le pays des rêves. Elle trouva de la vodka et du jus d'orange dans le bar. Pas de glaçons, par contre. Elle allait devoir en chercher au bout du couloir. Comme c'était le milieu de la nuit, elle ne prit même pas la peine d'enlever son pyjama. Qui allait la voir de toute façon ?

Ça lui a pris un moment pour trouver sa clé dans le noir, mais une fois qu'elle l'a eue, elle a scruté le couloir sombre et désert. C'était remarquablement calme, et une sorte de bourdonnement inquiétant remplissait l'air – c'était le seul bruit, celui de la machine à glaçons. Elle a rempli son seau, puis est retournée sur la pointe des pieds dans leur chambre.

Des snacks. J'ai besoin de snacks. Je dois garder mes forces, et la malbouffe, c'est mieux que rien !

À travers la vitrine, elle vit des Doritos, des chips Texan BBQ et toute une gamme de délicieuses barres chocolatées qu'elle avait hâte de goûter.

Je n'ai pas de monnaie.

Elle retourna chercher son sac à main à tâtons dans le noir. Elle trouva quelques dollars en pièces et revint dans leur chambre les bras chargés de friandises.

Miranda ouvrit doucement les portes-fenêtres. Elle déplia une chaise longue et posa le seau à glace, le jus d'orange, la vodka et la malbouffe sur la table. On aurait dit qu'elle venait de cambrioler une épicerie du coin.

Après deux verres de vodka et de jus d'orange, l'esprit de Miranda a commencé à vagabonder. Elle a regardé vers Sydney, où la ville était animée par les lumières. Les voitures klaxonnaient et faisaient des crissements. Elle ne pouvait s'empêcher de se demander où tout le monde allait à 4 heures du matin. Elle se demandait combien de personnes conduisaient leur voiture, rentrant chez elles après des fêtes, complètement bourrées. Une moto passa en rugissant, suivie peu après par le son d'une sirène. Elle se leva et s'appuya contre la balustrade du balcon. C'était une ambulance.

Ils étaient très haut, extrêmement haut même, et la chaleur de la vodka commençait à lui caresser les entrailles. Elle regarda au loin, aussi loin que ses yeux pouvaient voir, vers le Sydney Harbour Bridge, vers l'Opéra de Sydney, et elle se sentit bien seule.

Ses deux amies dormaient encore profondément. Elle était seule, mais elle ne se sentait pas seule. Elle avait de l'espoir. Elle était certaine que Ben se remettrait complètement.

Puis, un jour, il viendrait au Canada et Miranda lui ferait visiter les environs. Elle l'emmènerait au théâtre voir Roméo et Juliette. Ils pique-niqueraient au bord de la rivière Avon. Elle l'emmènerait à son lycée et lui montrerait où se trouvait son école primaire. Aujourd'hui, ce n'était plus qu'un bloc d'immeubles. Elle l'emmènerait aux chutes du Niagara et,

Miranda s'endormit sur la chaise longue et dormit paisiblement jusqu'à ce qu'elle soit réveillée par la sonnerie du téléphone. Les trois filles bondirent et se précipitèrent vers le téléphone, mais Miranda arriva la première.

« Allô, c'est Miranda. »

« Ma chérie », dit Angela. « Ben est décédé ce matin à 3 h 30. Il s'est éteint paisiblement, dans son sommeil. Il n'a jamais repris conscience. »

Miranda s'accrochait au téléphone comme à une bouée de sauvetage. Son cerveau essayait d'assimiler l'information qu'elle venait d'entendre.

Ben est mort. Ben est mort.

« Mais il ne peut pas être mort. On venait juste de se rencontrer. »

Ben est mort. Il ne peut pas être mort. Ben est mort.

Terri s'empara du téléphone.

« Elle est en état de choc. C'est Terri, je suis vraiment désolée. Y a-t-il quelque chose que nous puissions faire ? Quand a lieu l'enterrement ? »

«Merci, Terri, mais occupe-toi simplement de Miranda. Ben sera incinéré aujourd'hui. Il n'y aura pas d'enterrement. Ben a signé le formulaire sur son permis de conduire pour faire don de ses organes. Tout se passera aujourd'hui, rapidement. On aimerait que Miranda ait quelque chose, un objet qui tenait à cœur à Ben. Je lui enverrai par la poste plus tard dans la journée.»

« Merci Angela, je suis sûre qu'elle le chérira. Je te laisse maintenant, je suis désolée. »

Miranda se rendit au minibar et trouva deux bouteilles de champagne. Elle sortit trois verres et sortit.

Elle regarda dans le vide. Au bout de quelques instants, elle se servit trois verres de champagne.

« Ben, c'est pour toi, mon pote. Tu étais unique et je suis une meilleure personne pour t'avoir rencontré. Tu vas me manquer. »

« À Ben ! » dit Cheryl en levant son verre.

« Oui, à Ben ! » dit Terri.

Leurs verres s'entrechoquèrent.

Ben était là avec moi, avant que son esprit ne s'en aille, et il sera toujours dans mon cœur.

Miranda sentit une paix envahir son corps. Elle commença à faire ses valises. Elle était prête à rentrer chez elle.

Terri et Cheryl s'attendaient à ce que Miranda s'effondre, mais ça n'arriva pas.

Elles se demandaient combien de temps leur amie pourrait encore tenir : d'abord le viol, puis Christina, ensuite l'agression de son père, et maintenant la mort de Ben.

Qui serait le prochain ?

CHAPITRE 40

Miranda dormait profondément quand Terri et Cheryl sont sorties. Elles lui ont laissé un mot pour lui expliquer qu'elles passeraient la journée au zoo de Taronga. Quand Miranda l'a lu, elle s'est sentie chanceuse d'avoir deux amies capables de lire dans ses pensées. La dernière chose dont elle avait envie, c'était de sortir. Aujourd'hui, elle voulait être seule.

Après une heure à broyer du noir, Miranda a voulu sortir de la chambre d'hôtel. Elle avait une envie irrépressible d'aller dans les Blue Mountains. Elle a pris quelques articles de papeterie et les a glissés dans son sac à dos. Elle a marché jusqu'à la gare de Wynyard, a changé à Central et s'est vite retrouvée en route pour Katoomba. Elle a sillonné Sydney, comme si elle l'avait fait toute sa vie.

Elle trouva un compartiment vide. Un endroit où elle pourrait être totalement seule avec ses pensées et ses souvenirs. Alors que le train quittait la ville, elle prit son stylo et commença à écrire une lettre d'adieu à Ben. Dans son imagination, c'était la meilleure façon de lui dire au revoir : aller au sommet des Blue Mountains et jeter sa lettre dans les airs.

Au début, la page blanche la fixait, mais bientôt, les yeux bleus de Ben la regardaient depuis la surface du papier. Et elle se mit à écrire. Le stylo griffonnait sur la page, et elle raconta tout à Ben. Elle partagea tout ce qu'elle avait voulu partager avec lui. J'adore le rose. Une certaine chanson de Led Zeppelin me fait toujours pleurer. J'ai lu Les Quatre Filles du docteur March onze fois. J'adore Gregory Peck. J'ai un grain de beauté au milieu du dos.

Quand elle eut fini d'écrire et que chaque recoin du papier à lettres fut rempli, Miranda regarda par la fenêtre. Il se mit à pleuvoir.

Elle observait les minuscules gouttelettes qui tombaient tout autour d'elle. Elle se sentait en harmonie avec le monde. Comme si le monde partageait sa douleur, l'enlaçait de ses bras. Lui donnant l'espoir que le soleil reviendrait un jour.

Et il est bien revenu ; vingt minutes plus tard, il brillait de mille feux, et elle descendait du train pour marcher le long de la rue principale de Katoomba en direction des Blue Mountains.

Miranda avait prévu d'y aller d'abord, de poster la lettre, puis de revenir sur ses pas pour flâner dans les librairies. Alors qu'elle marchait, un kookaburra l'accompagna dans son périple, riant si fort qu'elle ne put s'empêcher de rire aussi. Elle s'arrêta et le regarda, perché sur le fil.

Pourquoi es-tu si heureux, petit kookaburra ?

Elle regarda autour d'elle et aperçut un autre kookaburra sur un poteau, à quelques mètres de là. Elle se demanda s'il s'agissait des mêmes kookaburras qu'elle avait vus la dernière fois qu'ils étaient à Katoomba. Les oiseaux s'accouplaient pour la vie. Elle et Ben seraient ensemble pour la vie.

Elle se remit en marche et arriva à Echo Point, puis descendit les marches aussi loin qu'elles la mèneraient. Elle sortit la lettre de son sac à dos, embrassa le papier et la laissa flotter par-dessus le bord. Elle la regarda virevolter vers le bas comme une plume, aussi loin que ses yeux pouvaient voir. Elle espérait qu'un bunyip ne la volerait pas. Elle essuya ses larmes et continua d'avancer, jusqu'à ce que le chemin s'arrête. Elle leva les yeux et vit des escaliers, des escaliers en béton dur qui montaient.

Quand elle arriva en haut, elle se rendit compte qu'elle était toujours à Katoomba, dans une petite rue qu'elle ne reconnaissait pas. Il y avait des panneaux qui la ramenaient à la gare. Elle les suivit, déçue que les escaliers ne l'aient pas conduite vers Ben, puis entra dans une librairie et se mit à fouiner. Elle acheta deux livres, un recueil d'A. B. « Banjo » Paterson et un recueil de poèmes d'Henry Lawson.

Elle passa plusieurs heures à faire les magasins avant de se rendre compte qu'il commençait à faire nuit. Elle devait rentrer à Sydney.

Quand elle arriva à la conciergerie, un colis d'Angela l'attendait. Elle le serra contre son cœur en sautant dans l'ascenseur pour monter à son étage.

« Où a-t-elle bien pu aller ? » demanda Terri.

« J'aurais aimé qu'elle nous laisse un mot. Oh, te voilà ! » s'exclama Cheryl. « On s'inquiétait pour toi ! »

« Je suis désolée. J'avais juste besoin de sortir d'ici. Comment c'était au zoo ? »

« C'était génial. Des dingos, des wombats, des diables de Tasmanie »,

« Et on s'est fait prendre en photo avec un koala ! » s'exclama Cheryl.

Cheryl regarda Miranda, qui ne semblait pas écouter alors qu'elles bavardaient sur leur journée. Puis elle remarqua le colis que Miranda serrait contre sa poitrine.

« C'est ça ? » demanda Cheryl. « Le colis d'Angela ? »

« Oh, oui, oui, c'est ça. »

« On peut sortir, te laisser seule pour que tu l'ouvres ? »

« Non, reste, j'aimerais que tu restes. » Miranda déchira l'enveloppe et trouva à l'intérieur une carte sur laquelle était écrit : Ben t'estimait énormément et t'aimait. Il nous l'a dit. Il aurait voulu que tu aies ça. On le lui a offert pour son 21e anniversaire. Avec toute notre affection, Robert et Angela. P.S. Reste en contact, s'il te plaît.

« Ses vingt et un ans, je sais ce que c'est », dit Miranda, tandis que les larmes commençaient à couler sur ses joues.

« Ben voulait me donner cette bague, le jour de Noël, pour que je me souvienne de lui. »

Elle la passa à son doigt. Elle lui allait parfaitement.

« Elle est magnifique », dit Terri.

Cheryl pleurait tellement qu'elle ne trouvait plus ses mots.

CHAPITRE 41

E nfin, l'heure était venue pour les trois amies de prendre leur vol de retour. Ces deux derniers jours avaient été bien longs. Miranda avait perdu toute sa joie de vivre. Le Nouvel An allait bientôt être célébré, et elle n'avait pas hâte d'y être.

« Elle n'a rien mangé », dit Terri.

« Elle est encore sous le choc. Et je pense que c'est une bonne chose qu'on rentre chez nous tout de suite. Elle a besoin de temps pour se remettre. Du temps et de la distance. »

« On sera bientôt à la maison, et elle va avoir une sacrée surprise quand elle verra qui vient nous chercher à l'aéroport », dit Terri.

« Chut, il ne faut surtout pas vendre la mèche. Si elle savait, elle serait furieuse ! »

CHAPITRE 42

Pendant la majeure partie du vol, Terri et Cheryl ont bavardé entre elles. Miranda regardait par le hublot. Elle ne mangeait pas et ne voulait rien boire. Même quand l'hôtesse de l'air a apporté des bouteilles de champagne pour fêter le Nouvel An, Miranda n'était pas intéressée.

« Qu'est-ce qui m'attend ? » demanda Miranda.

« Tu nous as, nous », répondit Cheryl.

« Et un nouveau travail qui t'attend », a ajouté Terri. « Je sais que tu as besoin de faire ton deuil de Ben, mais tu ne crois pas qu'il voudrait que tu sois heureuse ? »

« Comment pourrais-je jamais être heureuse à nouveau ? » a demandé Miranda. Elle a fermé les yeux et a fait semblant de dormir. Elle voulait les exclure. Tout exclure. Elle voulait Ben, et seulement Ben.

Enfin, leur avion entama sa descente vers l'aéroport Pearson. Il neigeait à gros flocons, et il y eut quelques turbulences alors que l'avion tentait d'atterrir. Il fallut deux tentatives avant que les roues ne trouvent de l'adhérence. Peu après, elles débarquaient et se tenaient dans la zone de récupération des bagages, avec des chariots prêts à emporter toutes leurs affaires.

Alors qu'elles attendaient que leurs bagages descendent sur le tapis roulant, les trois amies semblaient perdues dans leurs propres mondes. Récupérer leurs bagages a pris une éternité. Ils n'en revenaient pas de tout ce qu'ils avaient accumulé pendant le voyage. Ils ont dû attendre une éternité pour récupérer le didgeridoo du père de Terri.

Finalement, ils avaient tout en main et Miranda a été la première à franchir les portes tournantes. Sa mère et son père les attendaient. Ce n'était pas une famille très câline, d'habitude, mais aujourd'hui, il y avait des câlins partout.

« Tu rentres à la maison avec nous, jeune fille », a dit Tom Evans. « Je suis désolé pour ton amie. »

« Moi aussi, je suis désolée », a dit Elizabeth Evans. « On veut que tu rentres à la maison avec nous. »

« Merci, mais ça ira très bien, je rentrerai toute seule », a dit Miranda.

« Non, ça ira pas, on en veut pas entendre parler », a dit Tom.

« Mais papa, toutes mes affaires sont là-bas, je veux rentrer chez moi. »

« Ta maison, c'est notre maison maintenant », dit Elizabeth. « Viens chez nous ce soir, raconte-nous ton voyage, tu décideras demain. »

« D'accord, merci », dit Miranda.

« Allez les filles, on y va. Un gros orage se prépare et on va rouler dans la Snow Belt », dit Tom.

« Tu veux dire qu'on y va tous ensemble ? » demanda Miranda.

« Ouais, allez », dit Tom.

« On dirait que tu es partie depuis très longtemps », dit Elizabeth.

« Oui, c'est comme une autre vie depuis qu'on est parties », dit Terri.

« On a tellement appris sur ce beau pays et on veut toutes y retourner un jour », dit Cheryl.

« J'ai toujours voulu aller en Australie », dit Elizabeth.

« Je ne savais pas ça, maman. »

« Bien sûr, quand j'étais petite, j'avais une correspondante à Perth. On s'écrivait, puis on a perdu contact. Quel dommage. »

« C'est la vie ! Il y a des gens qui t'accompagnent pendant un court moment, puis ils passent à autre chose », dit Tom. Il jeta un coup d'œil à Miranda dans le rétroviseur. « Mais tu es une meilleure personne pour les avoir connues. »

Miranda sourit. Elle n'arrivait pas à croire que ses parents se comportaient comme des êtres humains. Presque comme s'ils s'en souciaient.

Ils déposèrent d'abord Terri, puis Cheryl.

Quand ils ne furent plus que tous les trois dans la voiture, Miranda craignit le silence et se mit à bavarder sans arrêt. Elizabeth se pencha en arrière et prit la main de Miranda dans la sienne.

« On est contents de t'avoir à la maison. »

Miranda regarda sa mère dans les yeux et y vit une profonde compassion, une compassion qu'elle n'avait jamais remarquée auparavant.

« Merci maman. »

Les larmes montèrent aux yeux de Miranda. Elle ne pouvait pas le supporter. Elle ne pouvait pas supporter que ses parents soient si gentils avec elle. Elle se sentait trop vulnérable, et il était clair pour elle qu'ils avaient pitié d'elle.

C'était de la pitié, et rien d'autre.

LIVRE DEUX

ENCORE UNE FOIS À LA MAISON

CHAPITRE 1

C hez Terri, c'était une réunion de famille. Angelo, Maria et Giovanni avaient invité tout le monde pour une fête de bienvenue.

« Ouah ! » s'exclama Terri en entrant dans la maison. « Je ne m'attendais vraiment pas à ça. Comment vas-tu ? Et toi ? »

« On veut tout savoir », dit Angelo. « Tout sur ton fabuleux voyage. »

« Je veux savoir comment sont les Australiennes », a dit Giovanni.

Maria lui a donné une tape derrière la tête. Giovanni a grimacé en se frottant l'endroit avec la main.

« Levez vos verres à ma magnifique fille, Teresa », a dit Angelo. Ils ont trinqué et scandé « Un discours, un discours, un discours. »

« Merci, maman, papa et Giovanni, pour cette belle réunion. Et merci à vous tous d'être venus. »

« Allez, raconte-nous tout sur l'Australie », dit oncle Freddo.

« Laisse-moi un peu de répit », dit Terri, « j'ai passé plus de vingt-quatre heures dans l'avion »,

« Et tes bras doivent sûrement te faire mal », dit oncle Freddo.

« Une vieille blague, mais toujours aussi drôle », dit Maria. « Maintenant, chut, Freddo, laisse Teresa parler. »

« Je suis épuisée, mais je vais te parler un peu de l'Australie. » Elle leur parla pendant des heures. De Katoomba, des Trois Sœurs, de l'ascension du Sydney Harbour Bridge, d'Uluru, de Bondi Beach, de Perth, d'Adélaïde, de Melbourne. « Bon, j'ai besoin de dormir un peu, bonne nuit à tous », dit Terri. Elle s'enfuit dans sa chambre.

« Attends une minute. J'ai quelque chose pour toi, papa. Tiens », dit-elle en le lui tendant.

« Qu'est-ce que c'est ? »

« C'est un instrument de musique utilisé par les Aborigènes d'Australie. »

« Comment on en joue ? »

« Tu souffles là-dedans. On dit que seule une personne spirituelle est capable de faire sortir un son du didgeridoo.»

« Je vais faire un son si fort qu'on l'entendra jusqu'en Australie », dit Angelo. Il souffla. Rien. Il souffla plus fort, toujours rien. Finalement, il y mit toute son énergie et souffla dans l'embouchure. Un son semblable à celui d'un taureau en rut retentit. Tout le monde dans la pièce applaudit.

« Merci, Teresa, ta mère et moi, on va le chérir. Maintenant, va te coucher. Tu as l'air très fatiguée. »

CHAPITRE 2

Toutes les lumières étaient allumées chez Cheryl. Sa mère, sa sœur et son frère se sont précipités dehors pour l'accueillir.

« Je suis tellement contente d'être rentrée », a dit Cheryl. « Merci de m'avoir attendue. »

« On veut tout savoir », a dit Janet. « Mais tu as l'air épuisée. »

« Le vol en lui-même est déjà assez difficile ! En plus de ça, Miranda n'est plus la même depuis la mort de Ben. Ces derniers jours, elle est tellement déprimée. Je ne sais pas comment l'aider. »

« Donne-lui juste du temps », dit Janet. « Le temps, ça guérit vraiment tout. »

« Je suppose que tu as raison. J'ai des cadeaux pour vous tous, quelque part dans ces valises. Ça te va si je les sors demain ? »

« J'espère qu'Ian Thorpe n'est pas là-dedans », dit Evelyn.

« Je ne crois pas. Mais attention, il a peut-être entendu parler de ma superbe sœur – et s'est glissé dans ma valise juste pour la rencontrer. »

« Les bonnes nouvelles vont vite », dit Evelyn.

« Je suis trop épuisée pour parler de l'Australie ce soir. On peut en parler demain matin ? »

« Oui, on s'était dit que tu serais fatiguée, mais on voulait te voir. Tu as maigri, c'est sûr », dit Craig.

« Ça doit être à cause de la chaleur et de toutes ces marches. Il fait plus de 40 °C et tu as encore des choses à faire », dit Cheryl. « Mais comment s'est passé Noël ? »

« Viens par ici », dit Janet en prenant sa fille par la main.

Dans le salon, le sapin de Noël était toujours là, et ses lumières clignotaient. Il y avait des cadeaux empilés sous le sapin. « On ne pouvait pas fêter Noël sans toi. »

Cheryl se mit à pleurer : « Les amis, vous n'avez pas idée à quel point vous m'avez manqué. »

« Je crois qu'on s'en doute un peu », dit Janet. « Allez, filez tous au lit. Demain, ce sera le matin de Noël. On ouvrira nos cadeaux, on boira du lait de poule, puis on ira déjeuner au Swiss Chalet. Ce sera parfait ! »

Demain, je leur parlerai de papa, de la façon dont j'ai senti sa présence là-haut, dans les Blue Mountains. Je leur raconterai comment son esprit a flotté dans les airs, puis s'est penché vers moi et m'a touché le front.

Mais si je leur révèle notre secret, cette proximité que je ressens avec lui disparaîtra-t-elle pour toujours ?

Vais-je perdre ce nouveau lien si je prononce ces mots à voix haute ?

Je ne suis pas prête à prendre ce risque. Pour l'instant, je vais garder ça pour moi.

CHAPITRE 3

Miranda s'est réveillée dans une chambre où elle n'avait pas dormi depuis plus de cinq ans. À vrai dire, elle n'avait pas remis les pieds dans son ancienne chambre depuis qu'elle avait emménagé dans son appartement. Elle a été surprise de constater que tout était resté pratiquement tel qu'elle l'avait laissé. Ses trophées de softball étaient toujours là ; ses albums de fin d'année trônaient encore sur les étagères ; ses posters recouvraient toujours les murs, avec des visages sans une ride : figés dans le temps. Quand Miranda avait décidé de quitter la maison, elle voulait toutes ses affaires. Elle s'était organisée pour venir les chercher, puis quelque chose de plus important surgissait, et elle annulait. Il ne semblait jamais y avoir le bon moment pour le faire.

Miranda fit glisser les portes de l'armoire. Ses vieux vêtements étaient toujours suspendus là, comme s'ils attendaient qu'elle revienne pour les porter. Ils avaient l'air tout neufs, eux aussi. Ses cartons étaient toujours là, et à l'intérieur, oui, les casquettes et les chapeaux qu'elle portait autrefois aux fêtes costumées quand elle était petite.

L'endroit ressemblait à une sorte de musée, un musée dédié à Miranda, et d'une certaine manière, elle ne comprenait pas vraiment pourquoi. Elle n'avait jamais ressenti de lien étroit avec ses parents jusqu'à la nuit dernière. À présent, elle ne pouvait s'empêcher de se demander si elle s'était trompée à leur sujet toute sa vie. Et si elle les avait complètement mal compris? Mal jugés?

Parfois, les mauvaises choses arrivent pour une raison. Je n'ai eu que des emmerdes ces dernières années – et c'est peut-être parce qu'il me manque quelque chose. Peut-être que les choses qui m'arrivent, autour de moi, sont censées être des signaux d'alarme. Mais je n'ai tout simplement pas compris le message et donc ça continue d'arriver.

Elizabeth et Tom étaient assis dans le salon en train de regarder la télévision. C'était The Price Is Right avec Bob Barker et « come on down», voilà les mots qu'elle a entendus en entrant dans la pièce.

« Tu tombes à pic, Miranda. Viens par ici », a dit Tom.

« Le petit-déjeuner est prêt », a dit Elizabeth.

« J'adorerais une tasse de café. »

« On ne peut pas garder une fille en bonne santé avec juste du café. Allez », Tom a pris Miranda par le bras et l'a conduite à la table de la cuisine. « Voici le journal d'aujourd'hui, assieds-toi, détends-toi, lis – ta mère et moi, on va mettre le repas sur la table en un clin d'œil. »

« Ne te donne pas cette peine. »

« Cette peine, eh bien, on doit te nourrir. Regarde comme tu maigris », dit Elizabeth en glissant les toasts dans le grille-pain.

Miranda se sentait impuissante. Elle n'aimait pas se sentir impuissante.

Quand le repas fut prêt, Tom et Elizabeth rejoignirent leur fille à table. Elle essaya de se souvenir de la dernière fois où ils s'étaient assis ensemble en famille pour partager un repas. Son esprit revint à ce jour où elle était rentrée à la maison avec un œil au beurre noir. L'air était embaumé par l'odeur du pain grillé et de la marmelade.

« Je ne suis pas maigre... mais une fois que je serai rentrée chez moi et que j'aurai retrouvé ma routine... »

« Mais ma chérie », dit Elizabeth. « Ta maison, c'est ici. En plus, tu n'es pas en sécurité là-bas. »

« Les serrures ont déjà été changées, et je peux faire installer une alarme. »

« Tu ne peux pas prendre ce risque », dit Tom.

« Bien sûr que je dois retourner chez moi, maman et papa ! Vous devez le reconnaître. Une fille de vingt-cinq ans ne revient pas vivre chez ses parents après avoir vécu seule pendant cinq ans. »

« Tu nous punis, n'est-ce pas ? » dit Elizabeth. « Tu ne peux pas nous pardonner le passé et repartir à zéro ? »

« On sait qu'on a fait des erreurs, et on veut mieux connaître notre fille. On a raté tellement de choses. Tu vas nous laisser faire, Miranda ? »

Miranda ne répondit pas. Elle fixait le fond de sa tasse de café, regardant les cristaux de sucre tourner en rond.

Elizabeth et Tom échangèrent un regard. Au fond d'eux-mêmes, ils se demandaient comment ils allaient bien pouvoir percer la carapace de Miranda. Elle ne baissait pas sa garde. Les murs qui l'entouraient étaient extrêmement hauts.

« Tu dois nous laisser entrer », dit Tom.

Miranda ressentit une envie soudaine de se lever et de reculer. Elle essaya de se lever, mais ses jambes tremblaient, et elle finit par se rassoir aussitôt. Toute sa vie, elle avait voulu que ses parents viennent vers elle, qu'ils essaient de se rapprocher d'elle, et maintenant qu'ils faisaient exactement ça, ça lui faisait une peur bleue.

« J'ai vingt-cinq ans ! Je ne suis plus ton bébé et c'est tout simplement trop tard pour vous deux d'essayer de me convaincre maintenant. Je suis indépendante. Je suis une femme forte. J'avais besoin de vous il y a des années. J'avais besoin de vous à l'époque. Je n'ai plus besoin de vous maintenant. »

Miranda se réfugia derrière son mur imaginaire et cloua les portes.

Je ne peux pas me cacher ici avec maman et papa là-bas. Je suis une femme adulte. Si j'accepte leur main tendue, alors ils gagnent. Je le regretterai pour toujours. Je ne peux pas les laisser gagner – ils ne le méritent pas.

« Je ne veux pas vous faire de mal, à vous deux. »

« Si, tu le veux », dit Elizabeth. « Tu veux nous faire du mal et continuer à nous en faire. Tu ne veux pas guérir. Tu nous punis. Et tu nous empêches d'être ensemble – comme une vraie famille. »

« J'apprécie tes efforts, et je les accepte, mais je ne peux pas rester ici plus longtemps. Je suis une grande fille. Je serai en parfaite sécurité dans mon appartement. La fille qui y habitait s'est suicidée, donc je ne cours aucun danger. Et j'ai besoin d'espace. Tu n'as aucune raison de t'inquiéter. Je m'en sortirai très bien. »

« Miranda, la police n'en est pas certaine. Ils disent qu'elle est morte dans des circonstances suspectes, et ils ont écarté la thèse du suicide. Une analyse graphologique a été effectuée, et la lettre de suicide ne correspondait pas à son écriture. En plus, tu as été agressée ! »

« Oh mon Dieu ! Qui vous l'a dit ? Ils n'avaient pas le droit ! Pas le droit du tout ! »

« La police a supposé que nous étions au courant », dit Elizabeth. « La police n'avait aucune idée que notre fille nous cacherait un tel secret. Peut-être qu'on t'a déçue quand tu grandissais. Peut-être qu'on ne te connaissait pas assez bien, qu'on ne s'entendait pas avec toi, ou qu'on ne t'a pas donné ce dont tu avais besoin, mais on aimerait commencer maintenant. De te rendre ton ancienne chambre, pour pouvoir te protéger et te garder en sécurité sous notre toit. Tu es notre unique enfant, et peu importe ce que tu peux penser de nous, on t'aime profondément et on ferait n'importe quoi pour toi, pour ta sécurité. »

Miranda était sans voix. Ses parents l'aimaient. Il leur avait fallu vingt-cinq ans pour prononcer ces mots. Des mots que Miranda avait tant rêvé d'entendre. Maintenant qu'ils étaient enfin là, elle craqua.

Elle s'est déchaînée, la langue battant l'air comme une poupée à piles hors de contrôle, et elle leur a tout déballé. Toute la souffrance qu'ils lui avaient infligée, toute la honte, tout s'est déversé comme de l'eau de ses lèvres, ça a coulé, et ça a coulé jusqu'à ce qu'elle ne soit plus qu'un flacon vide, puis elle s'est effondrée sur une chaise et s'est mise à pleurer comme une enfant. Elle a totalement mis son âme à nu et s'est retrouvée nue devant ses parents. Elle est revenue à un moment et à un endroit précis dans cette même maison où elle était vulnérable. Elle s'est recroquevillée en boule et s'est mise à pleurer. Elle s'est balancée d'avant en arrière pendant un moment, puis a ouvert les yeux et a bien regardé ses parents qui se tenaient au-dessus d'elle, les mains tendues vers elle.

Même si elle voulait qu'ils la réconfortent, elle leur a refusé ce réconfort en cachant ses mains dans ses poches. Elle gardait son amour précieusement, comme s'il s'agissait d'or.

Ses parents ont essayé de franchir les murs qu'elle avait érigés, mais elle les avait construits trop haut.

Elle fredonnait une chanson de Simon et Garfunkel pour elle-même.

« J'en ai assez de tout ça ! » s'exclama Tom. « Miranda, lève-toi, tends-nous les mains et laisse-nous te réconforter. Fais-le maintenant, sinon quitte cette maison pour toujours. Oui, quitte-nous, et quand tu seras partie, tu ne seras plus la bienvenue ici, et on ne t'appellera plus notre fille. » Il hésita, regarda sa femme, puis dit : « C'est ton choix, décide-toi maintenant. »

L'enfant en Miranda se souvenait de cette scène. Elle se jouait déjà, dans son esprit. Ses parents ne lui avaient jamais rien imposé. Ses parents avaient toujours cédé.

Qu'est-ce que j'ai à perdre ? Rien, rien, rien, rien, rien, pas le moindre petit truc.

Elle tendit les mains, et chacun de ses parents en prit une dans la sienne et ils se mirent à les embrasser, comme s'ils avaient découvert de l'or ou même des diamants. Ils la soulevèrent dans leurs bras et la serrèrent simplement contre eux. Tous les trois se serraient les uns contre les autres, formant un cercle, et ne se lâchaient pas. Rien ne pouvait les faire lâcher prise.

Tom et Elizabeth proposèrent d'aller chercher quelques affaires chez Miranda.

« Attendez, je veux venir aussi », dit Miranda.

« Mais je pense que tu devrais dormir un peu. Tu as l'air épuisée », dit Tom.

« Je le suis, mais je trouverai la force d'affronter ça d'une manière ou d'une autre. Si vous êtes tous les deux avec moi. Donne-moi juste quelques minutes pour me repoudrer le nez. »

« Prends tout le temps qu'il te faut, il n'y a pas d'urgence », dit Tom.

« Sur le chemin du retour, on s'arrêtera pour prendre un café et des beignets », dit Elizabeth.

« Un café chez Tim Horton's et un beignet Long John pour notre fille », dit Tom. « Ses préférés. »

Je n'en reviens pas. Papa se souvient de mon beignet préféré. Aurais-je mal compris ? Pendant toutes ces années ? Je me demande ce qu'il se souvient d'autre à mon sujet.

CHAPITRE 4

L e temps passe, les jours, les semaines, les mois s'écoulent.

La vie de Miranda Evans prend un tournant inattendu.

Elle vit toujours dans la maison de son enfance. Mais celle-ci ne ressemble plus à la maison où elle a grandi.

Les parents de Miranda lui ont fait une surprise en engageant un architecte pour réaménager la maison, transformant l'étage supérieur en un appartement indépendant pour leur fille. Miranda a rassemblé toutes ses affaires de son ancien appartement et tout ce qui se trouvait au Musée de Miranda. Puis elle a transformé la maison en un véritable foyer.

Chaque jour, en rentrant du travail, elle avait hâte de retrouver son chez-soi. Ils organisaient des soirées en famille, où ils partageaient leurs repas et où Miranda, Elizabeth et Tom cuisinaient à tour de rôle, testant différentes recettes et des spécialités du monde entier.

Miranda ne payait pas de loyer, même si elle avait proposé de le faire. Elle a compris d'où venait son entêtement lorsqu'elle a abordé cette question avec ses parents. Finalement, elle a cédé et a ouvert un compte d'épargne séparé sur lequel elle déposait chaque mois le montant du loyer. Elle espérait qu'un jour, elle aurait économisé assez d'argent pour offrir des vacances à ses parents, peut-être en Australie.

Miranda, Tom et Elizabeth discutaient comme jamais auparavant. Pendant les repas, quand ils étaient ensemble en voiture, ils ne faisaient que parler, parler, parler – et Miranda adorait ça. Avant, elle essayait d'engager la conversation avec eux sur des sujets qui l'intéressaient, comme leur enfance ou ce qu'était leur vie au sein de leur famille, mais ses deux parents se fermaient toujours.

« Aucun de nous n'a eu une enfance sans blessures », a dit Elizabeth. « Et on ne voulait pas te faire peur en te racontant ce qu'on a vécu. »

« En plus, ce n'est pas facile pour nous de rouvrir ces vieilles blessures », a dit Tom.

« Mais tu vois, papa et maman, il y a une raison : ça m'aide à vous comprendre, à comprendre comment vous vous comportez avec moi. »

« On comprend ça maintenant, Miranda », a dit Elizabeth. « Mais quand tu grandissais, on pensait que le mieux pour toi, c'était de te protéger. Envelopper ce qu'on avait de plus précieux dans nos vies dans du coton si nécessaire – pour la garder en sécurité. »

« Quand on a découvert ce qui t'était arrivé, le viol, j'avais envie de tuer l'homme qui t'avait fait du mal. Je savais que le monde allait te jeter des pierres, et je voulais être là pour toi. Pour pouvoir t'aider à les surmonter – quoi qu'il arrive », dit Tom.

Miranda embrassa son père sur le front et toucha la main de sa mère. Puis elle alla dans la cuisine pour faire une théière.

« Miranda, quand j'étais petite, mon père me frappait avec une ceinture – généralement à l'arrière des jambes. Il ne m'a jamais prise dans ses bras, alors le seul contact physique que j'avais avec lui, c'était quand il me faisait mal. Je l'ai détesté pour ça pendant une grande partie de ma vie, jusqu'à ce que je rencontre ton père.

« Il a toujours été si gentil et si doux, et il m'a traitée comme une reine dès le moment où je l'ai rencontré. Je te raconte ça pour que tu comprennes que ton père et moi avons tous les deux été maltraités quand on était enfants. On s'est fermés émotionnellement bien avant que tu viennes au monde. On s'est accrochés l'un à l'autre, mais on n'était pas disponibles émotionnellement pour toi. On a suivi une thérapie. Tu le savais ? »

« Non, je ne le savais pas, mais je t'en suis infiniment reconnaissante. Avant, je t'en voulais parce que je ne comprenais pas à quel point ton enfance avait été traumatisante. Je suis désolée, maman. »

Miranda serra sa mère dans ses bras. Sa mère la serra en retour.

« Je me souviens d'une fois, quand j'étais petite, et que je travaillais dans la cuisine. Il manquait quelque chose, je ne me souviens plus quoi maintenant, mais ce n'était pas moi. J'ai juré à mon père que ce n'était pas moi. J'ai mis la main sur le cœur et j'ai juré sur ma vie, mais il ne m'a pas crue. Il a dit que je manquais de respect, et il m'a frappé l'arrière des jambes jusqu'à ce qu'elles soient noires et bleues. Je ne pouvais pas aller à l'école parce que je n'avais pas de collants pour les cacher. »

«Tu devais le détester. »

« Non, Miranda, je ne l'ai jamais détesté. Je savais qu'il ne voulait que le meilleur pour nous. Et il nous montrait seulement ce que son père lui avait montré. Qu'aurait-il pu faire d'autre ? C'était tout ce qu'il savait. Papa venait d'une famille catholique fervente. Et il n'allait jamais à l'église. Il avait arrêté d'y aller, je n'ai jamais su pourquoi, et il nous déposait, maman et moi, à la messe tous les jours avant que j'aille à l'école. Parfois, surtout à Noël, papa venait à la messe. Maman ne nous laissait jamais bouger, mais papa, oui. C'était difficile de rester assis sans bouger en écoutant des choses qu'on ne comprenait pas pendant si longtemps. Papa comprenait ça. Il n'aimait pas la messe, mais il adorait entendre la chorale chanter. J'entends encore sa voix parfois quand je chante différents hymnes. C'était le papa que j'aimais ; le papa que j'aime toujours. »

Miranda et Elizabeth sont entrées dans le salon, portant du thé, des biscuits et de la marmelade sur leurs plateaux. Tom a éteint la télévision pendant qu'elles s'asseyaient, et Miranda a versé le thé.

« Vous avez bien bavardé toutes les deux là-bas ? »

« "Bien", ce n'est pas le mot. Maman me parlait de son père. »

« Il a fait de son mieux », dit Tom. « Alors c'est à mon tour maintenant ? Mon père a été tué pendant la Première Guerre mondiale. Je ne l'ai jamais connu, en fait, je ne l'ai jamais rencontré. Maman était tout juste enceinte quand il est parti, et elle ne savait même pas que j'étais en route. Maman a joué les deux rôles, et elle les a bien joués. Elle m'a comblé d'amour et d'attention, mais dès que j'ai eu douze ans, elle a commencé à me regarder différemment. De me traiter différemment. Je savais que je devenais un homme, mais j'avais toujours envie des câlins et des baisers de ma mère. Elle m'a refusé les deux. Si j'essayais de la serrer dans mes bras, elle disait souvent : « Lâche-moi », et j'avais honte. Ce n'était pas de la violence physique, comme celle que ta mère a dû subir, c'était de la violence psychologique. C'est tout autre chose. Je me sentais coupable, j'avais honte parce que je savais que maman travaillait dur, comme vendeuse de parfums chez Sears, et qu'elle gagnait assez d'argent pour payer le loyer et nous nourrir. On n'était pas pauvres, mais on n'était en aucun cas riches. Il y avait de l'argent mis de côté pour moi, pour l'université – la pension de papa –, mais il ne serait à moi qu'à mes vingt et un ans, alors j'ai trouvé un boulot à la pompe à essence.

J'ai rencontré plein de filles, à la pompe à essence. C'était l'époque où les dames ne faisaient pas le plein elles-mêmes. Je suis allé à l'université, j'ai travaillé à temps partiel pour un journal et j'ai obtenu mon diplôme avec mention. J'étais un journaliste à part entière. J'ai travaillé en Europe, j'ai voyagé, j'ai rencontré ta maman et le reste, comme on dit, appartient à l'histoire. »

« Est-ce que j'étais prévu, alors ? »

« Pour être honnête, non. On était tellement occupés à parcourir le monde qu'on ne pensait ni aux bébés ni à la stabilité. On voulait juste voir ce qu'on pouvait voir, faire ce qu'on pouvait faire. Quand ta mère a découvert qu'elle était enceinte, on a paniqué.»

« Ce n'est pas qu'on ne voulait pas de toi, mon amour, on avait simplement peur, et j'étais, disons, trop vieille – ou du moins c'est ce que je croyais – pour avoir un bébé. Ton père a quitté son travail de voyageur et a accepté un poste dans un journal local. »

« Mais ensuite, tu es arrivée, et on s'est vite rendu compte qu'on n'avait aucune idée de ce qu'on faisait. On était dépassés. On était, faute d'un meilleur mot, complètement perdus. J'avais peur que tu te casses », dit Tom. « Je me souviens de la première fois où je t'ai prise dans mes bras, j'avais tellement peur, mais en même temps, tu étais la plus belle chose que j'avais jamais vue. »

« Oh oui », dit Elizabeth. « Tu étais le bébé qui se démarquait parmi tous les autres à l'hôpital, et tout le monde n'arrêtait pas de dire à quel point tu étais beau. Je n'ai pas pu t'allaiter – je voulais le faire, mais je n'y arrivais pas, et je pense que ça m'a fait me sentir déconnectée de toi dès le tout début, et j'ai toujours eu l'impression que c'était un lien qu'on ne pourrait jamais retrouver. »

« Je comprends maintenant que vous avez tous les deux fait de votre mieux. J'ai eu tort de prendre mes distances avec vous, d'être si critique. J'aurais dû creuser davantage, essayer de comprendre votre point de vue. »

« Arrêtons de nous en vouloir, à nous-mêmes ou l'un à l'autre. Souviens-toi que c'est un nouveau départ pour nous tous », dit Elizabeth.

« Oui, en avant et vers le haut », dit Tom.

« Je ferais mieux d'y aller. Il sera bientôt l'heure de se lever pour aller travailler. »

« Bonne nuit. »

En montant les escaliers vers son appartement, Miranda sourit. Elle ne s'était jamais sentie aussi proche de ses parents et aussi en paix avec elle-même. Elle avait l'impression de pouvoir leur parler de tout. Et c'était bien son intention. Elle voulait qu'ils connaissent Ben, l'amour de sa vie. Elle aurait aimé avoir une photo de lui, en plus de celle qu'elle avait dans sa tête. Celle-ci s'estompait de jour en jour.

CHAPITRE 5

Entre-temps, Cupidon avait décoché sa flèche sur Terri, et elle était follement amoureuse.

Tout a commencé le jour de son retour au travail. Elle marchait dans le couloir et a croisé un homme.

« Bonjour », a-t-il dit. Il s'est incliné et a embrassé la main de Terri.

Elle en est restée bouche bée.

Il allait dans un sens et elle venait de l'autre.

Qui est cet homme ? Est-ce un intrus ? Je ferais mieux de vérifier.

Elle le suivit tout le long du couloir. Il siffla. Il marcha vite, puis lentement. Il ne se retourna jamais. Il s'arrêta devant le bureau de M. Travetti. Il entra. Terri resta plantée sur le seuil.

« Entre, fiston », dit M. Travetti. « Je vois que tu as rencontré ma bras droit, Terri ? »

Terri les regardait bouche bée. Elle voyait une toute petite ressemblance, peut-être au niveau des yeux...

« Terri, entre et viens rencontrer mon fils. »

« Oh, désolée, j'ai perdu le fil de mes pensées », dit Terri.

« Terri, voici mon fils Amadeo. Tu aurais peut-être la gentillesse de l'emmener déjeuner, puisque j'ai un autre rendez-vous ? »

« J'adorerais », murmura Terri.

Amadeo lui prit le bras, et ils traversèrent ensemble la rue pour se rendre dans un petit restaurant grec où ils partagèrent une bouteille d'ouzo. L'après-midi passa à toute vitesse – et Terri n'en crut pas ses yeux lorsqu'elle regarda sa montre et constata qu'il était 18 h.

« Ne t'inquiète pas, mon père sait que tu es avec moi », dit Amadeo.

« Mais je ne pense pas qu'il s'attendait à ce que je reste si longtemps. »

« En fait, si », dit Amadeo, « parce qu'il espère depuis un bon moment que toi et moi nous mettions ensemble. Il ne cesse de parler de toi, de la chance que j'ai de trouver une fille comme toi. Il fallait que je te rencontre. »

Terri rougit profondément.

« Ce soir, mon père et ma mère organisent un dîner. Tu es invitée en tant que mon invitée. Je vais te raccompagner au bureau, puis je te retrouverai chez eux à 19 h. Ça te va? »

« Je serai là. »

CHAPITRE 6

C'était le premier d'une longue série de dîners que Terri a partagés avec la famille d'Amadeo.

Très vite, la famille de Terri et celle d'Amadeo se sont retrouvées pour des dîners et des fêtes. Amadeo et Terri formaient le couple idéal. Tout le monde le pensait.

Leurs familles les adoraient tous les deux. Elles voulaient qu'ils aient plein de bébés.

Mais avant tout, il fallait qu'ils organisent un grand mariage traditionnel.

Amadeo retournait à Rome. C'était chez lui.

Après de longues discussions et quelques larmes, Amadeo et Terri ont décidé qu'une relation à distance n'était pas pour eux. Ils avaient partagé quatre semaines de relation intense, mais ça devait maintenant s'arrêter. C'était pour le mieux. Ils étaient tous les deux d'accord là-dessus.

CHAPITRE 7

Amadeo était de retour à Rome. Il n'arrivait pas à se sortir Terri de la tête. Il rêvait d'elle. Il la voyait dans la foule. Il courait vers elle et s'apercevait que c'était quelqu'un d'autre. Deux semaines passèrent et il n'arrivait pas à dormir. Il n'arrivait pas à manger. Son travail en pâtissait.

Il décrocha le téléphone. Il appela Terri. Au début, c'était tous les deux jours, mais après avoir parlé, il en voulait plus. Les appels devinrent plus fréquents, une fois par jour, deux fois par jour, trois fois par jour.

À cause du décalage horaire, celui qui était de nuit se recroquevillait par terre, le téléphone serré dans ses bras. Des coins du monde séparés, des existences séparées. L'un raccrochait et l'autre rappelait. La douleur ne s'arrêtait jamais. C'était devenu une douleur physique qu'aucun des deux ne pouvait supporter.

Terri ne voulait pas déménager à Rome. Amadeo ne voulait pas retourner au Canada.

Quand Terri pensait aux bras d'Amadeo qui la serraient, à l'odeur de musc dans ses cheveux. À la façon dont ses cheveux retombaient sur son œil gauche, à la profondeur de ses yeux, ni noirs, ni bruns, d'une couleur qui leur était propre. À la façon dont ses longs cils brillaient dans ses yeux sombres. À ce qu'elle ressentait quand il lui tenait la main. À la sensation de ses lèvres quand elles touchaient les siennes. À la douceur avec laquelle elles effleuraient son front, lui donnant envie de plus.

« Amadeo, je t'aime », lâcha-t-elle dans le combiné.

« Et moi aussi, Terri, et moi aussi. Je t'aime depuis le jour où je t'ai vue marcher dans le couloir. Je savais que tu étais la femme que j'étais venu rencontrer. Je savais que tu étais Terri. »

« Tu le savais, et tu ne me l'as jamais dit ? Espèce de salaud – je change d'avis ! »

« Si tu ne m'aimes plus, je vais devoir sauter par la fenêtre – Bye bye ! J'atterrirai sur l'auvent en bas. Ma chute sera amortie par la pâte à pizza. »

« De la pizza, hein ? Tu m'as convaincue. Quand est-ce que je viens te voir ? »

« Tu es sérieuse, Terri ? Tu viendras à Rome ? »

« Si j'étais Samantha dans Ma sorcière bien-aimée, je serais là avec toi en une seconde. Malheureusement, je dois demander des congés. »

« Pas de problème – papa m'a dit à quel point tu avais besoin de vacances. Tu travailles trop ! »

« Je viens pourtant de rentrer de vacances. Mais je vais voir ce que je peux faire. Bonne nuit, Amadeo. »

« Buona notte, mia amare. »

CHAPITRE 8

Chez Cheryl, l'ambiance n'était pas au beau fixe. Janet avait découvert une petite grosseur dans son sein pendant que sa fille était partie. Janet était terrifiée. Elle avait trouvé cette grosseur et, comme la plupart des femmes, avait choisi de l'ignorer. Elle grossissait de jour en jour et avait bientôt commencé à lui faire mal. Janet gardait sa peur pour elle, sachant que ce n'était pas la meilleure chose à faire. Ce n'est qu'après avoir confié son fardeau à Cheryl qu'elle a pris conscience de l'ampleur de ses craintes.

Le médecin confirma le pire. La tumeur avait grandi si vite qu'il n'y avait plus rien à faire. La chimiothérapie pourrait prolonger la vie de Janet ; peut-être entrerait-elle en rémission. Il pensait qu'elle avait encore entre un et trois mois à vivre. C'était une nouvelle dévastatrice.

Je n'arrive pas à y croire. Il n'y a aucun antécédent de cancer du côté de maman. Maman n'a jamais fumé. Elle a toujours pris soin d'elle. Elle faisait de l'exercice.

Elle mangeait beaucoup de fruits et de légumes. Pourquoi maman ? Pourquoi ma maman ?

« Je ne veux pas que ton frère et ta sœur le sachent, pas encore. »

« Mais maman, il faut leur dire. »

« Pas encore, s'il te plaît. »

Cette supplique a duré un mois, puis deux mois, et les enfants de Janet ont vu leur mère décliner. Ils savaient que quelque chose n'allait pas et ont supplié leur grande sœur de leur dire ce qui se passait, mais Cheryl n'a pas trahi les souhaits de sa mère et a refusé de leur dire.

« Ses cheveux tombent », a dit Craig. « Est-ce qu'elle suit une chimiothérapie ? »

« Est-ce qu'elle a un cancer ? » a demandé Evelyn.

« Les enfants », dit Janet. « Venez dans le salon et asseyez-vous. Cheryl, on aimerait tous une tasse de thé, s'il te plaît, et ensuite on parlera. » Janet s'installa sur le canapé. Elle souffrait beaucoup. Elle se sentait tout le temps épuisée.

Quand Cheryl fut assise et que le thé fut servi, Janet s'assoupit un instant. Elle se réveilla en sursaut, pour se retrouver sur le canapé avec ses trois enfants qui la regardaient.

« Je suis désolée. Je suis tellement fatiguée ces derniers temps. Bon, les enfants, Evelyn et Craig, vous devez m'écouter très attentivement. Je suis malade, extrêmement malade, et les médecins pensent que je n'ai plus beaucoup de temps à vivre. »

« Maman ! » s'écrièrent les enfants en s'agenouillant à ses côtés.

« Le cancer m'a envahie et ne me lâche pas. Je me bats. Ta sœur a gardé ça secret à ma demande et elle m'a aidée. Elle a été mon roc, mais maintenant, je crois que je n'ai plus la force de me battre. Je veux me reposer, rejoindre ton père. »

L'état de Janet s'est aggravé de plus en plus et elle a fini par succomber à la maladie. Sa famille était à ses côtés. Elle est morte chez elle, dans son propre lit, selon ses propres conditions – entourée des personnes et des choses qu'elle aimait.

La mère de Janet, Abigail, est venue d'Indiana pour aider. Grand-maman Abbey a proposé de rester après, mais Cheryl lui a demandé de rentrer chez elle dès que possible après les funérailles pour que les enfants puissent reprendre leur routine habituelle. Cheryl savait que Craig et Evelyn auraient besoin de rester en contact pour surmonter leur perte.

Cheryl repensait souvent à cette dernière journée avec sa maman. Elle, Craig et Evelyn étaient de garde, tandis que grand-maman Abbey dormait. Craig et Evelyn n'arrêtaient pas de s'assoupir, et finalement Cheryl les a convaincus d'aller se coucher en leur disant qu'elle veillerait.

« Maman », dit Cheryl, « je dois te parler des Blue Mountains, parce que mon esprit a rencontré celui de papa quand j'étais là-haut. Je pouvais le sentir me toucher, sur le front, comme il le faisait quand j'étais petite. Le vent semblait devenir ses bras. Je ne te l'avais pas dit avant, parce que j'avais peur que cette sensation disparaisse si je t'en parlais. »

« Merci de me l'avoir dit », dit Janet. Elle saisit la main de sa fille. « J'ai écrit des lettres, pour chacun de vous. Quand je serai partie, quand je serai avec votre père, allez au coffre-fort et sortez les lettres. » Elle serra les poings de douleur, agrippant le bras de sa fille, puis elle s'éteignit dans un sommeil éternel.

Elle avait l'air si paisible, allongée là. Cheryl continua à la regarder, tenant toujours la main de sa mère dans la sienne jusqu'à ce que celle-ci devienne froide. Puis elle pleura comme un bébé.

Je leur dirai demain matin, maman. Transmets mon amour à papa.

CHAPITRE 9

Les funérailles ont eu lieu la veille de la fête des Mères. La cérémonie s'est déroulée à la perfection, car Janet avait tout préparé à l'avance. Elle devait être incinérée, puis inhumée dans la concession à côté de son mari.

Ce jour-là, il pleuvait, et ils se blottissaient l'un contre l'autre tandis que le vent s'engouffrait dans leurs vêtements et que la pluie venait troubler leurs émotions.

Les âmes de leurs parents s'étaient réunies. Deux anges gardiens qui les observaient depuis les hauteurs des nuages.

CHAPITRE 10

Janet et Martin ont quitté cette terre en ayant bien pourvu aux besoins de leurs trois enfants. Ils avaient un toit au-dessus de leur tête et aucun crédit immobilier à rembourser. Ils avaient constitué un fonds fiduciaire pour les études de Craig et Evelyn. De l'argent était prévu pour les dépenses du ménage, y compris la nourriture. Les enfants avaient tout, tout sauf ce qu'ils voulaient : la présence de leurs parents.

« On pourrait trouver un boulot après l'école », proposa Craig.

« Merci, mais ce n'est pas la peine. Je veux que vous vous consacriez entièrement à vos études. On a assez d'argent et avec mon salaire, on devrait s'en sortir, alors ne t'inquiète pas. »

La priorité de Cheryl était que son frère et sa sœur terminent leurs études.

Même si elle-même avait été acceptée à l'université, elle avait choisi de prendre une année sabbatique.

Malheureusement, cette année s'est transformée en deux, puis en trois, puis en cinq.

Et maintenant, Cheryl était certaine qu'il était trop tard pour elle de retourner à l'école.

Mais il n'était pas trop tard pour Craig et Evelyn.

Elle n'allait pas les laisser faire la même erreur, même si elle devait parfois jouer le rôle de la méchante. Ça en vaudrait la peine à long terme.

CHAPITRE 11

D u coup, les trois amies ne se voyaient plus autant qu'avant. Le destin a lancé un seul dé. Chacune s'est retrouvée dans une situation qui lui était propre.

Pourtant, quand elles se sont retrouvées, c'était comme si elles ne s'étaient jamais quittées.

C'est ainsi que les amitiés sincères et éternelles survivent à la distance et au temps.

CHAPITRE 12

Terri a pris le premier vol disponible pour Rome. Elle avait du mal à tenir en place, impatiente de revoir son cher Amadeo. Elle n'arrivait pas à croire la chance qu'elle avait eue de rencontrer et de tomber amoureuse d'un homme aussi formidable. Le fait que toute sa famille adore Amadeo n'était pas pour rien non plus.

Elle se souvenait des commentaires de ses amies la première fois qu'elles l'avaient rencontré :

« Waouh, il est à tomber par terre, et tellement charmant », avait dit Miranda.

« Tu as tellement de chance, Terri, je suis tellement heureuse pour toi ! Vous êtes faits l'un pour l'autre », avait dit Cheryl.

Je suis une fille incroyablement chanceuse ! Ça ne fait aucun doute. Mais je suis tellement nerveuse, comme si c'était notre premier rendez-vous. Je ferais mieux de prendre quelques grandes respirations et d'essayer de rester calme.

L'avion a atterri à l'aéroport Leonardo Da Vinci et Terri s'est précipitée aux toilettes pour se remaquiller et se brosser les dents avant d'aller chercher ses bagages.

De l'autre côté des portes, Amadeo l'attendait, un bouquet de roses à la main.

« Amadeo », s'est exclamée Terri.

Il portait un costume Armani gris anthracite, et ses cheveux noirs et bouclés étaient encore plus bouclés sous l'humidité torride de l'été romain. Ils coururent l'un vers l'autre et se jetèrent dans les bras, s'embrassant, riant et pleurant.

« Je n'arrive pas à croire que tu sois là », dit Amadeo. « Et tu es absolument Bello. »

« Toi aussi. »

Ils marchèrent main dans la main jusqu'à la voiture d'Amadeo, se regardant, s'imprégnant l'un de l'autre, respirant l'un l'autre.

Terri ne voyait rien de Rome. En fait, elle aurait pu être n'importe où. Pour l'instant, tout ce qu'elle voulait, c'était Amadeo. Elle voulait le regarder sous tous les angles, observer comment il passait les vitesses avec ses mains fortes mais douces, regarder sa poitrine se soulever et s'abaisser au rythme de sa respiration, regarder ses boucles retomber sur son front. Elle voulait les écarter de son front. Comme Barbra l'avait fait avec Robert dans The Way We Were. C'était tellement romantique !

L'alchimie entre eux était extraordinairement forte. Leurs mains se promenaient.

« C'est loin, je veux dire chez toi ? »

« Pas loin, tu n'es pas fatiguée, n'est-ce pas ? »

« Dormir est la dernière chose dont j'ai envie », dit Terri.

Terri avait pris sa décision. Lors de ce voyage, elle allait offrir sa virginité à Amadeo, qu'ils soient fiancés, destinés à se marier ou non. Elle ne pouvait imaginer aucun autre homme dans son avenir. Elle désirait Amadeo désespérément. Elle voulait qu'il la prenne. Qu'il passe ses doigts sur tout son corps. Qu'il touche chaque centimètre carré de sa peau. Elle le désirait tellement. Elle soupira et retint ses larmes.

Amadeo faillit faire sortir son Alfa Romeo de la route.

« Ne refais pas ça, bébé », dit Amadeo, « à moins que tu veuilles détruire ma voiture. »

Amadeo avait déjà été avec plusieurs femmes, pas beaucoup, mais quelques-unes. Elles n'étaient pas vierges. Au début, il avait cru qu'elle plaisantait quand Terri lui avait dit qu'elle n'avait jamais été avec personne auparavant. Mais c'est justement ce qui rendait Terri si spéciale à ses yeux : sa franchise, son indépendance et sa confiance en elle. Elle n'avait pas besoin d'un homme pour prouver qu'elle était une femme.

Tard dans la nuit, Terri révéla son secret à Amadeo et lui demanda s'il serait celui qui l'initierait à la sexualité.

Au début, Amadeo n'était pas ravi à cette idée. Il trouvait que ça lui mettait trop de pression – mais ensuite, il a réalisé à quel point il aimait Terri et à quel point il voulait que sa première fois soit spéciale.

En attendant l'arrivée de Terri, l'appartement d'Amadeo était parsemé de fleurs. Une fois à l'intérieur, il avait prévu de lui faire couler un bain avec plein de bulles. Il voulait que tout se passe lentement, très lentement, pour qu'elle se souvienne toujours de sa première fois.

Le champagne était prêt, en train de refroidir dans un seau à glace. Des fraises enrobées de chocolat attendaient dans le frigo. Amadeo allait les donner à Terri, une par une, jusqu'à ce qu'elle en redemande à grands cris.

Puis il allait tirer sur la corde... La faire attendre. Elle avait attendu tout ce temps, alors qu'est-ce qu'un peu plus d'attente pouvait bien faire ? Ça rendrait sa première fois encore plus spéciale.

Amadeo n'avait toutefois pas prévu le soupir de Terri sur le chemin de son appartement. Il espérait et priait pour qu'elle ne le refasse pas, sinon il risquait d'avoir envie de la prendre dès qu'ils franchiraient la porte d'entrée... Si elle soupirait à nouveau, Amadeo n'était plus sûr d'être assez fort pour s'en tenir à son plan initial.

CHAPITRE 13

L a matinée de Miranda ne s'était pas très bien passée.

D'abord, son réveil n'avait pas sonné (encore une fois), ce qui avait déclenché une réaction en chaîne qui semblait ne jamais vouloir s'arrêter. Alors qu'elle s'assait pour avaler rapidement une tartine, elle s'est sentie un peu bizarre et s'est rendu compte que ses règles avaient commencé, avec près d'une semaine d'avance par rapport à d'habitude.

Elle est allée dans la salle de bain pour voir si elle avait des serviettes hygiéniques, mais il n'y en avait pas. Sa mère n'en avait bien sûr pas besoin, mais elle avait une boîte de Depends, alors Miranda est partie au travail avec une paire de ciseaux pour trouver une solution rapide à son problème.

Elle a sauté dans sa voiture et a foncé au travail, réalisant alors qu'elle était presque arrivée qu'elle avait oublié son téléphone portable dans son autre sac à main. Il n'y avait aucun moyen pour elle d'appeler son patron, M.

Mandelbaum, qu'elle connaissait depuis peu, pour lui dire qu'elle allait être en retard.

Ce n'était pas la première fois qu'elle était en retard. La fois précédente, il n'y avait pas prêté attention. Mais elle ne voulait pas passer pour le genre d'employée qui en profitait. D'autant plus qu'elle était encore nouvelle dans l'entreprise et qu'il lui accordait beaucoup de confiance. Elle ne voulait pas le décevoir, ni se décevoir elle-même.

Miranda ne voulait pas gâcher cette opportunité d'enrichir son expérience professionnelle – sans compter que c'était le père d'Amadeo, M. Travetti, qui possédait la filiale et que Terri s'était mise en danger en recommandant son amie pour ce poste. Pour le bien de Terri, elle ne voulait pas tout gâcher.

Miranda sortit une cigarette de son sac et commença à fumer. Ah, soupira-t-elle. Juste ce qu'il me fallait — et le stress sembla se dissiper instantanément. Elle repensa à sa nouvelle habitude et se demanda pourquoi elle n'avait pas commencé à fumer des années plus tôt. Depuis qu'elle avait commencé à fumer, il y a près de deux mois, elle avait perdu près de sept kilos. Tout à coup, son corps ne s'intéressait plus à la nourriture, mais avait trouvé une autre dose : la nicotine.

Miranda fredonnait en écoutant une chanson reggae à la radio sur le chemin du travail. Elle fit le tour du parking en espérant trouver une place près de l'entrée, mais pas de chance. Encore une chose qui n'allait pas comme elle le voulait aujourd'hui. Elle dut se garer loin, ce qui la fit arriver avec cinq minutes de retard supplémentaires.

M. Mandelbaum, son patron, l'attendait de l'autre côté des portes battantes. Miranda espérait que ce n'était pas un déjà-vu.

« Oh bonjour, Mlle Evans, j'ai été en réunion toute la matinée, comment vas-tu aujourd'hui ? »

« Je vais très bien, merci M. Mandelbaum. Je suis juste venue voir si le coursier était déjà passé. »

Ouf, il ne se doute pas que je suis en retard !

« Ça valait le coup de venir », dit-elle en brandissant l'enveloppe coursier.

« Beau travail, Mlle Evans. »

Miranda se dirigea vers son bureau, jeta son sac à main dans le tiroir et le verrouilla. Sa boîte de messages était pleine – mais sa vessie aussi. Cette dernière l'emporta – les messages pouvaient attendre encore cinq minutes.

Miranda avait l'impression d'avoir épuisé toute sa malchance. Les filles se retrouvaient pour déjeuner à la pizzeria Mario. Une fois par mois, toutes les secrétaires et les réceptionnistes se réunissaient pour bavarder, et tout était pris en charge par l'entreprise.

En fait, c'est là que Miranda avait commencé à fumer. Elle était la seule à ne pas fumer et, au final, elle avait décidé que si on ne pouvait pas les battre, autant les rejoindre. Jusque-là, elle toussait à travers la fumée pendant les déjeuners, détestant chaque minute. Maintenant qu'elle faisait partie du groupe, elle était acceptée sans condition.

À l'heure du déjeuner, Miranda était déjà sortie sur le perron pas moins de quatre fois pour fumer une ciggie avec sa copine. À une époque, il y avait une immense cafétéria, qui avait été divisée en zones fumeurs et non-fumeurs.

Puis quelqu'un a eu une idée géniale pour inciter le personnel à se débarrasser de cette sale petite habitude. Un objectif a été fixé, et tous ceux qui l'atteignaient, c'est-à-dire qui arrêtaient d'un coup sec avant telle date, recevraient une prime en espèces.

« Ça ! » s'exclama Muriel, la secrétaire particulière de M. Mandelbaum. « Tout le monde au bureau essayant d'arrêter en même temps ! C'était pire que l'enfer. Tout le monde s'énervait les uns les autres, buvait des seaux et des seaux de café et allait tout le temps aux toilettes. On ne travaillait pas beaucoup ; crois-moi, on ne travaillait pas du tout. »

« Mais qu'est-ce qui s'est passé ensuite ? » demanda Miranda. «Je veux dire, pour vous tous. Est-ce que personne n'a réussi à aller jusqu'au bout du programme?»

« Eh bien, » dit Muriel. « La première personne à arrêter a reçu une prime spéciale de 500 $ en espèces : le directeur des ressources humaines, M. Davidson. Après ça, les gens ont commencé à jeter l'éponge, car le remboursement n'était pas une incitation suffisante, et en un clin d'œil, la cafétéria était à nouveau bondée de fumeurs. »

Muriel prit quelques bouffées profondes, puis continua : « M. Mandelbaum était tellement énervé qu'il a carrément interdit de fumer dans la cafétéria et on a dû commencer à venir ici ! »

Elle tira une bouffée, fit quelques ronds de fumée, puis dit : « Oh oui, je sais ce que tu penses, Miranda, et tu as raison. M. Mandelbaum est en avance sur son temps à plus d'un titre. »

Muriel regarda sa montre, écrasa sa cigarette et ouvrit la porte. Elles se dépêchèrent de retourner à leurs bureaux – il restait une demi-heure avant l'heure du déjeuner.

Comme c'était un événement mensuel, M. Mandelbaum n'avait aucun problème à ce que les filles se fassent plaisir en profitant d'un déjeuner prolongé de deux heures. En fait, il insistait même un peu pour ça, et offrait même une tournée de boissons. Muriel avait une carte de crédit de l'entreprise – juste pour leurs déjeuners spéciaux. C'était une tradition.

Une des rumeurs que Miranda avait entendues de la bouche d'une autre fille, Sally, qui était une employée relativement nouvelle comme elle, était que ces déjeuners étaient approuvés par M. Mandelbaum parce que c'était ainsi qu'il découvrait ce qui se passait vraiment dans tous les services. Sally suggérait que Muriel était une espionne, rapportant ce qui se disait à qui de droit.

Miranda n'y crut pas un seul instant. Elle trouvait Sally un peu paranoïaque. Néanmoins, elle se montra plus prudente lorsqu'elle parlait avec Muriel. Elle n'avait rien à cacher, mais elle connaissait quelques personnes haut placées. Elle ne voulait pas divulguer d'informations inutiles.

Les filles ont poussé des cris de joie, fait la fête et mangé tout ce qu'elles pouvaient, y compris le dessert – des cheesecakes cuits à la new-yorkaise pour tout le monde – puis sont retournées au bureau avec une motivation renouvelée. M. Mandelbaum était près de l'ascenseur, saluant toutes les femmes à leur retour, souriant, comme un père accueillant sa fille à la maison après une soirée entre filles.

Quand M. Mandelbaum saluait ses filles, c'était aussi une tradition. Les filles avaient hâte de voir son visage bienveillant à leur retour au travail. C'était un patron comme on en trouve un sur un million, qui ne posait pas beaucoup de questions. Miranda pensait qu'elle n'aurait pas pu décrocher un meilleur job, dans un meilleur endroit, à aucun moment.

Quand elle s'est remise au travail, elle a pensé à Terri et s'est demandé comment elle s'en sortait à Rome avec Amadeo. Terri avait confié à Miranda qu'elle avait l'intention de perdre sa virginité pendant ce voyage. Ensemble, elles étaient allées à la clinique pour se procurer des pilules contraceptives. Miranda avait décidé de se mettre elle-même sous pilule. Après tout, son 26e anniversaire approchait à grands pas, et elle voulait être prête au cas où elle tomberait un jour sur l'homme de sa vie. L'idée qu'elle l'avait peut-être déjà rencontré lui traversa l'esprit, mais elle chassa Ben de ses pensées. Ça ne servait à rien de penser à lui. Ça ne faisait que lui donner l'impression que l'avenir n'avait aucun sens.

Miranda fouilla dans son bureau, puis finit de taper tous les documents nécessaires. Elle distribua les informations aux personnes concernées, termina ses appels téléphoniques, puis jeta un œil à l'horloge. Il était déjà 17 h 15. Elle était là, en train de faire pratiquement des heures sup !

Elle attrapa son sac, se leva et jeta un coup d'œil par-dessus la cloison rembourrée, réalisant rapidement que le bureau était presque vide. Elle avait été tellement absorbée par ses propres pensées qu'elle n'avait même pas remarqué la cohue habituelle des collègues se dirigeant vers les sorties. Elle rit, en pensant que si l'alarme incendie s'était déclenchée, elle ne l'aurait probablement pas entendue non plus.

Bientôt, elle était en route pour la maison. Miranda s'arrêta à la pharmacie et prit quelques articles de première nécessité : des serviettes hygiéniques, des clopes et une belle et grosse tablette de chocolat au lait Cadbury, puis elle rentra chez elle. Ce soir, c'était au tour de sa mère de cuisiner. Miranda avait hâte de se faire dorloter. Vivre chez ses parents lui convenait très bien.

CHAPITRE 14

Cheryl était en train de préparer le dîner, tandis que ses deux frères et sœurs étaient affalés sur les canapés, les yeux rivés sur la télé. Elle avait demandé plusieurs fois à Evelyn et Craig de venir l'aider à mettre la table pour le dîner, mais sans aucun résultat jusqu'à présent.

« Evelyn, viens m'aider, s'il te plaît », supplia Cheryl.

« Je suis en train de regarder ça, c'est drôle, et je ne veux rien rater. »

Chaque soir, c'était exactement la même chose. Les demandes d'aide de Cheryl tombaient dans l'oreille d'un sourd. Au final, elle finissait toujours par tout faire toute seule. Elle en avait marre de tout ça. Ce n'était pas comme s'ils étaient occupés à faire leurs devoirs ou quelque chose d'important, ils étaient juste affalés devant la télé. Cheryl décida que ce soir, c'était le moment où elle allait régler ça une bonne fois pour toutes avec son frère et sa sœur. Elle avait besoin d'aide, sinon elle allait devenir folle.

Elle n'avait pas eu de répit depuis des mois. Cheryl était devenue une fille qui ne faisait que travailler, sans jamais s'amuser, et quand elle se regardait dans le miroir, elle n'aimait pas ce qu'elle voyait. Elle avait prévu d'être maman un jour, d'avoir ses propres enfants, mais assumer à la fois le rôle de maman et de papa pour ses frères et sœurs adolescents était en train de lui faire changer d'avis. Elle avait l'impression de devoir sans cesse leur donner des ordres : « T'as fait tes devoirs ? » – « T'as mis tes vêtements dans le panier à linge ? » Elle les harcelait constamment à propos de ceci ou de cela. La plupart du temps, ils l'ignoraient complètement de toute façon. Parfois, ils levaient même les yeux au ciel, et ça la faisait presque craquer. Elle sortait pour se calmer.

Cheryl avait espéré qu'ils voudraient aider. Qu'ils voudraient s'impliquer dans la gestion quotidienne de la maison. Elle savait qu'ils étaient encore en train de faire face, de s'adapter à la mort de leur mère, parce qu'elle aussi. C'était quelque chose qu'ils avaient tous en commun, et pourtant Cheryl était certaine que ses frères et sœurs lui en voulaient. Elle devait leur en parler. C'était son rôle de leur faire comprendre qu'ils formaient une équipe.

Il y a quelques nuits, Miranda est venue alors que Cheryl était à bout, et elles ont discuté jusqu'à 2 heures du matin, en buvant tasse après tasse de café tandis que Miranda fumait comme un pompier.

Cheryl n'était pas impressionnée par cette nouvelle habitude de Miranda, mais elle était curieuse de voir le changement dans le comportement de son amie après une seule bouffée. Elle semblait plus calme et plus détendue.

Miranda écoutait son amie avec compassion, car elle savait à quel point Cheryl avait besoin de vider son sac. Elle avait remarqué à quel point Cheryl était stressée ces derniers temps, et à quel point elle avait pris de l'âge. Miranda savait que Cheryl avait besoin d'un avis impartial. Au fond d'elle-même, Miranda savait aussi que Cheryl se reprochait ce qui se passait. Elle se demandait si elle méritait d'être traitée ainsi.

« Est-ce que je suis trop rigide, trop mesquine ? J'ai l'impression d'être une vraie sorcière ces derniers temps. Est-ce que j'exagère ? Peut-être que je me fais des idées. »

« Arrête tout de suite », dit Miranda. « Ne te fais pas de reproches. Tu te donnes à fond à l'usine, puis à la maison, et ces petits morveux en profitent. »

« Mais ils sont encore en deuil de maman, et ils ont tout à fait le droit d'être en colère contre moi, parce que j'essaie de... » Cheryl s'est mise à fondre en larmes. Miranda a pris son amie dans ses bras, tandis qu'elle sanglotait contre son épaule.

« Tout va bien se passer, Cheryl », a dit Miranda. « Tu dois juste leur parler et arrêter de te mettre dans tous tes états. La vie est trop courte. »

« Je sais, je sais », sanglotait Cheryl. « Mais ils me détestent, je le sais. Ils pensent que j'essaie de remplacer maman, et ils savent que je n'y arrive pas. Que je ne peux pas faire tout aussi bien qu'elle. »

« Écoute, ma petite, » dit Miranda. « C'est toi qui gardes cette famille unie. Sans toi, ils seraient envoyés chez leur grand-mère dans l'Indiana. Ils devraient quitter tous leurs amis. Ou pire, ils pourraient finir en famille d'accueil. Tu ne t'es pas désignée toi-même tutrice de ton frère et de ta sœur. C'est ta mère qui l'a fait. Ils devraient t'en être reconnaissants. »

Cheryl eut l'impression qu'un poids lui avait été enlevé des épaules. Pourtant, aujourd'hui, elle redoutait la conversation qu'elle savait devoir avoir avec eux.

Elle regarda par la fenêtre pendant quelques instants. Elle se demandait comment Terri et Amadeo s'entendaient.

« Viens chercher ton assiette », appela-t-elle.

Craig attrapa son assiette et se traîna en traînant les pieds vers le canapé du salon.

« Excuse-moi », dit Cheryl d'un ton autoritaire. « Reviens ici, Craig ! »

« Quoi ? Je regarde une émission là-bas. »

« Quand maman était en vie, il n'y avait pas de télé pendant les repas. Imagine ce qu'elle penserait si elle entrait maintenant et te trouvait assis là à manger des spaghettis bolognaise sur son canapé ? »

« Mais elle n'est PAS là ! » dit Craig.

« J'ai pas faim », dit Evelyn.

« Bon, ça suffit ! » dit Cheryl. « Reviens, Craig, et assieds-toi. Evelyn, assieds-toi aussi. S'il te plaît. »

« C'est quoi le problème ? » dit Craig. « Pourquoi tu peux pas juste nous laisser tranquilles ? Pourquoi tu dois toujours tout commenter ? »

« Parce que je veux te parler. Je veux qu'on règle ça. »

« Régler quoi ? » dirent Craig et Evelyn à l'unisson, en se regardant comme s'ils venaient d'être téléportés sur Terre depuis une autre planète. Craig se mit à tripoter son assiette, enroulant les spaghettis autour de sa fourchette. Il ne levait pas les yeux de son assiette. Pendant ce temps,

Evelyn observait attentivement les bulles qui remontaient à la surface de son verre de Coca-Cola.

« Écoutez. Regardez-moi quand je vous parle ! » dit Cheryl. « J'en ai assez que vous me manquiez de respect tous les deux. Que vous me traitiez comme, comme... » Elle fondit en larmes.

Craig ne savait vraiment pas quoi faire. Il était assis, des brins de spaghettis se déroulant un à un pour retomber dans son assiette. Evelyn se mit à sangloter. Des larmes tombaient goutte à goutte dans son Coca-Cola. Personne ne dit un mot.

« Tout ce que je veux, c'est qu'on soit à nouveau une famille. Je sais que je ne suis pas maman et que je ne le serai jamais. Maman pouvait tout faire toute seule. C'était une super maman. Mais j'ai BESOIN D'AIDE. »

« Eh bien, pourquoi tu ne nous le demandes pas, alors ? » suggéra Craig. « Au lieu de nous donner des ordres comme à deux larbins. C'est notre maison aussi, tu sais. »

« Quoi ? » demanda Cheryl. « Bien sûr, c'est ta maison aussi. C'est notre maison, celle de notre famille. »

Encore du silence.

Cheryl essaya de le briser en leur demandant comment s'était passée leur journée. Des réponses monosyllabiques. Ça ne leur ressemblait pas du tout, à eux trois, d'être si renfermés les uns envers les autres. Ils étaient si proches quand leur mère était en vie et s'étaient soutenus mutuellement lors des funérailles et de tout le reste, et maintenant, quelque chose avait changé. Quoi que ce soit, Cheryl devait le découvrir, et aujourd'hui, tout de suite.

« Qu'est-ce que j'ai fait pour vous énerver tous les deux? »

Tous deux répondirent à l'unisson : « Rien », puis Craig retourna à ses spaghettis et Evelyn se remit à observer les bulles dans son boisson gazeuse.

« Parlez-moi, s'il vous plaît. »

Evelyn regarda Craig, puis Cheryl, puis de nouveau Craig.

« On ne sait plus quoi faire. Avec maman, on savait quoi faire, et maintenant on ne sait plus. Tout ce qu'on fait est mal », dit Craig.

« Eh bien, pour commencer, je suis exactement la même personne. Je n'ai pas changé. La seule chose qui a changé dans ma journée, c'est la quantité de travail que j'ai à faire. Je travaille toute la journée à l'usine, puis je rentre à la maison et je travaille encore. J'ai tellement à faire, et je n'ai pas le temps de me reposer ni de m'accorder un moment pour moi. Vous pourriez m'aider de temps en temps. Vous pourriez mettre la table sans que j'aie à vous le demander, ou commencer à préparer le dîner, ou lancer une lessive, ou... »

Evelyn l'interrompit : « Mais maman faisait toujours ça.»

« On n'avait pas à le faire à l'époque, et tout était fait. Maintenant, tout part en vrille. Même si on lance une lessive, en quoi ça va arranger les choses ? On est tous perdus sans maman, et tu ne peux pas être elle. Peu importe tes efforts, tu n'y arriveras pas.»

Evelyn se remit à pleurer, et Cheryl et Craig ne tardèrent pas à l'imiter.

« Je ne veux pas être elle, ni la remplacer, je veux juste qu'on reste tous ensemble. Je ne m'attends pas à ce que tu fasses tout, mais juste à ce que tu m'aides de temps en temps. Maman était une experte. Elle était tellement organisée qu'elle faisait tout sans même nous demander. Même quand elle aurait probablement pu avoir besoin d'un peu d'aide.

« Elle nous gâtait. Elle pensait que c'était son travail puisqu'elle était à la maison toute la journée. Elle avait le temps de faire des choses quand on n'était pas à la maison. J'essaie, j'essaie vraiment, mais avec mon travail et tout le reste, je n'y arrive tout simplement pas. »

Cheryl s'est mise à sangloter, et son frère et sa sœur lui ont tendu la main et l'ont serrée fort.

Craig a rompu le silence en disant : « Je vais faire la vaisselle, elle s'occupera de l'essuyer. Va te reposer, d'accord, ma sœur?»

« Merci. »

Cheryl est allée dans le salon. Elle s'est allongée sur le canapé, a zappé entre les chaînes de télé, puis est retournée dans la cuisine. Elle s'est arrêtée un instant sur le seuil, écoutant les deux autres bavarder, parler de leur journée, échanger leurs impressions. Elle se demandait pourquoi elle était devenue une étrangère. Quand ça s'était produit ct ce qu'elle devait faire pour réintégrer le groupe.

Elle a attrapé une serviette et a dit : « Je vais vous donner un coup de main. »

CHAPITRE 15

Quand ils sont arrivés à l'appartement d'Amadeo, Terri avait du mal à reprendre son souffle. Elle était envahie par l'excitation, par l'impatience. Sa main tremblait tandis qu'elle enfonçait la clé dans la serrure et ouvrait la porte. Elle sentait le souffle chaud d'Amadeo sur sa nuque.

Elle entra dans une pièce remplie de roses à longue tige et de gypsophile.

« C'est magnifique, tout simplement magnifique ! »

« Bienvenue dans mon humble demeure », dit Amadeo en s'inclinant profondément. Alors qu'il se relevait, Terri l'attrapa par le cou et l'embrassa avec une telle passion que ses jambes se dérobèrent sous lui.

Ensemble, ils s'effondrèrent sur le sol.

« Je te veux », murmura Terri.

« Et moi aussi, mais j'ai d'autres projets. »

Il se redressa et tira les stores, dévoilant une vue spectaculaire sur la ville.

«C'est charmant, mais ça sera toujours là, tu sais... après.»

« J'ai pensé que tu voudrais peut-être prendre un bain ; après tout, le vol a été long. »

« Je ne pue pas, n'est-ce pas ? » demanda Terri. « Oh, maintenant je suis gênée. »

« Bien sûr que non, mon amour, mais... »

Au loin, Terri entendit le son faible des cloches d'église qui sonnaient. Elles indiquaient l'heure en Italie, d'un seul coup.

Amadeo conduisit Terri jusqu'à sa chambre. Il l'embrassa passionnément, mêlant son souffle au sien. Il ouvrit la porte puis recula.

Terri lui attrapa la main et l'attira à l'intérieur, là où le lit double était dressé devant elle.

Le téléphone sonna.

« Laisse sonner », dit Terri.

« C'est peut-être le boulot. »

« Mmmmmmm », dit Terri en embrassant Amadeo sur le front, sur les lèvres, sur le bout des doigts.

Son portable sonna.

« Euh, bonjour, d'accord, j'y suis dans dix minutes. Tiens le fort. Je dois y aller, chérie, une urgence au boulot.»

« Ça peut sûrement attendre, je viens juste d'arriver. »

« Non, ça ne peut pas. Je reviens vite, fais comme chez toi. Prends un bain. Va faire un tour au village. Ça ne devrait pas me prendre plus de deux heures. » La porte se referma derrière lui.

Terri regarda tout ce qui se trouvait dans sa chambre. Les minuscules pétales de rose sur la dentelle blanche et les pétales de rose éparpillés sur le sol. La pièce était magique.

Terri traversa la pièce et jeta un coup d'œil à son reflet dans le miroir.

Quel désordre ! Pas étonnant qu'il se soit enfui d'ici... Je file prendre un bain.

Elle s'installa dans la baignoire, en fredonnant « That's Amore ».

On frappa à la porte.

« Tu es présentable ? » C'était Amadeo. Il n'était pas encore parti.

« Je suis couverte de bulles, si c'est ce que tu veux dire.» Il ouvrit la porte et jeta un coup d'œil à l'intérieur.

Terri rougit de la tête aux pieds – heureusement, la plupart des parties rouges étaient cachées sous les bulles.

Amadeo installa une petite table juste à côté de la baignoire. Il ouvrit une bouteille de champagne et le versa dans une coupe en cristal.

« Profites-en bien », dit-il en reculant vers la porte.

« Non, attends ! Tu ne vas pas te joindre à moi ? »

« Pas cette fois, mais merci pour l'invitation. »

La porte se referma derrière lui. Terri entendit une autre porte se fermer. Cette fois, il était vraiment parti.

Elle vida son verre de champagne d'un trait. Elle s'allongea et se détendit, enveloppée par ces bulles luxueuses. Terri pensa à Amadeo, et des frissons lui parcoururent tout le corps. Le simple contact de sa main faisait battre son cœur à tout rompre. Elle le désirait ardemment, plus qu'elle n'aurait jamais imaginé pouvoir désirer quelqu'un.

Elle s'imagina sortir de la baignoire, marcher vers lui, recouverte uniquement de mousse de savon. S'offrir à lui.

Céder à la passion. C'était si intense qu'elle pouvait à peine respirer.

Elle s'était endormie. Tout ça n'était qu'un rêve.

Elle ferma les yeux une nouvelle fois et laissa son imagination s'emballer. Elle poursuivait Amadeo. Ils étaient dans une forêt dense. Il semblait essayer de lui échapper. Pourquoi ? Elle paniqua, craignant de l'avoir perdu. Elle était désorientée, terrifiée à l'idée de savoir pourquoi il agissait ainsi. Perdue, seule, elle s'assit. Se sentant vaincue et submergée par l'émotion.

« Terri, ma chérie. Terri. »

Amadeo l'appelait vraiment.

« Encore quelques minutes, je suis juste en train de m'habiller. »

« Détends-toi, profite. La crise a été évitée, et je n'ai finalement pas besoin d'aller au bureau. Je vais donc travailler dans ma chambre.»

Elle entendit ses pas s'éloigner de la porte et longer le couloir.

Terri ne pouvait s'empêcher de s'interroger sur les femmes avec lesquelles Amadeo avait été auparavant. Elle se demandait comment son corps se comparerait au leur. Que penserait-il en la voyant nue ? Puis elle se mit à imaginer le voir nu. Elle n'avait jamais vu un homme nu auparavant. Pas même dans un magazine. Elle était impatiente !

Elle s'enveloppa dans une serviette, descendit le couloir et faillit entrer dans sa chambre. Elle jeta un œil dans le couloir. La porte d'Amadeo était fermée.

Elle se demanda s'il était là-dedans, en train de l'attendre. Peut-être était-il déshabillé, dans son lit.

Peut-être était-il complètement nu, en train de réchauffer les draps, dans l'attente de son arrivée.

Elle s'avança dans le couloir, laissant des gouttes d'eau derrière elle. Elle tendit l'oreille contre la porte. Tout était calme.

Devait-elle tourner la poignée ? Devait-elle entrer dans sa chambre ?

Le téléphone sonna dans le salon. Puis un portable sonna.

Elle se précipita vers sa chambre et ferma doucement la porte derrière elle. Elle prit une grande inspiration et s'habilla. Elle enfila une robe jaune, avec des fleurs bleues sur le col et les bords de la jupe. Elle ressemblait un peu à un canari.

Elle sortit de sa chambre et ferma la porte derrière elle.

CHAPITRE 16

D ans le salon, Amadeo était au téléphone. Il n'était pas du tout dans sa chambre !

« Mais je croyais que tu avais tout réglé. Je ne peux pas retourner au bureau aujourd'hui ! J'ai un invité ! » Il regarda Terri, puis se mit à faire les cent pas. Il dit : « Oui, oui, je te rappelle dans une minute », puis raccrocha. Il s'avança calmement vers elle : « Terri, tu ressembles à un ange. Où sont tes ailes ? »

« Viens ici, je vais te les montrer », dit Terri.

« Promesses, promesses. » Il s'approcha d'elle et la prit dans ses bras. Le portable sonna à nouveau. « Allô, oui, d'accord, très bien. J'y serai dans dix minutes. Ne t'inquiète pas ! Je suis désolé chérie, je dois y aller. »

« Je comprends. Je ne veux pas que tu partes, mais je ne peux pas te garder rien que pour moi, n'est-ce pas ? »

« Je serai tout à toi une fois que tout sera réglé. En attendant, descends la rue, tu trouveras un petit marché. Choisis ce que tu veux pour le dîner. Si tu as envie de cuisiner, on peut rester à la maison ou sortir quand je reviendrai. »

« Y a-t-il une banque dans le coin ? J'ai besoin d'échanger des chèques de voyage. »

« Pas besoin aujourd'hui, voici de l'argent liquide. Profites-en, fais-toi plaisir, et je reviendrai aussi vite que possible. »

Ils descendirent les escaliers ensemble, main dans la main. Amadeo embrassa Terri pour lui dire au revoir et partit. Elle lui fit un signe de la main et se sentit soudain très seule. Elle regarda vers la droite de la rue et vit des enfants jouer au foot. Elle les regarda jouer. L'un des enfants lui tira la langue. Elle lui rendit la pareille.

Elle se demandait si Amadeo voulait des enfants. Terri, elle, voulait vraiment des enfants. Beaucoup. Elle en voulait au moins cinq, peut-être plus – mais rien ne pressait.

Alors qu'elle marchait dans la rue pavée, la pluie se mit à tomber, dessinant des motifs sur sa robe jaune. Elle se réfugia sous un porche et attendit. Ce quartier de la ville était d'une beauté à couper le souffle. Il avait du caractère. Tout semblait si ancien, si traditionnel. Elle repéra une librairie au coin de la rue et s'y précipita.

Elle a flâné sans rien acheter, puis la pluie s'est arrêtée. Elle a acheté une part de pizza, mangé une glace à la fraise et siroté un cappuccino dans un café.

Elle a rassemblé autant de provisions pour le dîner qu'elle pouvait porter et est rentrée à l'appartement. Elle allait faire des lasagnes et une salade. Elle a enfourné les lasagnes et coupé la salade. Elle s'est affalée sur le canapé et a attendu. Trois heures plus tard, toujours aucun signe d'Amadeo. Elle commença à se sentir seule. Elle décida d'appeler Miranda.

« Salut, qu'est-ce que tu fais à m'appeler au milieu de la nuit ? » demanda Miranda.

« Ah, désolée. »

« J'étais réveillée, je regardais juste une rediffusion d'un vieux film de Cary Grant, Penny Serenade. Alors, quoi de neuf ? Comment va Amadeo ? Et toi ? Comment ça se passe en Italie ? Tu l'as déjà fait ? »

« Eh bien, tu ne tournes pas autour du pot, n'est-ce pas ? » Terri rit. « Amadeo est magnifique, à couper le souffle, et il est au travail. Je vais bien, mais je me sens un peu seule et on n'a encore rien fait. »

« Il n'y a pas d'urgence, tu sais. Attends que ça te semble le bon moment. »

« Merci maman. »

« Oh, je crois qu'Amadeo est de retour. Je dois y aller. Je te recontacte. »

Terri dit rapidement au revoir à son amie et raccrocha avant même que Miranda n'ait eu le temps de dire un mot. Elle se précipita pour accueillir Amadeo – comme s'il avait été parti depuis des mois et des mois. Elle l'attrapa et l'embrassa.

«Ça fait du bien de rentrer à la maison et de te retrouver.»

Amadeo était plutôt content de sortir avant, car les choses avançaient un peu trop vite pour ses plans. Il commençait à s'échauffer – et craignait de céder à sa passion. C'était tentant de ne pas le faire.

Il avait en fait réglé l'urgence au téléphone, mais il hésitait à rentrer tout de suite. Il savait qu'elle le désirait. Il savait qu'il ne pourrait pas résister plus longtemps et il a donc fini par faire le tour du café. Il l'observait tandis qu'elle buvait son cappuccino, qu'elle mangeait sa pizza, qu'elle dégustait sa glace. Elle le rendait fou. Il la désirait tellement, et il ne voulait plus attendre. Et pourtant, il savait qu'il devait attendre. Il savait qu'il devait s'assurer que tout soit parfait.

« Asseyons-nous et parlons », dit Amadeo en prenant les mains de Terri dans les siennes et en les embrassant l'une après l'autre. « J'ai pensé à toi, à nous. »

Terri essaya de l'interrompre. Amadeo posa son index sur ses lèvres et continua.

« Je dois te dire ça ; je veux te le dire maintenant. »

Terri acquiesça.

« Tu es la femme dont j'ai rêvé toute ma vie. Je n'aurais jamais pensé la rencontrer. La femme dont j'ai rêvé, et maintenant elle est là. C'est toi. Tu es mon amie, mon âme sœur, et avec toi, je suis comblé. Je ne veux pas qu'on soit séparés. Jamais. »

Amadeo s'agenouilla sur son genou droit et fouilla dans la poche de sa veste. Il en sortit un petit écrin, l'ouvrit et en retira une bague.

« Je veux que tu m'épouses, aujourd'hui, demain, qu'on ne fasse plus qu'un. Qu'on vive comme mari et femme. Tu veux bien ? »

Terri n'aurait pas pu être plus surprise. Elle ne s'attendait pas à ça, pas aujourd'hui, pas si tôt. Elle se pencha vers lui, prit sa tête entre ses mains, et l'embrassa passionnément sur le front, puis sur les lèvres. Elle ne s'arrêta pas là ; elle descendit vers sa poitrine, déboutonna sa chemise et l'embrassa doucement, puis revint à sa bouche.

« Ça veut dire oui ? »

« OUI ! OUI ! »

Ils roulèrent du canapé et atterrirent sur le sol. Ils se roulaient l'un sur l'autre, aucun des deux ne voulait s'arrêter.

« Je veux attendre », dit Amadeo en repoussant Terri.

« Quoi ? Toi, tu veux attendre ? »

Terri se recula et le regarda dans les yeux. Il voulait attendre. Elle avait voulu attendre, jusqu'à ce qu'elle soit mariée, toute sa vie. Il faisait ça pour elle.

« Je t'aime, Amadeo ! »

CHAPITRE 17

Miranda était dans la cuisine. C'était son tour de préparer le dîner pour ses parents, mais elle devait sortir. Elle a préparé des spaghettis à la bolognaise et a laissé un mot à ses parents.

Pourquoi ai-je accepté ce rendez-vous arrangé ? Je devais avoir perdu la tête !

Janice, une nouvelle amie de travail, essayait depuis quelques semaines de caser Miranda avec son frère.

« Il est parfait pour toi, Miranda », disait Janice chaque fois qu'elle voyait Miranda au travail. Chaque fois qu'elles se croisaient aux toilettes. Chaque fois qu'elles se passaient dans le couloir. Miranda avait quelques amis qui gardaient l'œil pour avertir Janice à l'avance. Malheureusement, l'un d'entre eux avait zappé.

« Mirrrrrrannnnnnnndaaaa ! » s'écria Janice. « Je t'ai cherchée partout. On organise un dîner samedi soir. Très décontracté. Mon frère adorerait te rencontrer. Dis que tu viendras, s'il te plaît. »

« Euh, samedi, je suis prise, je dois cuisiner pour mes parents. »

« Ce n'est pas une excuse. Commande à emporter, comme ça tu pourras te joindre à nous. Génial ! Génial ! Mon frère meurt d'envie de te rencontrer. Il passera te chercher à 19 h. Au revoir. »

Depuis, Miranda a appris que trois autres couples seraient au restaurant. Ça l'a aidée à se sentir un peu moins vexée d'avoir été prise au dépourvu.

Pourquoi, oh pourquoi, n'ai-je pas accepté de le retrouver au restaurant ?

Miranda enfila une tenue, l'enleva et en essaya une autre. Elle répéta l'opération plusieurs fois avant de finalement opter pour son tailleur deux pièces. Puis elle se regarda dans le miroir pour vérifier son maquillage. Celui-ci se composait de mascara, de fond de teint, de blush et d'un gloss léger. Elle n'en avait pas trop mis. Elle se regarda dans le miroir en pied et lissa une ou deux petites rides qui s'étaient accumulées autour de sa taille. Elle s'est vaporisé un peu de parfum, s'est peigné les cheveux, a ajouté un peu de laque, puis est retournée dans la cuisine.

Miranda a pris une clope, dont elle avait désespérément besoin pour se calmer.

S'inquiéter, ça fait des rides sur le visage.

Comme toujours, la première bouffée était la meilleure, et quand elle l'a aspirée, elle a eu l'impression que ça lui donnait le coup de pouce de courage dont elle avait besoin.

Miranda réfléchit à ce qu'elle portait et se demanda si elle n'en avait pas trop fait. Elle portait son tailleur noir, avec un joli chemisier à col haut en dentelle, des escarpins noirs et des bas noirs.

Le mot est là – prêt, au cas où, mais j'espère vraiment que maman rentrera bientôt. Peut-être qu'alors, elle et moi pourrons mettre au point un plan. Je pourrai me cacher dans ma chambre et si c'est un geek ou un vrai loser, elle pourra me le faire savoir. ... Elle pourra dire que je suis malade ou un truc du genre. Mais après, Janice me tomberait encore dessus lundi et tous les deux jours pour le reste de ma vie. Elle est sacrément tenace. Autant en finir ici et maintenant.

Bing-bong.

Miranda resta figée sur place.

Bing-bong.

Miranda écrasa sa cigarette. Elle lissa le devant de sa veste et jeta un œil par le trou de la serrure. Tout ce qu'elle voyait, c'était son torse, alors elle savait une chose avec certitude : il était grand. Elle ouvrit la porte.

Il était là. Sans sourire.

Première impression de Miranda ? Le mot ringard lui vint à l'esprit. Ouais, pensa-t-elle, ringard, ça le décrivait bien. Il portait des lunettes épaisses à monture noire (tu sais, le genre que portait Buddy Holly) et un costume noir. Tous les deux côte à côte, on aurait dit qu'ils allaient à un enterrement.

« Miranda ? » dit-il en lui tendant la main.

Elle était moite. Miranda ne comprenait pas pourquoi il avait prononcé son nom comme s'il s'agissait d'une question.

« Bonjour Lance, je vais juste prendre mon sac à main.»

Elle maudit Janice dans sa barbe de lui avoir refilé son frère ringard et espéra qu'elle arriverait à passer la soirée. Pas étonnant qu'il n'arrive pas à se trouver de petite amie !

Miranda rougit ; elle n'était pas vraiment Miss America.

Il conduisait une BMW verte flambant neuve.

« Oh, superbe voiture – j'adore l'intérieur. »

« Merci. » Il sourit.

Miranda remarqua son joli sourire. Elle fouilla dans son sac, trouva une cigarette et l'alluma.

« Euh, je suis allergique à la fumée », dit Lance.

Évidemment, pensa Miranda.

« Janice ne t'en a pas parlé ? Elle nous a réservé une table dans la section non-fumeurs. J'espère que ça ne te dérange pas ?»

Miranda soupira, en pensant à quel point ce serait intéressant d'avoir un rendez-vous avec quelqu'un qui était extrêmement allergique à la fumée sans le savoir. Il pourrait faire une crise. Ou avoir une éruption cutanée. Quel premier rendez-vous mémorable ça ferait !

« Pas de problème », dit Miranda, « je ne suis pas une fumeuse invétérée ni rien de ce genre. Je suis juste un peu nerveuse, une fumeuse d'occasion, pour ainsi dire. Ça te dérange si je mets un peu de musique ? »

La radio était déjà réglée sur la station Oldies.

« Je vis pour les vieux tubes. Ça aide à passer le temps quand on est coincé dans les embouteillages. Quel genre de musique écoutes-tu chez toi ? »

« J'écoute de tout, de Black Sabbath à Tony Bennett en passant par Robbie Williams », répondit Lance.

« Ça, c'est une collection éclectique ! Je suis pareille, j'aime tout ce qui a un refrain accrocheur, les Beatles, U2, si la musique est bonne, je suis partante. »

Lance a tout de suite apprécié Miranda. Il trouvait qu'elle avait un joli visage. Il aimait son rire, son assurance et son sens du style. La seule chose qu'il n'aimait pas chez elle, c'était qu'elle fumait, mais la soirée ne faisait que commencer. Il était sûr qu'il finirait par lui trouver un défaut tôt ou tard.

Après avoir parlé de musique, le silence s'installa dans la voiture. Lance aurait aimé que Miranda ne fume pas. Il aurait aussi aimé qu'elle dise quelque chose, n'importe quoi, car ce silence était angoissant.

Lance n'était pas sorti avec quelqu'un depuis des mois. Il travaillait 24 heures sur 24, 7 jours sur 7 pour une agence immobilière : avoir une vie sociale n'était pas une priorité. Les seules femmes qu'il rencontrait étaient des clientes, à part les deux qui travaillaient pour lui. Les deux représentaient un trop grand risque, alors il ne s'en préoccupait pas.

Puis Janice lui a parlé de Miranda et n'a cessé de lui en parler, jusqu'à ce qu'il finisse par céder. Il craignait qu'elle soit une dawg, mais ce n'était pas du tout le cas. Il se méfiait aussi des femmes intéressées par l'argent, car l'année dernière, il avait gagné plus de six chiffres.

Enfin, ils arrivèrent au restaurant et il se mit à pleuvoir. Lance déposa Miranda à la porte pour qu'elle ne se mouille pas et gara sa voiture. Il ne laissait personne d'autre conduire sa voiture, surtout pas les gardiens de parking.

Il la vit sur le perron, en train de fumer.

Miranda a essayé de prendre quelques bouffées, pour faire durer le plaisir, alors qu'il s'approchait d'elle. Elle a écrasé sa cigarette et ils sont entrés.

Les autres invités étaient déjà arrivés : Janice et son mari Frank (ils étaient jeunes mariés et c'est pour ça que Janice voulait que tout le monde goûte au bonheur conjugal), Sandy et Harrison (Miranda les avait rencontrés une fois à une fête de Noël, Lance les connaissait très bien), et Diane et Larry, un couple de son travail. Quand Miranda et Lance s'approchèrent de la table, les autres se levèrent tous et accueillirent chaleureusement les nouveaux arrivants.

Lance tira la chaise pour Miranda et attendit que toutes les femmes soient assises avant de s'asseoir lui-même. Ce n'était pas le cas des maris.

« Deux bouteilles de Dom Pérignon », dit Lance au serveur.

Miranda savait à quel point le Dom Pérignon était cher. En fait, elle n'y avait jamais goûté auparavant. Une fois les verres remplis, on porta un toast.

« À Lance et Miranda, que ce soit le premier d'une longue série de rendez-vous ! », dit Janice.

Miranda rougit. Lance aussi. Ils trinquèrent tous ensemble.

Miranda et Lance ne voyaient pas ce que les autres voyaient. Ils étaient faits l'un pour l'autre. Ils formaient un contraste : Lance avec ses yeux bleu foncé et ses cheveux blonds, Miranda avec ses yeux vert foncé et ses cheveux roux. En même temps, leurs costumes sombres se mettaient mutuellement en valeur. C'était un couple parfait – si seulement ils pouvaient les convaincre tous les deux que c'était le cas.

La conversation était excellente. La compagnie était de grande qualité. Miranda passait un moment formidable. Elle buvait du champagne et riait. Elle était attirée par Lance. Il était très réservé et calme, mais il était cultivé et possédait une vaste culture générale. Chaque fois que quelqu'un ne savait pas quelque chose, Lance le savait. S'ils ne se souvenaient pas d'un fait, Lance s'en souvenait. C'était un vrai touche-à-tout. Miranda pensait qu'il pourrait faire fortune à Jeopardy!

Lance passait un moment incroyable. Il voulait que Miranda participe davantage. Pour l'instant, elle semblait rester assise à tout absorber. Il se demandait si elle était timide. Il pensa que ça pourrait aider d'aborder un sujet qu'elle connaissait et que personne d'autre ne connaissait. Il essaya de se souvenir de ce que sa sœur lui avait dit à son sujet. Il se souvenait qu'elle avait parlé de l'Australie. Il était fasciné par l'Outback. Il décida de lui poser des questions à ce sujet.

«J'ai cru comprendre que tu étais allée en Australie l'année dernière. Qu'est-ce que tu as pensé des Australiens?»

Lance vit un nuage passer sur le visage de Miranda. Il ne savait pas ce qu'il avait dit pour la contrarier, mais il savait qu'il avait dit quelque chose de mal. Miranda s'excusa et sortit en courant de la pièce.

« Qu'est-ce qui se passe ? » dit Lance. Il courut à sa poursuite.

Miranda se tenait sous la pluie. Des larmes coulaient sur ses joues. Elle tremblait.

Il ôta sa veste et la lui passa autour des épaules. Il la serra contre lui. Il ne savait pas pourquoi, mais il savait qu'elle était perdue quelque part et tout ce qu'il voulait, c'était la protéger de ce qui lui causait de la peine. Miranda s'accrocha à lui, comme s'il était une bouée de sauvetage.

« Je te ramène chez toi. »

Le trajet fut long, avec pour seul bruit celui des essuie-glaces qui balayaient le pare-brise.

« J'ai été ravi de te rencontrer », dit Lance alors que Miranda sortait de la voiture. Il crut l'entendre dire « merci », mais il n'en était pas sûr.

Il retourna au restaurant.

« J'ai raccompagné Miranda chez elle. Je ne comprends pas. Pourquoi s'est-elle enfuie ? »

« Tu l'as bouleversée, espèce d'imbécile, quand tu as parlé des garçons en Australie », dit Janice.

« Comment ça ? »

« Tu te souviens que je t'avais parlé d'une amie qui était partie en Australie, qui avait rencontré un garçon, qui était tombée amoureuse, et que ce garçon avait été tué par un chauffard qui avait pris la fuite ? »

« Oui, et alors ? »

« Cette fille, c'était Miranda.

« Oh, je suis vraiment désolé. Je me sens tellement idiot, alors que j'essayais juste de l'inclure dans la conversation. Je l'aime vraiment bien.

« Ne nous le dis pas à nous, dis-le-lui », dit Janice.

Je veux la revoir, mais elle pense sûrement que je suis un crétin insensible. Il doit y avoir un moyen. S'il y en a un, je vais le trouver.

CHAPITRE 18

Miranda se servit un verre de scotch pur et l'avala d'un trait. Une fois la sensation de brûlure dans la gorge passée, elle sentit une vague d'apaisement l'envahir. Elle se servit un autre double et y ajouta cette fois un peu de glace. En se dirigeant vers la salle de bains, elle but une gorgée tout en retirant ses vêtements mouillés avant de sauter sous la douche.

L'eau lui fit du bien quand elle toucha sa peau. Elle ouvrit le robinet à fond, réglant l'eau aussi chaude qu'elle pouvait le supporter. Ça lui rappela la douche qu'elle avait prise après le viol. Elle resta là pendant trente minutes, sanglotant, pleurant et hurlant, espérant que ce vide s'en aille.

Personne ne l'avait prise dans ses bras depuis Ben. Personne ne lui parlait de lui. Soudain, il était tout ce à quoi elle pouvait penser. Elle l'appela. Elle savait qu'il ne serait jamais là pour elle. Elle avait besoin de quelqu'un dans sa vie. Elle ne pouvait pas continuer comme ça, comme une mariée veuve alors qu'elle n'avait jamais eu de mariage ni de lune de miel. Ne méritait-elle pas un peu de bonheur dans sa vie ?

Elle pensa à Lance. Elle s'était comportée comme une vraie idiote.

C'était le champagne. Ce maudit champagne !

Elle attrapa le verre de scotch. Il ruisselait de condensation. Elle le vida d'un trait et laissa l'eau chaude couler, si bien que la salle de bain ressemblait à un hammam. Elle sortit de la douche et s'enveloppa d'une serviette. Elle s'assit sur le siège des toilettes, la tête entre les mains, et pleura encore un peu. Elle était contente que ses parents ne soient pas à la maison pour l'entendre pleurer comme ça. Elle adorait son travail, mais ça ne suffisait pas. Elle en voulait plus. Sa vie semblait flotter au gré du courant, sans la mener nulle part. Elle avait tant à donner, mais elle ne savait pas comment l'obtenir, comment le demander.

Lance était extrêmement gentil avec elle. Elle aimait être dans ses bras et sentir sa poitrine se soulever et s'abaisser tandis qu'elle sanglotait contre lui. Elle avait honte d'elle-même et pensait qu'il était probablement bien débarrassé d'elle.

Il était jeune, il était plutôt beau, et il était très intelligent. En plus, il avait une BMW flambant neuve. Certaines filles tueraient pour un mec comme ça. Miranda pensait autrefois que les premières impressions comptaient pour tout. Maintenant, elle réalisait qu'elles ne signifiaient rien.

Lance n'était pas ringard, il était gentil. Il ressemblait un peu à Ben.

Elle se redressa. Elle s'approcha du miroir et se regarda.

Ben aimerait bien Lance. Lance aimerait bien Ben.

En regardant son reflet, elle prit deux décisions qui allaient changer sa vie. La première décision était d'arrêter de fumer d'un seul coup. La deuxième décision était de s'inscrire à la salle de sport, tout de suite. La troisième décision était de demander à Janice le numéro de téléphone de Lance.

CHAPITRE 19

Tout semblait bien se passer chez Cheryl. Tout le monde mettait la main à la pâte et faisait sa part, à tel point que Cheryl a décidé de faire quelque chose de spécial pour Craig et Evelyn.

Elle avait mis de l'argent de côté et mijoté un plan. C'était un grand secret, car elle avait prévu un long week-end pour eux trois. Elle a réservé des billets pour Parc difyrrwch, en Floride. Elle était tellement excitée par ce projet qu'elle avait du mal à se retenir de leur en parler, mais elle a attendu le jeudi avant le long week-end et a crié SYRPRIS ! en leur tendant leurs billets à chacun.

Craig était ravi, mais il devait être titulaire lors d'un match de baseball le samedi, il a donc dû négocier avec l'entraîneur pour être dispensé de jouer. Finalement, son entraîneur s'est montré compréhensif en disant : « Combien de fois auras-tu l'occasion de partir en voyage tous frais payés comme ça ? Vas-y, amuse-toi bien. On tiendra le fort. De toute façon, on ne joue que contre Northwestern. Pas de problème ! »

Evelyn avait un rendez-vous, mais elle a pu l'annuler et le reporter au vendredi suivant.

L'excitation était à son comble chez eux, alors qu'ils faisaient tous leurs valises et se préparaient à partir pour l'aéroport. Cheryl a demandé à Miranda de passer chez elle pour s'assurer que les plantes et les poissons étaient bien pris en charge. Miranda a demandé si elle pouvait garder la maison. Toutes deux ont trouvé que c'était la solution idéale.

Cheryl était ravie que Miranda reste chez elle pour garder la maison. Maintenant, elle n'aurait plus aucun souci. Elle savait que Miranda venait d'arrêter de fumer et elle espérait que le fait d'être seule à la maison ne serait pas une trop grande tentation.

Avant de partir, elle a serré Miranda dans ses bras et lui a dit : « Oh, tu sais bien qu'il est interdit de fumer chez nous. »

« Je sais, je sais maman. »

Miranda n'avait plus touché à une cigarette depuis près d'une semaine et elle avait bien l'intention de continuer comme ça. Bien sûr, elle s'était découvert une nouvelle passion : le CHOCOLAT, et elle en aurait plein sous la main. Surtout ces cigarettes enrobées de chocolat.

Le vol en lui-même était court, mais une grande première pour Craig et Evelyn, qui n'avaient jamais pris l'avion auparavant.

« Maman aurait adoré Parc difyrrwch », dit Craig.

« Oui, c'est génial, Cheryl, mais en même temps, je me sens un peu coupable qu'on s'amuse. Ça ne fait pas très longtemps. »

« Maman n'aurait pas voulu ça. Elle est là avec nous, tout comme papa – alors profitons à fond de la vie. C'est ce qu'ils auraient voulu qu'on fasse ! »

Ils descendirent de l'avion et se dirigèrent directement vers location de voiture où ils louèrent une grosse Ford. Ils n'avaient pas emporté grand-chose de plus que des bagages à main, puisqu'ils ne restaient en Floride que pour le week-end. Voyager léger était une chose que Cheryl avait apprise lors de son voyage en Australie. Tout ce dont ils auraient besoin, elle l'achèterait.

Ils traversèrent Tampa en voiture, admirant le paysage, et firent même un arrêt pour jeter un œil à la plage. C'était une journée fraîche, le vent soufflait fort, et ils frissonnaient tous en regardant les vagues. Ils sont remontés dans la voiture, puis ont pris la route pour Orlando, où ils sont arrivés tard dans la soirée.

Ils mouraient tous de faim, alors ils ont commandé le service en chambre et ont décidé de se coucher tôt. Ils seraient bien reposés pour leur grande journée de demain, quand ils partiraient pour Parc difyrrwch. L'hôtel Hilton proposait un immense buffet pour le petit-déjeuner, qu'ils pouvaient prendre avant de monter dans la navette qui les emmènerait directement à Parc difyrrwch. C'était encore mieux, car ils n'auraient pas à se soucier du stationnement. Craig et Evelyn se sont endormis aussitôt.

Cheryl a passé la nuit à regarder par la fenêtre en pensant à ses parents. Elle se sentait coupable aussi, de s'amuser sans eux – mais il était hors de question qu'elle le laisse savoir à son frère et à sa sœur.

CHAPITRE 20

M iranda a reçu une invitation inattendue de Lance. Il voulait repartir à zéro, avoir leur premier rendez-vous. Miranda était tellement contente quand il a appelé, car elle pensait justement à l'appeler elle-même.

Cette fois-ci, quand elle a ouvert la porte d'entrée, elle est restée bouche bée. Sans ses lunettes, Lance était beau – un peu comme Ryan O'Neil dans Quoi de neuf, Doc ?

« Waouh Lance, j'aime bien tes lentilles. »

« Merci Miranda. Et avant de partir, je veux juste te dire à quel point je suis désolé d'avoir mis les pieds dans le plat.»

«Quand ça ? Je ne crois pas qu'on se soit déjà rencontrés. Tu te souviens, c'est notre premier rendez-vous ? Alors, comment ça va, Lance?»

Ils ont ri en marchant vers la voiture.

La conversation téléphonique entre Miranda et Lance a duré bien plus d'une heure. Ils avaient plus en commun qu'ils ne le pensaient. Ils aimaient tous les deux la poésie et la littérature. Ils avaient apprécié certains des mêmes livres. Ils adoraient les vieux films. Ils jouaient tous les deux au tennis – même si Miranda n'avait pas touché une raquette depuis des années. Lance l'invita à se joindre à certains de ses collègues qui jouaient tous les week-ends.

« Tu es ravissante », dit Lance. « Je voulais te le dire tout à l'heure, mais tu m'as déconcentré quand tu as parlé des lentilles.»

« Merci, monsieur », répondit Miranda.

Il remarqua son parfum pour la première fois lorsqu'il ferma la portière de la voiture. Avant, il ne sentait que la cigarette, et ça l'avait presque fait tomber à la renverse. À présent, il n'en percevait plus la moindre trace.

«J'ai arrêté de fumer», avoua Miranda. «J'ai arrêté d'un coup et ça fait presque trois semaines que je ne fume plus.»

« Félicitations ! »

Lance était fier qu'elle ait pris cette initiative et le lui fit savoir. Il trouvait qu'il y avait quelque chose de différent, peut-être avait-elle pris quelques kilos, mais il ne voulait pas le dire. Elle avait l'air en excellente forme. Miranda était le genre de fille qui pouvait facilement se permettre quelques kilos en plus. En fait, ça la rendait plus pulpeuse et plus sexy. Surtout aux yeux de Lance, car il n'était pas du tout attiré par les mannequins maigrichonnes et anorexiques que les médias essaient de refiler aux hommes tous les jours. Les filles de son bureau avaient mordu à l'hameçon et se ressemblaient toutes. Certaines ressemblaient à des allumettes ambulantes avec d'énormes seins au-dessus, et il se demandait souvent comment elles arrivaient à tenir debout. Lance éclata de rire.

« Un sou pour savoir à quoi tu penses. »

Lance ne disait pas ce qu'il pensait. Il ne la connaissait pas assez bien. Pas encore.

Ils arrivèrent au cinéma, passèrent en revue les films à l'affiche et décidèrent de voir une comédie, le dernier film de Woody Allen, *Anything Else*. Ils avaient tous deux apprécié ses films précédents et étaient d'humeur pour son genre d'humour. Les deux heures passèrent à toute vitesse ; ils savourèrent chaque minute du film, puis descendirent la rue pour manger une pizza et boire un verre de vin.

Ils discutaient en marchant, et la conversation semblait ne jamais vouloir s'arrêter ce soir-là. La gêne avait disparu. Le fait de se parler au téléphone semblait avoir atténué ce sentiment de nouveauté, et leur relation avait franchi une nouvelle étape.

Lance n'avait pas beaucoup d'amis ; il n'avait jamais vraiment été proche de qui que ce soit en grandissant. Il avait eu un meilleur ami autrefois, mais celui-ci avait déménagé et ils avaient perdu contact ; sinon, il était plutôt solitaire. Sa sœur Janice essayait toujours de lui trouver quelqu'un, de le faire sortir, de le présenter à ses amies, et souvent, il trouvait ça très bien, mais cette fois-ci, il sentait qu'avoir une amie comme Miranda était exactement ce dont il avait besoin. Au fond de lui, il savait qu'il voulait plus qu'une amie, une confidente, une amante, une femme, mais avant tout, il voulait qu'ils soient amis, et ils l'étaient déjà.

Miranda parlait sans arrêt de ce que ça faisait de vivre à nouveau chez ses parents, et Lance se contentait de la regarder. Elle parlait avec tant d'entrain qu'il ne pouvait pas la quitter des yeux. Il a acheté une bouteille de vin, l'a fait goûter au serveur, puis ils ont trinqué à leur soirée, disant tous les deux qu'ils avaient passé un moment merveilleux et qu'ils devaient se revoir très bientôt. Ils se donnèrent rendez-vous pour le vendredi suivant et décidèrent de se retrouver samedi matin pour une partie de tennis. Lance dit qu'il trouverait deux autres personnes pour jouer avec eux et ne semblait pas s'en soucier que Miranda n'ait pas touché une raquette depuis un moment. Il était content qu'elle en ait une à elle. C'était bon signe qu'elle ait envie de jouer, mais qu'elle n'ait simplement personne avec qui le faire. Ils devaient jouer tôt le matin, à 7 h, car Lance avait une journée portes ouvertes en milieu de matinée.

Ils ne se sont pas embrassés en se quittant.

« À vendredi », a dit Lance, « je t'appellerai pour te donner les détails. »

« J'ai hâte, à bientôt ! »

CHAPITRE 21

Terri s'est réveillée et a regardé autour d'elle dans sa chambre. Elle se sentait tellement heureuse ces deux dernières semaines et elle n'arrivait pas à croire qu'elle rentrerait chez elle ce week-end. Dans deux jours à peine, le voyage de Terri serait terminé, et elle devrait rentrer seule.

Amadeo a proposé qu'ils s'enfuient pour se marier, mais Terri n'avait qu'un visa de voyage. Amadeo n'était pas citoyen italien, donc s'enfuir pour se marier ne résoudrait pas leur problème. Ils devraient quand même être séparés.

Terri pleura en pensant à leur séparation, et Amadeo l'entendit sangloter en passant devant sa porte.

« Ça va, mon amour ? »

Terri pleura encore plus fort. Il entra dans sa chambre et la réconforta.

Ils voulaient s'appartenir l'un à l'autre, et pourtant cela semblait impossible.

CHAPITRE 22

Cheryl, Craig et Evelyn se sont jetés sur le copieux buffet du petit-déjeuner, goûtant un peu à tout ce qui leur était proposé. Ils ont mangé des pancakes au sirop d'érable chaud, du bacon, des œufs, des céréales, du pain perdu, du café, du jus d'orange et des toasts, et au moment où ils ont terminé leur deuxième tour au buffet, ils étaient tous prêts à partir pour Parc difyrrwch.

Ils sont arrivés juste à temps pour le bus de 10 h, ont montré leurs pass journaliers et le voyage a commencé. Le trajet fut court ; heureusement, car Craig et Evelyn pouvaient à peine contenir leur excitation. Très vite, ils se sont joints à la file d'attente pour l'ouverture du parc et l'accès aux portes d'entrée. Ils ne voyaient pas grand-chose au-delà de l'entrée et le suspense les rendait fous, mais ils ne tardèrent pas à se retrouver en tête de la file et à se promener tranquillement dans le parc.

Ils ont décidé de faire le tour pour digérer leur petit-déjeuner tout en repérant les manèges sur lesquels ils voulaient monter en premier. Il y avait des files d'attente. Vu tout ce qu'ils avaient mangé, l'attente la plus longue serait le meilleur choix.

Mickey et Minnie Mouse sont passés par là, et ils ont pris des photos avec eux. Mickey a flirté sans relâche avec Evelyn, jusqu'à ce que Minnie le chasse. Même les souris trouvaient Evelyn magnifique.

À 21 h, ils avaient fait tous les manèges, vu toutes les expositions et ils avaient mal aux pieds.

« Je ne peux plus faire un pas », a dit Craig. « Je dormirai sur un banc du parc si j'en trouve un. »

« Le prochain bus n'est qu'à 22 h », a dit Cheryl.

« Regarde, le feu d'artifice commence ! Asseyons-nous ici et regardons-les. Ça nous fera passer le temps », a suggéré Evelyn.

« Bonne idée », ont dit Cheryl et Craig.

Ils ont poussé des « ooh » et des « aah » tandis que les feux d'artifice illuminaient le ciel.

« La fin parfaite pour une journée parfaite », a dit Cheryl en serrant Evelyn dans son bras gauche et Craig dans son bras droit, alors qu'ils regardaient tous les feux d'artifice s'élever, au-dessus et autour du château de Cendrillon.

Demain, ils iraient à parc adloniant, et ce serait une autre journée épuisante, mais cela les rapprochait tous les trois plus que jamais. Cheryl adorait voir son frère et sa sœur si heureux. Ils n'avaient pas autant ri depuis des lustres.

Enfin, le bus arriva. Quand ils rentrèrent à l'hôtel, ils étaient tellement épuisés qu'ils s'endormirent aussitôt – tout habillés.

CHAPITRE 23

L e samedi matin arriva bien vite. C'était le jour où Terri devait quitter Rome.

Elle jeta un œil à l'horloge ; il était 8 heures du matin et elle savait qu'elle devait être à l'aéroport dans un peu moins de deux heures. Elle n'avait aucune envie de sortir du lit. Elle se couvrit la tête avec les couvertures, en espérant que cette journée disparaisse tout simplement. Elle espérait pouvoir remonter le temps, mais c'était peine perdue. Quand elle jeta un coup d'œil par-dessus la couverture, les aiguilles avaient avancé de quelques instants et elle entendit les pas d'Amadeo dans le couloir.

« Réveille-toi, ma chérie », dit-il. « Il va falloir se dépêcher pour arriver à temps pour ton vol. »

Terri n'était pas du tout amusée par la voix joyeuse d'Amadeo. Elle s'attendait à ce qu'il se sente comme elle, à ce qu'il ait l'impression que son cœur allait lui être arraché quand ils se sépareraient, mais visiblement, ce n'était pas le cas. Elle posa les pieds par terre et se dirigea vers la salle de bain.

Amadeo était déjà sous la douche, alors elle alla dans la cuisine, se servit une tasse de café bien chaud, noir et sans sucre, et la vida d'un trait. Elle aimait cette sensation de brûlure quand le café descendait dans sa gorge. Ça lui rappelait qu'elle était bien vivante. Elle vida une deuxième tasse, mais cette fois-ci, elle y ajouta deux cuillères bien pleines de sucre. Elle sentait qu'elle en avait besoin pour tenir le coup toute la journée. Pourtant, elle se dit qu'il ne serait peut-être pas si difficile pour Amadeo de la voir franchir ces portes, et cela la rendit assez en colère et déçue.

Terri savait qu'Amadeo avait sa propre vie à Rome, une vie qui avait commencé bien avant qu'elle n'entre en scène. Amadeo aimait sa vie, et il aimait Rome. Elle se demandait ce qu'il aimait le plus. Elle se serra dans ses bras, se servit un bol de céréales et s'assit en les croquant.

Réfléchis, réfléchis ! Je ne veux pas le quitter. Mais que puis-je faire ?

Terri avait toujours trouvé que croquer aidait à réfléchir, mais aucune réponse ne venait. Seulement des doutes. Elle se demandait si leur décision commune d'attendre jusqu'au mariage était une mauvaise idée de sa part. Après tout, il n'était pas vierge. Peut-être était-ce difficile d'attendre. Et s'il ressentait le besoin de s'égarer ? Elle songea à réessayer, à le faire changer d'avis, mais il semblait plus déterminé qu'elle à ce qu'elle reste vierge jusqu'à leur nuit de noces.

Terri réalisa qu'Amadeo chantait sous la douche. Elle rit en écoutant son fiancé faire son imitation quotidienne de

Luciano Pavarotti. Elle se servit une autre tasse de café et l'emporta dans sa chambre où elle finit ses valises.

Amadeo espérait que Terri l'entendait chanter sous la douche. Il voulait faire croire à Terri que cette journée était comme toutes les autres. Mais ce n'était pas le cas. Pas du tout. Il voulait le lui dire. Il savait qu'elle serait bouleversée quand ils se sépareraient, mais elle s'en remettrait.

Amadeo adorait planifier les choses, et il était incroyablement doué pour garder des secrets. Ça faisait des jours qu'il préparait son coup et qu'il rêvait de surprendre Terri. Et aujourd'hui, elle allait avoir la surprise de sa vie ! Amadeo devait faire attention à ne rien laisser paraître. Il espérait qu'elle ne trouverait pas qu'il avait l'air trop joyeux, mais en réalité, il se sentait extrêmement heureux. Plus heureux qu'il ne l'avait jamais été de toute sa vie.

Terri jeta un dernier coup d'œil à l'appartement d'Amadeo tandis qu'il portait ses valises jusqu'à la porte et qu'ils se préparaient à partir. Amadeo jeta les valises à l'arrière de sa voiture, et ils partirent.

Terri regarda par la fenêtre, essayant de tout enregistrer, de mémoriser chaque petit détail de ce qu'elle voyait. Elle eut soudain l'impression d'être conduite au bout du monde. Des larmes coulaient sur ses joues tandis qu'elle ravalait ses sanglots.

« Terri, tout va bien se passer. Fais-moi confiance. »

« Tout va bien ? Tout va bien ? Comment tout pourrait-il aller bien alors que dans quelques minutes à peine, on va être séparés, et qu'on n'a aucune idée de quand on se reverra ? »

Amadeo ne dit rien. S'il se mettait à parler, il dévoilerait tout et ça gâcherait la surprise de Terri. Il fallait absolument qu'elle reste dans l'ignorance pour l'instant. Attends encore quelques minutes, mon amour, pensa Amadeo, et tout te sera révélé.

À l'aéroport, Amadeo chercha une place de parking. Il n'en trouva pas.

« Je ferais mieux de te déposer ici, tu dois t'enregistrer et tout ça. »

« Mais si tu ne me retrouves pas ? »

« Que je ne te retrouve pas. Bien sûr que je te retrouverai. Fais-moi confiance. »

Terri claqua la portière. Elle n'était pas contente et ça lui faisait du bien de laisser éclater un peu de la colère qu'elle ressentait. Elle regarda l'Alfa Romeo jusqu'à ce qu'elle tourne au coin de la rue, puis elle prit ses bagages et entra dans le terminal.

Je vais l'attendre ici, quelques minutes. On a encore le temps.

« Dernier appel d'embarquement pour le vol 222 à destination de Toronto. »

On ne s'est même pas dit au revoir.

Elle enregistra ses bagages et passa les portiques de sécurité. Les hôtesses l'accompagnèrent jusqu'à l'embarquement, et elle chercha son numéro de siège dans l'espoir d'apercevoir Amadeo une dernière fois alors que l'avion décollait.

Peut-être, juste peut-être qu'Amadeo ne ressent pas la même chose que moi. Et s'il était content de me voir partir ? Il n'avait pas l'air très bouleversé ce matin. Mais bon, les garçons peuvent cacher leurs sentiments plus facilement que nous, les filles... Mais pas Amadeo, il a toujours été si ouvert avec moi. C'est pour ça que je l'aime tant.

Quelques instants plus tard, Amadeo est monté dans l'avion. Terri s'est précipitée vers lui.

« Je croyais qu'on n'allait pas pouvoir se dire au revoir.»

« Ce n'est pas un au revoir. »

« Excuse-moi, mademoiselle, on dirait que tu t'es assise au mauvais siège. Ton siège est là-haut », dit l'hôtesse de l'air.

« Mais je dois dire au revoir à mon fiancé. »

« Désolée, on décolle dans quelques minutes, et tout le monde doit s'asseoir immédiatement. »

« D'accord, d'accord », dit Terri. « Attends-moi Amadeo, je reviens dans quelques minutes. »

« J'ai bien peur que ce ne soit pas possible, mademoiselle. On ferme les portes maintenant, prends tes bagages, s'il te plaît.»

Terri sanglotait en avançant dans l'allée. Les passagers lui demandaient si elle allait bien. Ils la fixaient du regard. Elle avait envie de se recroqueviller et de mourir. Quand elle revint en première classe, Amadeo était parti.

« Ça ne te dérange pas de t'asseoir à côté de ce monsieur, n'est-ce pas ? » demanda l'hôtesse.

« Amadeo ! » Elle se jeta à son cou, le serra dans ses bras, l'embrassa, puis soudain, elle comprit ce qu'il venait de lui faire subir. « Espèce de salaud ! Tu t'es moqué de moi toute la journée ! »

« Désolé, ma chérie, crois-moi, je voulais te le dire tout à l'heure, mais j'avais tout organisé. Tant de gens étaient dans le coup pour cette petite surprise que tu m'avais préparée. J'espère que ça en valait la peine. »

« Ça en valait la peine, mais tu me dois une fière chandelle ! Alors, dis-moi, combien de temps vas-tu rester à Toronto ? »

« Pour toujours. Je vais y travailler. J'ai vendu mon appartement, ma voiture. »

« Tu as vendu ton Alfa Romeo ? »

« Oui, mon ami est venu la chercher à l'aéroport. Il l'avait dans le collimateur depuis un bon moment et n'avait pas les moyens d'en acheter une neuve. Je lui ai fait un bon prix. »

« Mais tu adorais cette voiture. »

« Je peux m'acheter une autre voiture, mais je ne trouverai jamais une autre Terri. »

Ils se blottirent l'un contre l'autre et burent du champagne. C'était la première des nombreuses surprises qu'Amadeo avait réservées à sa fiancée.

CHAPITRE 24

Cheryl, Craig et Evelyn se sont vraiment éclatés à parc adloniant. Au début, ils hésitaient à y aller, car ils pensaient que rien ne pourrait rivaliser avec leur aventure de la veille à , parciau adloniant avait beaucoup à offrir.

Dimanche, ils ont décidé de faire un peu de shopping dans les célèbres magasins d'usine . Evelyn s'est déniché deux paires de jeans Ralph Lauren pour moins de 50 $. Craig a réussi à se trouver une paire de chaussures de cross-training Nike qu'il voulait acheter depuis des lustres mais qu'il ne pouvait tout simplement pas s'offrir. Cheryl s'est offert un joli tailleur deux pièces et une paire de chaussures pour aller avec. Elle a défilé dans sa nouvelle tenue devant ses frères et sœurs qui ont applaudi et sifflé, au grand embarras de Cheryl. Elle a pris tout ça avec philosophie et a même fait quelques pirouettes sur le tapis.

Ils ont fait leurs adieux à Orlando et sont rentrés en voiture à Tampa pour prendre leur vol de retour. Ils étaient tous tellement détendus. Quel week-end fantastique.

Néanmoins, Craig et Evelyn avaient très hâte de rentrer chez eux et de raconter à leurs amis leur super sœur et leur fabuleux week-end. Evelyn a été la première à rentrer à la maison et la première à décrocher le téléphone. Son copain Mike avait laissé cinq messages sur le répondeur pendant son absence.

« Ah, l'amour des jeunes », a dit Cheryl en tapotant la tête de sa sœur.

« Tu devrais vraiment essayer un jour, ma sœur. »

« Petite maligne ! »

Si seulement Evelyn savait à quel point Cheryl avait envie d'essayer. Sa petite sœur avait des garçons qui se bousculaient à sa porte. Miranda avait son nouvel ami Lance. Cheryl a ri quand elle a prononcé le mot « ami ». Elle savait qu'il y avait plus entre eux que ce qu'ils voulaient bien l'admettre. Et puis il y avait Amadeo et Terri, qui étaient follement amoureux.

Terri rentre ce soir. J'ai hâte d'entendre tout ce qu'il y a à savoir sur Rome et Amadeo. Ça fait un bail qu'on n'a pas fait de soirée entre filles.

Cheryl décida d'essayer de nouvelles choses, pour pimenter sa vie. Elle était autrefois une excellente peintre au lycée. C'était un talent qu'elle voulait exploiter professionnellement, mais cela lui avait semblé inutile après la mort de son père. Il était son plus grand soutien.

C'est ce que je vais faire. Je vais m'inscrire à un cours de peinture. Je vais devoir ressortir mon chevalet et mes pinceaux. J'ai besoin de me redécouvrir. De redécouvrir les choses qui, autrefois, me reliaient profondément à mon moi intérieur.

CHAPITRE 25

Miranda était en route pour le bureau, pressée comme d'habitude, en espérant ne pas être en retard. Elle faisait de l'exercice tous les matins avant le travail dans la salle de sport de l'entreprise, mais ce matin-là, elle avait une réunion tôt et elle n'était pas sûre d'avoir le temps.

Quand elle avait commencé à faire de l'exercice, elle était essoufflée pour le reste de la journée. Maintenant, elle avait trouvé son rythme, et tout le monde remarquait et la complimentait sur son nouveau look.

« Miranda », demanda M. Mandelbaum, « je t'ai fait venir ce matin pour m'aider à résoudre un problème qui me préoccupe beaucoup. »

« Comment puis-je t'aider ? »

« Quand tu as arrêté de fumer d'un seul coup, tes collègues ont admiré ta détermination, et tu les as inspirés. J'aimerais te confier un rôle où tu pourrais aider d'autres membres du personnel à faire de même. Tu penses que tu pourrais t'en charger ? »

« Je ne comprends pas très bien comment je pourrais les aider s'ils ne veulent pas être aidés. »

« Je vais te faciliter la tâche. J'organiserai des séminaires, une fois par semaine pendant le déjeuner. Tu pourras leur parler, les encourager, leur expliquer comment surmonter les envies de fumer, comment tu y es parvenu. Je les rémunérerai pour leur participation aux séminaires – pas sous forme d'argent – mais j'offrirai un déjeuner gratuit à tous les participants. Et, pour tous ceux qui arrêteront de fumer et tiendront bon pendant 30 jours, je leur donnerai une prime de 100 $ en espèces. »

« C'est très généreux de ta part, M. Mandelbaum. Je ne sais pas quel genre d'orateur je serais, par contre. Je n'étais pas doué pour parler en public à l'école. »

« Je suis prêt à te payer. »

« Tu me paies déjà, je suis ravi de t'aider. »

« Alors, mettons en place un système de prime pour toi aussi. Pour chaque collègue qui arrête de fumer et qui reste sans fumer pendant 30 jours, tu recevras 25 $. Comme on a plus d'une centaine de fumeurs ici, tu pourrais facilement gagner 2 500 $. Est-ce que c'est une motivation suffisante pour t'encourager à essayer ? »

« Je ne peux pas dire non. Je ferai de mon mieux. »

En refermant la porte derrière elle, Miranda n'en croyait pas ses yeux devant l'opportunité qui s'offrait à elle.

Deux semaines plus tard, Miranda animait son premier séminaire. Elle était nerveuse au début, mais s'est vite rendu compte qu'elle adorait ça. Et en plus : elle était douée. En quelques jours, des collègues ont arrêté de fumer. Les paroles passionnées de Miranda ont fait toute la différence.

« Miranda, je t'ai convoquée ici aujourd'hui pour une nouvelle réunion afin de discuter de tes séminaires. Tu m'as vraiment impressionné. J'aimerais te remettre ce chèque de 250,00 $. »

« Merci, M. Mandelbaum, je suis tellement heureuse d'avoir pu faire la différence. Et j'adore ça. »

« Je pense qu'on a sous-estimé tes capacités, Miranda. Je veux te proposer d'aller plus loin au sein de cette entreprise. En fait, je pense que tu serais parfaite dans notre service des relations publiques.

« Vraiment ? Qu'est-ce que tu avais en tête ? »

« Tout d'abord, il faut que tu aies les qualifications requises. Voici les brochures et tu pourras suivre des cours deux fois par semaine, pendant les heures de travail, et deux soirs par semaine. Si ça t'intéresse, bien sûr. »

« J'ai bien peur de ne pas avoir les moyens de reprendre mes études, M. Mandelbaum. Mais merci d'avoir pensé à moi », dit Miranda en se levant et en se tournant vers la porte.

« Mlle Evans, je veux t'aider à réussir. J'ai l'intention de t'embaucher au 7e étage quand tu auras obtenu ton diplôme, donc je prendrai tout en charge. Nous mettons ton talent au service de cette entreprise. »

« Je suis sans voix, M. Mandelbaum. Un simple merci ne suffit pas. »

« Un merci suffit pour l'instant. Quand tu seras au 7e étage, en train de mener cette entreprise vers un avenir plus lucratif, alors ce sera plus qu'un simple merci. »

Quand Miranda quitta le bureau de M. Mandelbaum, elle avait la tête qui tournait. Elle avait hâte de raconter la nouvelle à Lance.

CHAPITRE 26

L ance était aux anges quand Miranda lui en a parlé. Il avait remarqué qu'elle avait changé ces deux derniers mois. Elle était devenue plus sûre d'elle, plus détendue, plus confiante. Il pensait à elle jour et nuit.

Miranda se sentait à l'aise avec Lance, comme avec Terri et Cheryl. Leur amitié s'était développée depuis quelques mois et reposait sur des bases solides. Parfois, elle pensait à lui comme s'il était plus qu'un ami. Dans ces moments-là, elle le voulait rien que pour elle. Elle lui racontait tout et savait qu'il ne voyait personne d'autre.

Lance racontait tout à Miranda. Il n'avait aucune envie d'être avec une autre femme. Il voulait lui avouer ses sentiments, mais il avait peur. Elle avait traversé tant d'épreuves avec le viol, avec Ben, et il ne voulait pas la décevoir en lui disant ce qu'il ressentait. Il ne voulait pas la décevoir.

À cause du passé, Lance laissait Miranda mener la danse. Il ne la pressait pas. Il chérissait chaque instant passé avec elle. Les moments où ses cheveux effleuraient accidentellement sa peau. Les moments où leurs mains se touchaient pendant qu'ils marchaient.

Pourtant, il se demandait parfois si leur amitié ne risquait pas de les empêcher d'avoir une relation physique. Ils pourraient devenir trop familiers, comme un frère et une sœur – alors, leur relation serait vouée à l'échec. Avant que leur relation ne prenne cette direction, Lance décida qu'il prendrait les risques nécessaires. Pour l'instant, il était heureux qu'ils continuent comme ça.

CHAPITRE 27

Miranda s'est rendu compte que Terri rentrait à la maison aujourd'hui. Elle avait hâte de retrouver ses deux amies pour passer une soirée entre filles. Ça faisait bien longtemps qu'elles n'avaient pas fait ça.

« Bonjour, Mme Russo. C'est Miranda. Comment vas-tu?»

« Je vais très bien, merci. » Mme Russo a gloussé.

« Terri rentre aujourd'hui, je pense qu'elle va être vraiment bouleversée. »

Mme Russo a gloussé à nouveau.

« Tu veux que je vienne la chercher à l'aéroport ? » Pourquoi elle n'arrête pas de glousser ?

« Non, non, ça ira. Mais merci beaucoup quand même. Merci. Au revoir. »

Elle raccrocha.

Je me demande si Mme Russo a bu un peu ce matin. C'est bizarre. Je me demande si Cheryl a entendu quelque chose.

« Salut Cheryl, c'est moi. Comment tu vas ? »

« Je vais bien, et toi ? »

« J'allais bien, jusqu'à ce que j'appelle chez Terri. Sa mère agissait bizarrement. Elle gloussait comme une écolière. Tu sais si elle aime bien boire un petit verre le matin ? »

« Mme Russo, qui glousse ? C'est tellement bizarre. Je n'arrive même pas à l'imaginer en train de glousser, et je ne pense pas qu'elle boive beaucoup. Tu crois que Terri va bien ? »

« Elle n'a pas voulu que j'aille la chercher à l'aéroport.»

« Ça fait bien longtemps qu'on n'a pas passé une soirée entre filles. Organisons quelque chose pour remonter le moral de Terri, d'accord ? » dit Cheryl.

« On est sur la même longueur d'onde. Je te tiens au courant. »

« Tiens, j'ai une nouvelle. Tu te souviens que j'adorais peindre autrefois ? »

« Bien sûr », répondit Miranda.

« Eh bien, je suis un cours d'art en ce moment, et j'adore ça ! »

« C'est génial, Cheryl ! Bravo. Moi aussi, je suis des cours, en relations publiques. »

« Ouah, et comment se passent tes séminaires pour arrêter de fumer ? »

« Ça se passe tellement bien, j'ai du mal à y croire. Et tu sais quoi ? J'adore ça ! M. Mandelbaum dit que j'ai un excellent potentiel pour travailler au 7e étage, aux relations publiques. »

« Oh, les relations publiques, tu as l'air tellement branchée. »

« Ouais, mais il va falloir faire gaffe que ça ne me monte pas à la tête ! »

« Et en parlant de ça, comment va Lance ? »

« Comment il s'est retrouvé dans cette conversation ? Il va bien. C'est un bon ami. »

« Y a-t-il autre chose entre vous, à part de l'amitié ? »

Miranda l'a nié catégoriquement. Elle a rappelé à Cheryl qu'elle et Lance étaient tous les deux satisfaits de la situation et qu'aucun d'eux ne voulait rien de plus que de l'amitié.

« Vraiment, je ne vois pas Lance de cette façon-là. »

« Je ferais mieux d'y aller. Tiens-moi au courant si tu as des nouvelles de Terri et je ferai de même. À plus tard. »

« À plus. »

Je trouve qu'elle proteste un peu trop, pensa Cheryl.

CHAPITRE 28

Miranda n'avait pas menti. Elle ne pensait vraiment pas à Lance de cette façon... la plupart du temps. Juste parce qu'elle ne savait pas s'il pensait à elle de cette façon.

Il n'avait jamais essayé de l'embrasser. Ni de lui tenir la main. Il était clair qu'il ne s'intéressait à elle que comme amie.

Lance était heureux. Miranda était heureuse. Que demander de plus ?

CHAPITRE 29

Miranda raccrocha le téléphone. À peine le combiné reposé sur son socle, le téléphone sonna à nouveau.

« T'as oublié quelque chose, c'est ça ? »

La voix à l'autre bout de la ligne s'éclaircit la gorge. C'était une voix d'homme. La voix d'un inconnu.

« Mlle Evans ? Mlle Miranda Evans ? »

« Oui. Qui est à l'appareil, s'il te plaît ? »

« C'est le commissariat, sergent. C'est Jim Miller. Mlle Evans, nous aimerions que tu viennes au poste, si possible tout de suite. »

« De quoi s'agit-il ? »

« Nous avons un homme en garde à vue que nous aimerions que tu identifies lors d'une séance d'identification. Nous pensons que c'est l'homme que tu as décrit. »

« Je serai là dans 30 minutes. Ça te va ? »

« Bien sûr, on est en train d'organiser la séance d'identification, donc n'importe quand après 30 minutes nous convient. À tout à l'heure. Et ne t'inquiète pas. »

Après avoir raccroché, Miranda a appelé Lance. Elle redoutait l'idée de devoir revoir cet homme horrible et aurait préféré ne pas avoir à aller l'identifier.

En même temps, elle voulait qu'il soit arrêté et enfermé pour toujours. Si c'était lui. Si c'était lui, alors elle voulait le voir puni pour ce qu'il lui avait fait. Lance accepta d'accompagner Miranda.

Quand ses parents rentrèrent à la maison, Miranda était assise sur le canapé, son manteau sur les épaules, le regard perdu dans le vide.

« Je dois aller au commissariat. Le sergent Miller vient d'appeler. Ils ont un suspect qui correspond à ma description. »

« Moi, on, ta mère et moi, on veut venir avec toi, pour te soutenir. »

« Lance vient avec moi. Il devrait arriver d'une minute à l'autre. »

Alors que Lance roulait pour aller chercher Miranda, il s'inquiétait de la façon dont cette confrontation allait se dérouler. Miranda avait toujours fait bonne figure. Le voir en face, quel effet cela aurait-il sur elle ? Il se demandait comment il allait bien pouvoir se retenir de lui casser la figure. Lance trouvait que la castration serait trop douce pour ce type.

N'a-t-elle pas assez souffert ? pensa Lance en tapant du poing sur le volant. Il sortit de la voiture et leva les yeux vers le ciel dans l'espoir d'un signe. Il n'en vint aucun.

Lance afficha un sourire en s'approchant d'elle et faillit la serrer dans ses bras. Miranda était calme. Elle affichait un air courageux. Elle jouait avec la poignée de son sac à main, la tournant et la tordant, tout en souhaitant secrètement avoir une cigarette. Juste une cigarette. Pourtant, elle savait qu'il ne pourrait jamais y avoir juste une cigarette.

Lance traitait ce type de tous les noms dans sa tête, se rongeant les sangs alors qu'ils montaient dans sa voiture. Il s'inquiétait : et si c'était lui ? Et si ce n'était pas lui ? Si ce n'était pas lui, elle devrait revivre tout ça. Peut-être même plusieurs fois. Il espérait que ce serait lui. Alors ce chapitre de la vie de Miranda pourrait être clos, terminé.

Ils arrivèrent au commissariat, et Miranda prit la main de Lance. C'était la première fois qu'elle le touchait physiquement, et même si ce n'était ni le moment ni l'endroit pour une histoire d'amour, le cœur de Lance se serra. Sa main était si petite comparée à la sienne.

Le sergent Miller les accueillit à l'accueil et emmena Miranda et Lance à l'écart pour leur expliquer la procédure. Ils allaient observer la séance d'identification derrière une vitre où ils pourraient voir les accusés, mais où ceux-ci ne pourraient pas les voir.

Miranda poussa un soupir de soulagement en entendant ça. Sur le chemin, elle s'était imaginé une scène comme à la télévision. Elle aurait dû marcher le long de la rangée et taper sur l'épaule du coupable. La simple idée de devoir toucher son agresseur lui donnait envie de vomir.

Le sergent Miller leur a dit d'attendre dix minutes, le temps qu'ils fassent entrer les suspects dans la pièce, puis il l'appellerait pour qu'elle regarde la file d'identification et voie si elle reconnaissait quelqu'un. Il lui a rappelé qu'elle devait être sûre que c'était lui. Que ça devait être sans l'ombre d'un doute.

« Une femme qui a été violée n'oublie pas. Jamais. Pas même dans un million d'années. »

Miranda demanda au sergent Miller si Lance pouvait rester dans la pièce avec elle. Le sergent Miller répondit que c'était possible, à condition que Lance n'essaie pas d'interférer avec la procédure. Lance acquiesça sans réserve. Ils s'assirent. Ils attendirent. Miranda chercha à nouveau la main de Lance.

Lance saisit les deux mains de Miranda dans les siennes en disant : « Ça va aller. » Il tendit les bras pour la serrer contre lui. Son corps trembla d'abord, puis se détendit dans ses bras. Le sergent Miller les interrompit pour leur faire savoir que la séance d'identification était prête.

Ils entrèrent dans la pièce, et de l'autre côté de la vitre, il n'y avait rien d'autre que l'obscurité. Lorsque Miranda fut assise devant la vitre, des lumières vives s'allumèrent soudainement. Miranda vit les silhouettes de cinq hommes.

Le sergent Miller parla dans un micro et appela chacun d'eux par son numéro. Il demanda à chaque homme de s'avancer.

Le premier s'avança. Ce n'était pas lui. Ce n'était pas le deuxième, ni le troisième.

Quand le quatrième s'avança, son cœur fit un bond, puis se mit à battre à toute vitesse. Elle se leva de sa chaise et voulut s'enfuir de la pièce, mais Lance l'arrêta. Il la persuada de se rasseoir sur la chaise, en posant ses mains sur ses deux épaules et en lui demandant : « C'est lui ? Miranda, tu dois leur dire. Tu dois le faire. »

Miranda acquiesça. « J'en suis sûre à 100 %. »

Le sergent Miller l'encouragea à se lever et à s'approcher le plus possible de la fenêtre. Il parla dans le micro : « Numéro quatre, dis-nous, comment vas-tu ? »

« Comment vas-tu ? »

Miranda s'est immédiatement couvert les oreilles et a dit : « OUI, je te l'avais dit, c'est lui. C'est lui que tu cherchais. Je te l'avais dit », et tandis qu'elle disait cela, les larmes ont commencé à couler sur son visage.

Lance l'a attrapée et l'a serrée dans ses bras. Elle tremblait de la tête aux pieds. Tout était fini. L'homme qui l'avait violée allait bientôt être enfermé pour très longtemps.

Le sergent Miller remercia Miranda. Il la félicita pour son courage.

Miranda demanda où se trouvaient les toilettes et s'excusa.

« Sergent Miller, comment l'avez-vous attrapé ? Ça fait un moment que ça s'est passé », demanda Lance.

« On a juste eu de la chance. Les gens comme lui, ils réessaient toujours. Dans ce cas-là, il a essayé de braquer une épicerie de quartier. Le seul problème, c'est que le propriétaire était dans l'arrière-boutique. Il est entré, l'a pris en flagrant délit et l'a retenu jusqu'à ce qu'on arrive. Grâce à l'identification formelle de Mme Evans, on va l'envoyer en prison pour très longtemps. »

« Je suis content de l'entendre. Des animaux comme lui ne méritent pas d'être en liberté. »

Miranda revint. Elle était blanche comme un linge. Elle tremblait encore. Il avait envie de la prendre dans ses bras. Il ne le fit pas.

Miranda n'arrivait pas à s'arrêter de trembler. Elle voulait que Lance la serre dans ses bras. Il ne le fit pas.

« Et si on allait manger un morceau ? » demanda Lance.

« Je ne pourrais rien avaler. »

« Un café, alors ? »

« Non, merci. Je veux juste partir d'ici. »

CHAPITRE 30

Dans la voiture, Miranda restait silencieuse. Lance jeta un coup d'œil pour voir si elle pleurait. Ce n'était pas le cas. Il ne savait pas quoi dire.

« Je ne veux pas être seule ce soir, Lance. Est-ce que je pourrais... est-ce que ça te dérangerait si je dormais sur ton canapé ce soir ? Je pourrais rentrer chez moi, mais après, je devrais tout expliquer à maman et papa. Je devrais revivre chaque détail. Je ne peux tout simplement pas y faire face pour l'instant. »

« Bien sûr, tu peux rester chez moi. Mais je dormirai sur le canapé. J'insiste pour que tu prennes mon lit. »

« On pourrait passer chez moi pour que je prenne quelques affaires ? »

« Tu peux mettre un de mes pyjamas, et je te ramènerai chez toi dès le matin pour que tu puisses te changer. Ça te va ? »

« Oui, j'appellerai depuis chez toi pour dire à maman et papa que tout va bien – et je leur expliquerai tout en détail demain. »

« Je peux le faire pour toi. Comme ça, tu n'auras pas à t'expliquer ni à répondre à leurs questions. »

« Tu ferais ça pour moi ? »

« Bien sûr, ça ne me dérange pas. »

Chez Lance, Miranda a demandé si elle pouvait faire couler un bain.

« Fais comme chez toi. Tu trouveras un pyjama dans le tiroir du bas et des serviettes dans le placard. Je vais appeler tes parents tout de suite. »

« Merci Lance. »

Miranda portant mon pyjama. J'ai hâte de voir ça.

CHAPITRE 31

L ance faisait un rêve.

Il rêvait qu'il portait une camisole de force. Il ne pouvait pas bouger d'un pouce. Il essayait de crier, mais aucun son ne sortait. Il essayait de défaire les liens avec ses dents, mais il n'y arrivait pas.

Il se débattait dans tous les sens, balançant sa tête comme un pendule. La sueur coulait sur son front. Il ne pouvait pas l'essuyer. Elle roulait, roulait, tombait de son menton et se déposait sur la camisole.

Il ouvrit les yeux. Il porta la main à son ventre.

Quelque chose le retenait là, mais il n'était pas dans une camisole de force car il pouvait bouger ses bras.

Il tâtonna comme un aveugle.

Il trouva une main. C'était celle de Miranda. Il ouvrit les yeux.

C'était tôt le matin, il ne faisait pas encore jour. Miranda était au lit derrière lui, s'accrochant à lui comme si sa vie en dépendait. Il tendit l'oreille et entendit sa respiration régulière. Il sentait son souffle dans sa nuque. Les battements de son cœur à travers sa poitrine.

Il ne voulait pas bouger, de peur de la réveiller. Il ne voulait pas que ce moment s'arrête.

Miranda tendit la main vers lui, trois fois.

Il voulait se retourner, la prendre dans ses bras et lui dire ce qu'il ressentait pour elle. Il voulait embrasser ses yeux et explorer sa bouche avec sa langue. Il voulait qu'elle soit sienne, et seulement sienne.

Il ne fit rien.

Il ne voulait pas profiter d'elle. D'aucune façon.

Il ferma les yeux et écouta sa respiration.

CHAPITRE 32

Tôt le matin, Miranda a trouvé refuge dans le lit de Lance.

Pendant qu'elle était sur le canapé, elle n'arrivait pas à trouver le sommeil.

Un chapitre de sa vie était terminé, et elle avait besoin d'être réconfortée. Elle voulait que Lance la serre dans ses bras. Elle voulait aller vers lui, mais elle n'a trouvé le courage de le faire qu'une fois qu'il s'était endormi. Puis, elle s'est glissée dans le lit derrière lui et s'est blottie contre lui. Il était tendu au début, mais il s'est ensuite détendu dans ses bras. Elle sentait sa poitrine monter et descendre au rythme de la sienne.

Elle espérait que Lance ne serait pas vexé à son réveil.

Elle ne savait pas que Lance était déjà réveillé, et qu'il n'allait pas se rendormir de sitôt.

CHAPITRE 33

Cheryl était sortie, pour sa virée shopping du vendredi soir. Le vendredi soir, après 21 h, les magasins étaient tellement vides qu'on aurait pu se servir des allées comme de pistes de bowling. Elle détestait se faufiler dans la foule pour faire ses courses.

Les vendredis soirs étaient des moments privilégiés chez eux. Ils s'asseyaient pour dîner ensemble et discuter de leurs projets pour le week-end. Cheryl en avait rarement, mais elle adorait écouter ce que ses frères et sœurs avaient prévu. Une fois la cuisine rangée, ils sortaient et Cheryl faisait les courses pour la semaine.

Cheryl faisait très attention à son budget et essayait toujours de ne pas dépasser 100 $ pour eux trois, mais ces derniers temps, c'était difficile de suivre l'appétit de Craig. Il mangeait tout ce qui lui tombait sous la main ! Evelyn n'était pas une grande mangeuse, et de temps en temps, Cheryl s'inquiétait qu'elle ne mange pas assez. Elle était aussi consciente de la pression sociale qui poussait les adolescentes à être minces. Les repas que Cheryl préparait étaient nutritifs, mais elle n'était pas une chef.

Cheryl décida d'aller à la librairie du coin pour acheter un ou deux livres de cuisine. Elle choisit deux livres, un de Nigella Lawson et un de The Naked Chef. Elle avait vu leurs émissions sur PBS, et ils donnaient l'impression que c'était si facile. Elle fit ses courses pour la semaine en fonction des recettes qu'elle comptait réaliser. La caisse indiquait 145,00 $. Elle avait dépassé son budget car elle n'avait pas beaucoup d'épices dans sa cuisine.

Fière de ses achats, elle chargea tout dans la voiture et prit le chemin du retour. En route, elle eut envie d'un café chez Tim Horton's. Elle en commanda un grand avec double double et le sirota en rentrant chez elle. Quand elle est arrivée chez elle, il était presque 23 h.

C'est bizarre. Pas de lumière. Pas de télé. Pas de musique et il est presque 23 h.

Elle a allumé la lumière du couloir et a appelé. Pas de réponse. Elle a jeté un œil au coin du salon et a vu deux personnes qui essayaient frénétiquement de s'habiller.

C'est Evelyn et son copain Mike... OUPS, ce n'est pas Mike du tout, c'est... je ne sais pas qui c'est.

Cheryl a ramassé le chemisier d'Evelyn et le lui a lancé.

« Dans la cuisine. Deux minutes », a-t-elle ordonné.

Cheryl était furieuse, hors d'elle. Elle a traîné la première série de sacs à l'intérieur. Il lui demanda s'il pouvait l'aider. Elle l'ignora et ressortit vers la voiture. Cheryl n'avait jamais vu ce type auparavant, et sa petite sœur couchait avec lui.

Elle ne les regarda pas cette fois-ci lorsqu'elle posa les sacs. Il lui restait encore une tournée à rentrer, puis elle devrait être assez calme pour leur parler, sans exploser.

C'est encore un bébé. La douce seize ans.

Elle l'a regardé par-dessus son épaule. Il avait l'air plus âgé, peut-être 18 ans, peut-être 20. Il n'avait pas l'air content. Cheryl s'est assise en face d'eux.

« Désolée, ma sœur, on s'est laissés emporter. »

« C'est sûr... Si je n'étais pas entrée à ce moment-là, vous auriez été jusqu'au bout, et après ? Tu aurais pu tomber enceinte. Tu n'as que seize ans ! Je suppose qu'aucun de vous deux n'utilisait de protection ? »

« Je prends la pilule, Cheryl. Ça fait des mois. »

« Comment ça ? Comment ça, tu prends la pilule ? Comment ? Où ? »

« C'est facile. Je suis allée à la clinique. Je leur ai dit que je voulais avoir une vie sexuelle active, et ils me l'ont donnée. »

« Mais tu n'avais pas besoin du consentement d'un adulte ? »

« T'es vraiment à la ramasse, ma sœur. Toutes mes copines prennent la pilule. Mais juste pour que tu le saches, Sam allait aussi utiliser un préservatif. »

« Sam, oh, tu t'appelles Sam ? »

« Enchanté », dit-il en se levant et en tendant la main à Cheryl.

Elle ne la serra pas.

« Règle n° 1. Pas de sexe dans cette maison. Ni dans le salon, ni dans ta chambre, ni dans aucune autre pièce. C'est clair ? »

« Désolé », dit Sam. « Comme Evelyn l'a expliqué, on s'est juste laissés emporter par le moment. »

« Eh bien, je suis contente que vous ayez été si responsables. Je pense que tu devrais rentrer chez toi maintenant, Sam. »

« Euh, ça m'a fait plaisir de te rencontrer. À plus, Evelyn. »

« Bonne nuit, ma sœur », dit Evelyn en se levant et en reculant sa chaise de la table.

« Assieds-toi, je pense qu'on ferait mieux d'avoir une petite discussion. »

Silence. Cheryl se leva et commença à ranger les courses. Evelyn l'aida. C'était plus facile de parler quand elles faisaient quelque chose.

« Merci », dit Evelyn.

« Pour quoi ? »

« Pour avoir été si cool. Merci de ne pas t'être mise en colère contre nous et de nous avoir traitées comme des adultes. »

Cheryl serra Evelyn dans ses bras.

« Ne pas m'énerver, ça n'a pas été facile. C'est pour ça que je suis sortie et que j'ai ramené toutes les courses avant de vous parler. »

« Je sais. »

« Une tasse de thé ? » demanda Cheryl, avant de s'affairer à en préparer et de disposer quelques biscuits sur la table. « Ça te tracasse quelque chose ? »

« Je me demandais juste comment s'était passée ta première fois ? Ça aurait dû être ma première fois. »

« Je suis encore vierge. »

« Tu plaisantes ? Tu ne l'es pas, n'est-ce pas ? Je suis vraiment désolée. »

«Ne sois pas désolée. Je n'ai pas encore rencontré le bon.»

« Je ne sais pas comment tu pourrais rencontrer quelqu'un, alors que tu fais tout pour nous tout le temps. J'y avais jamais pensé avant, ma sœur, mais tu dois te concentrer sur ta vie sociale. Tu ne rajeunis pas. »

« Merci Evelyn, mais ça m'inquiète pas. Toi et Craig, vous êtes les personnes les plus importantes de ma vie. »

« Mais on grandit, ma sœur, et tu mérites quelqu'un de spécial. Tu devrais vraiment sortir plus souvent. »

« J'essaierai, Evelyn. Pour l'instant, bonne nuit. »

CHAPITRE 34

Lance a déposé Miranda chez elle en allant au boulot. La matinée avait été un peu gênante : prendre le petit-déj, se préparer pour la journée. Miranda a appelé au boulot et a dit à M. Mandelbaum qu'elle aurait quelques heures de retard.

Lance sentait que l'occasion rêvée de confesser ses sentiments à Miranda était passée. Elle était juste là, à côté de lui dans son lit, et il avait tellement envie de lui dire. Mais il a fait semblant de dormir, et l'occasion s'est envolée.

Miranda pensait à la même chose en rentrant chez elle. Elle se demandait si Lance avait seulement remarqué qu'elle avait été dans son lit à ses côtés. S'il le savait, il ne lui en avait en tout cas rien laissé paraître. Peut-être était-il trop gêné ? Miranda ne savait pas trop si elle devait s'excuser ou simplement faire comme si de rien n'était. Finalement, elle a choisi la deuxième option.

« Maman, papa, y a-t-il quelqu'un à la maison ? »

Pas de réponse.

Elle aperçut un mot sur le frigo.

- Miranda - Urgent : appelle le sergent Miller - Bisous, maman.

« Sergent Miller, c'est Miranda Evans. »

« Merci d'avoir appelé, Mlle Evans. Pourriez-vous passer au poste ? On a des choses qu'on aimerait que vous regardiez. »

« Quel genre de choses ? »

« Je ne peux pas te le dire, Mme Evans, mais disons simplement qu'il est crucial que tu voies ces objets. »

Miranda a appelé M. Mandelbaum et lui a expliqué qu'elle devait se rendre au commissariat, même si elle ne savait pas combien de temps ça prendrait. Il lui a conseillé de prendre sa journée.

M. Mandelbaum avait toujours su déceler le stress dans la voix de ses employés ; il a donc demandé à Miranda d'une voix douce : « Y a-t-il quelqu'un qui pourrait accompagner Miranda ? »

« Non, tout le monde travaille, mais ça ira. Après tout, mon agresseur est en garde à vue. »

Quand elle arriva au poste, le sergent Miller l'emmena dans son bureau et la présenta à l'inspecteur Harold Sangster. L'inspecteur Sangster alla chercher une boîte à chaussures dans un autre bureau.

«Ça te dérangerait de jeter un œil à ces objets, Mme Evans ? Vois s'il y a quelque chose que tu peux identifier.»

« C'est mon portefeuille. C'est une photo de ma voiture. Ma carte d'employée de Vids-R-Us, ma carte de bibliothèque. »

« Continue à chercher. Y a-t-il autre chose que tu reconnais ? » dit le sergent Miller.

Elle continua à fouiller dans la boîte remplie d'objets, dont la plupart ne lui appartenaient pas. Puis, elle remarqua un bout de papier avec une écriture manuscrite. Son cœur bondit dans sa gorge lorsqu'elle le toucha, réalisant rapidement que c'était sa propre écriture.

Chère Christina, voici notre itinéraire. Fais comme chez toi et j'espère vraiment que tu apprécieras ton séjour ici ! Miranda.

Une copie de leur itinéraire était jointe à la note.

« C'est la note que j'ai laissée pour Christina. » Les mains de Miranda tremblaient. Elle avait peur que le papier ne se déchire.

« Avais-tu cette note sur toi le jour où tu as été agressée ? » demanda l'inspecteur Sangster.

« Non, je ne l'ai écrite que bien plus tard. Quand Christina est venue sous-louer mon appartement, je l'ai posée sur la table à côté du téléphone pour elle. »

« L'affaire se corse », dit le sergent Miller, les yeux baissés. « On dirait qu'on peut le placer sur les lieux du crime au moment où ta sous-locataire a été assassinée. Es-tu prête à témoigner que tu l'as laissée sur la table près du téléphone ? Est-ce que quelqu'un d'autre savait que tu laissais un mot là-bas ? »

«Ma propriétaire savait qu'il était là. Je lui en avais parlé avant de partir – au cas où elle aurait besoin de me joindre.»

« Merci beaucoup, Mme Evans, d'avoir pris le temps de venir ici une nouvelle fois. On l'a arrêté pour agression, tentative de vol et viol, et si on arrive à l'inculper aussi pour meurtre, il ne fait aucun doute que le juge lui infligera la peine maximale. »

Alors que le sergent Miller et l'inspecteur Sangster conduisaient Miranda dans le couloir, deux policiers leur amenèrent un prisonnier menotté. C'était lui.

« Dommage que je ne t'aie pas tuée cette nuit-là, salope ! Je t'avais dit de ne pas aller voir la police, non ? »

Miranda recula. Elle était dos au mur. Elle se sentait mal. Le sergent Miller et l'inspecteur Sangster se tenaient de chaque côté d'elle, comme des serre-livres.

« Dommage que tu sois sortie cette nuit-là. C'est toi que je voulais, pas elle. »

« Tu as tué Christina ? Espèce de salaud ! Je te déteste !! » Elle l'attrapa par le col.

Le sergent Miller attrapa Miranda qui se débattait et le frappait de ses poings serrés.

« Je t'avais dit ce que je ferais aux gens que tu aimais si tu parlais à la police. »

Le monde entier de Miranda se mit à tourner autour d'elle. Des images de Christina, le visage de la pauvre Christina, tournaient en boucle dans l'esprit de Miranda comme un kaléidoscope qui tourne et tourne. Elle voulait que ça s'arrête. Tout comme Cher, Miranda voulait remonter le temps.

La seule chose dont Miranda se souvenait ensuite, c'était de s'être réveillée à l'hôpital général AP, où elle avait dû être fortement sous sédatifs, car elle ne sentait rien. Tout était flou autour d'elle. Il y avait des ombres et une sensation de flotter sur un nuage. Quelqu'un lui tenait la main. Elle se demandait qui c'était.

C'était Lance.

Elle lui sourit.

CHAPITRE 35

Terri et Amadeo ont atterri à Toronto et ont été accueillis par tous les membres de leur famille que leurs voitures pouvaient contenir. La maman de Terri sanglotait.

« Tu m'as manqué aussi, maman », a dit Terri, « mais je ne suis partie que très peu de temps. Tu n'avais même pas autant pleuré quand je suis revenue d'Australie. »

La mère de Terri pleura encore plus fort alors qu'ils étaient emmenés dans une limousine.

« Où est passé Amadeo ? Je veux voir Amadeo. »

« Ne t'inquiète pas, ma fille, il est avec ton père. »

Une fois rentrée à la maison, tout lui fut expliqué.

La plus belle robe de mariée qu'elle ait jamais vue de toute sa vie était sur un mannequin dans le salon.

« Il demande ta main en ce moment même, il la demande à ton père. C'est un garçon tellement adorable, Terri ; aucun père ne pourrait jamais lui refuser. Amadeo s'est occupé de tout, il a pensé à tout ! L'église a été réservée.

La lune de miel est réservée (même si Amadeo n'a pas voulu nous dire où il t'emmène) – tout ce que tu as à faire, c'est d'appeler Cheryl et Miranda pour organiser tes demoiselles d'honneur... Et faire ajuster leurs robes. Parce que Teresa, tu te maries demain matin ! »

La mère de Terri lui a dit de se ressaisir vite, car elles avaient encore beaucoup à faire et si peu de temps. La première chose à faire était de contacter ses amies. Amadeo avait réservé un salon de mariage pour qu'elles puissent choisir les robes des filles (ou pour que Terri puisse changer celle que sa mère avait choisie pour elle si elle le souhaitait), mais elle n'en avait pas besoin, car elle était parfaite. Elles devaient toutes se retrouver dans quelques heures pour les essayages, choisir les chaussures, les accessoires, et trouver quelque chose de vieux, quelque chose de neuf, quelque chose d'emprunté et quelque chose de bleu.

« Bonjour, Mme Evans. C'est Terri. Je cherche Miranda. »

« Je ne sais pas où elle est. Lance le sait peut-être, voici son numéro de portable. »

« Merci, Mme Evans. » Elle raccrocha et composa le numéro de Lance.

Lance regarda Miranda, qui somnolait encore par intermittence, puis sortit dans le couloir pour parler à Terri.

« Salut Terri. J'ai bien peur que Miranda ne soit pas en état d'assister à un mariage aujourd'hui. Elle a subi un choc terrible hier et elle ne va pas bien. Le type qui l'a violée a avoué avoir tué Christina et Ben. Elle s'est évanouie et le sergent Miller m'a appelé parce que j'étais là-bas avec elle la veille pour identifier ce salaud. Elle a besoin de repos. Je ne pense pas que tu devrais compter sur elle pour être là pour toi. »

« Il est hors de question que je me marie sans Miranda.»

Il jeta un œil dans la chambre. Miranda bougeait.

« Elle semble se réveiller. Je vais voir comment elle va et parler d'elle au médecin. Rappelle-moi dans une heure environ. Je verrai ce que je peux faire. »

« Mon mariage est dans un peu plus de vingt-quatre heures, Lance. Je le reporterai s'il le faut. »

Trois heures plus tard, Miranda était debout et s'habillait. Lance lui expliqua tout en temps voulu – et cela sembla sortir Miranda de son état de choc. Il était hors de question qu'elle fasse reporter le mariage de sa meilleure amie à cause d'elle.

En fait, le mariage de Terri ne pouvait pas tomber à un meilleur moment pour Miranda, car elle avait besoin de se reprendre en main, de passer à autre chose et de laisser le passé derrière elle. Elle en était plus consciente que jamais.

« Au fait, Lance, » dit Miranda. « J'espère que tu m'accompagneras au mariage. Je ne voudrais être là avec personne d'autre. J'espère que tu pourras venir. »

Lance était ravi que Miranda l'invite à sortir. Mieux encore, ils allaient à un mariage. Comme c'était romantique. Il appela Terri et lui dit que tout était prêt.

« Je vais devoir te déposer et te laisser avec Terri et Cheryl pour que je puisse sortir mon smoking de la naphtaline. »

Pendant ce temps, Terri avait parlé avec Cheryl de son rôle de demoiselle d'honneur. En fait, elle allait avoir deux demoiselles d'honneur à son mariage. Il était hors de question qu'elle choisisse une amie plutôt que l'autre.

À 17 h, les trois amies se sont retrouvées à la boutique de mariage. Elles ont choisi leurs robes et ont prévu une soirée entre filles. Terri voulait organiser une soirée pyjama, et Miranda a suggéré de réserver une suite au Hilton.

Elles se sont séparées pendant deux heures pour faire leurs valises et avaient prévu de se retrouver au bar à 20 h.

CHAPITRE 36

Cheryl était dans tous ses états parce qu'elle n'avait personne à qui demander de l'accompagner au mariage. Avant, au moins une de ses amies était aussi venue seule. Cette fois-ci, pas de chance.

« T'inquiète pas, ma grande », dit Evelyn, « je croyais que les demoiselles d'honneur étaient jumelées avec les garçons d'honneur ou un truc du genre ? »

« T'as raison, j'y avais pas pensé. Espérons qu'il soit célibataire », dit Cheryl en faisant son sac pour sortir passer une soirée entre filles. « Après tout, quand on est dans le besoin, on peut pas faire la fine bouche ! »

CHAPITRE 37

Terri manquait à Amadeo. On la lui avait enlevée d'un coup – il n'avait même pas eu l'occasion de lui donner un baiser d'adieu. Il se souvenait de la façon dont son visage s'était illuminé quand elle avait compris qu'ils n'auraient pas à se séparer, après tout. Il voulait faire s'illuminer son visage comme ça encore et encore pour le reste de leur vie.

Il aurait aimé être là quand Terri a ouvert la porte et a vu sa robe de mariée. Maria, sa future belle-mère, avait insisté pour que le marié ne voie pas la robe de mariée. C'était une superstition à laquelle il ne croyait pas – mais pourquoi prendre des risques ?

Demain, Terri serait Mme Amadeo Travetti. Sa future épouse allait bientôt fêter ça lors d'une soirée entre filles avec ses amies. Amadeo avait l'intention de passer une soirée tranquille avec son témoin, Malvio, qui venait d'arriver de Rome.

« Il est parfait pour Cheryl », dit Terri en apercevant Malvio, « Par-fait ! »

CHAPITRE 38

Miranda entra dans le bar de l'hôtel Hilton et chercha ses amis du regard. Oh là là, elle était la première. Elle détestait s'asseoir toute seule dans un bar. Heureusement, il n'y avait qu'un seul type – en train de noyer son chagrin et de discuter avec le barman.

« Un verre de Chardonnay », dit Miranda. Son verre à la main, elle s'assit près de l'entrée en espérant que l'un de ses amis arrive bientôt.

Elle regarda autour d'elle, comme on le fait quand on est seul. Elle reconnut le type assis sur le tabouret au bar. C'était son ancien patron, Andrew – alias Andrew-le-Con de chez Vids-R-Us !

Leurs regards se croisèrent, et Andrew s'approcha.

« Comment ça va, Miranda ? Ça fait un bail qu'on s'est pas vus ! »

« T'as raison, Andrew. Je vais bien. »

« T'as l'air sensationnelle. »

« Merci. »

« Alors, comment s'est passé ton voyage en Australie?»

« C'était trop incroyable pour être décrit avec des mots ; j'ai vraiment envie d'y retourner un jour. »

« J'ai entendu dire qu'il y avait un nouvel homme dans ta vie ? »

« Euh, non, j'ai un ami, qui se trouve être un homme. C'est un agent immobilier. »

« Oh, je pensais que tu allais te marier ou quelque chose comme ça. J'ai dû me tromper. Désolé. «

«C'est mon amie Terri qui se marie, demain en fait. C'est pour ça qu'on est là – on fait une soirée entre filles – elles sont en retard. Comment ça va pour toi? T'es marié, non?»

« Je l'étais, mais ma femme ne voulait pas déménager hors de l'État et Vids-R-Us avait besoin de moi au Texas. Alors j'ai pris le boulot et je l'ai laissée derrière moi. »

« Tu es trop dévoué à Vids-R-Us. »

« Ouais, peut-être, mais ils me traitent bien. Je suis juste de retour ici pour le week-end parce que ma mère est à l'hôpital. Rien de grave, mais elle demandait de mes nouvelles. Quand c'est ta mère, tu dois trouver le temps, tu sais. »

« J'espère qu'elle se remettra vite. »

Cheryl est arrivée. Elle a reconnu Andrew et lui a dit bonjour.

« Je vous laisse tous les deux. Ça m'a fait plaisir de te revoir, Miranda. Et, tiens, je suis désolé pour ce qui t'est arrivé. Je m'en suis toujours voulu. J'aurais aimé que ça ne se soit jamais produit. »

« Merci Andrew, j'apprécie. En fait, ils ont arrêté le type et il va être enfermé pour un bon moment. »

« Je suis content de l'entendre. »

« Salut, Andrew, et prends soin de toi, hein ? »

Terri arriva.

« Vous avez l'habitude de draguer des inconnus dans les bars ces temps-ci ? » demanda Terri.

« Ce n'était pas un inconnu. C'était Andrew-le-Con ! » dit Cheryl.

« Oh, mon Dieu, c'est bien Andrew. Qu'est-ce qui lui est arrivé ? J'espère que c'est pas le mariage qui lui a fait ça?»

«Je crois que c'est le divorce», dit Miranda. «Vids-R-Us l'a muté dans un autre État et sa femme voulait pas y aller–alors il l'a laissée tomber–et il a déménagé tout seul.»

« Incroyable ! » s'exclama Terri.

« Allez, on y va, qu'on mette la fête en route », dit Miranda.

La suite était spectaculaire. Un immense bar, un jacuzzi...

« Ça, c'est la belle vie », dit Miranda.

Elles commandèrent du champagne et mirent le jacuzzi en marche.

« Pose ça là », dit Cheryl au serveur qui venait d'arriver avec les boissons. Après son départ, elle dit : « Je me demande ce qu'il fait demain soir ? Je n'ai pas de rendez-vous et je suis désespérée ! »

« Oh là là, j'ai un homme pour toi, Cheryl ! Il s'appelle Malvio et c'est le témoin d'Amadeo. Il ressemble à un dieu grec – il est à tomber par terre et je pense que tu vas vraiment l'adorer ! Il occupe un poste important dans l'industrie de la mode à Rome. »

« Mais est-ce qu'il va m'aimer ? C'est ça la question. »

« Il va t'adorer ! »

« Oh, c'est exactement ce qu'il me faut : un mec qui s'y connaît mieux en mode que moi ! »

« Si ça ne marche pas, tu pourras toujours traîner avec Lance et moi. Après tout, on est juste de bons amis. »

« Ouais, c'est ça », dirent Cheryl et Terri en chœur.

« Sérieusement, on est juste amis. »

« Raconte-moi ça », dit Cheryl. « Je vois la façon dont tu le regardes et la façon dont il te regarde. Pourquoi aucun de vous deux ne veut l'admettre ? Vous êtes fous amoureux l'un de l'autre. Je le vois bien. Tout le monde le voit, sauf vous deux. »

« On est amis et tu imagines le reste. Mais peu importe ce que je dis ; parlons plutôt de la future mariée. Comment as-tu réussi à convaincre Amadeo de revenir vivre ici avec toi ? De t'épouser. Et tu es toujours vierge ? Ou est-ce pour ça qu'il te désire tellement qu'il fait tout ça pour t'avoir ? »

« Je n'ai rien fait—c'était l'idée d'Amadeo du début à la fin. Et c'est lui, pas moi, qui veut attendre qu'on soit mariés. »

« C'est tellement romantique ! » s'exclama Cheryl.

« Où vas-tu partir en lune de miel ? »

« Je n'en ai aucune idée. Il ne me dit rien. Amadeo adore les secrets. »

« Je m'ennuie », dit Miranda en sortant du bain.

« Et moi, je meurs de faim », dit Cheryl. « Voyons ce que propose le service d'étage. »

Elles commandèrent un steak et du homard et burent deux autres bouteilles de champagne. Elles s'effondrèrent devant la télévision et se réveillèrent à 10 heures.

« Oh mon Dieu, il est 9 heures. Mon mariage est dans deux heures ! »

« Il faut se dépêcher ! » dit Miranda.

« No problemo ! » répondit Cheryl avant de replonger la tête dans l'oreiller et de se mettre à ronfler.

CHAPITRE 39

Après beaucoup de café et pas mal de persuasion, Cheryl était debout et prête avec ses deux amies. Elles se sont fait coiffer en un temps record au salon de l'hôtel, sur le chemin de la maison de Terri où Maria, la mère de la mariée toute inquiète, les attendait.

« Vous êtes tellement en retard, tellement en retard ! »

« Je sais maman, mais tout ira bien. Ne t'inquiète pas. »

« Ah, tu es magnifique, ma fille. On dirait une princesse. La voilà, Miss Canada », dit Maria en ouvrant la porte et en présentant Terri à son père qui l'attendait.

« Ne me fais pas pleurer, papa, ça va abîmer mon maquillage. »

« On vient juste de nous maquiller aussi », dit Miranda.

À l'église, l'escorte de Miranda était oncle Freddo. Elle rayonna quand ses yeux croisèrent ceux de Lance.

Lance trouvait que Miranda était encore plus belle que la mariée. Il se demandait si elle marcherait un jour vers l'autel avec lui.

Terri avait eu raison à propos de Malvio. Cheryl ne pouvait pas le quitter des yeux. Malvio était ravi d'avoir Cheryl à son bras.

En attendant devant l'autel, Amadeo en eut le souffle coupé lorsqu'il vit pour la première fois sa future épouse. Terri était le genre de femme qui était belle quoi qu'elle porte, mais avec cette robe blanche fluide, elle ressemblait à un ange, un ange venu du ciel pour se tenir à ses côtés et lui jurer qu'elle serait avec lui et l'aimerait pour toujours.

Angelo glissa le bras de sa fille dans celui de son gendre et fit un pas en arrière. Il était submergé de bonheur, et l'assemblée vit des larmes couler sur ses joues. Giovanni et Maria réconfortèrent Angelo alors qu'il s'asseyait sur le banc de devant à côté d'eux.

Terri regarda Amadeo. Elle savait au plus profond de son cœur qu'elle était déjà mariée à lui. Ils étaient des âmes sœurs.

La cérémonie fut bientôt terminée, et ils furent déclarés mari et femme. M. et Mme Amadeo Travetti se tournèrent pour saluer leurs invités.

Sur les marches de l'église, on prit des photos et on jeta du riz avant que Terri et Amadeo ne montent dans une limousine argentée. Amadeo voulait que leur premier trajet en tant que couple marié soit incroyablement spécial. Il demanda au chauffeur de mettre une bouteille de champagne au frais et de les emmener faire un tour de la ville.

Terri regarda Amadeo dans les yeux. Elle le désirait tellement. Elle ne pouvait s'empêcher de trembler. Le champagne se renversait partout.

« Chauffeur, on aimerait un peu d'intimité ici. Tu peux nous aider ? »

« Bien sûr, Madame », répondit le chauffeur de la limousine tandis qu'une vitre se refermait et que des rideaux glissaient des deux côtés de la voiture.

« Maintenant, je t'ai tout à moi, M. Travetti. Déshabille-toi ! »

« Excuse-moi, chauffeur... qui est cette femme ? Ce n'est pas ma douce et innocente Terri ! »

« Il ne peut plus t'aider maintenant, j'ai coupé l'interphone. Tu vois. Tu es à moi, rien qu'à moi ! Et j'ai l'intention de consommer ce mariage ici et maintenant. »

« Je suis là pour te faire plaisir. »

« Des promesses, des promesses. »

CHAPITRE 40

D ans la salle de réception, tout le monde se demandait où étaient les mariés.

« Ils vont arriver d'ici peu, ne t'inquiète pas », l'a rassurée Maria. « Prends un verre, amuse-toi bien. »

« Oh, les voilà », s'est exclamé Angelo.

M. et Mme Travetti entrèrent dans la salle de réception. Ils furent accueillis par une salve d'applaudissements.

Ils se dirigèrent vers la table d'honneur où Malvio et Cheryl discutaient. Terri leur fit un clin d'œil à tous les deux en prenant place.

Après les toasts, les discours, la première valse – toutes ces traditions que l'on retrouve dans les mariages du monde entier –, Amadeo et Terri partirent en lune de miel.

Amadeo avait loué un chalet à Denver. Ils allaient passer deux semaines dans une retraite totale. Pas de téléphone. Pas de télévision. Pas de journaux.

« M. Amadeo Travetti, tu penses à tout. »

« Mme Terri Travetti, tu mérites tout. »

CHAPITRE 41

Après le mariage, Lance a décidé qu'il ne pouvait plus cacher ses sentiments. Il allait se lancer. Si elle le détestait pour ça... tant pis.

C'est maintenant ou jamais.

Il s'est penché et a empêché Miranda de sortir de la voiture. Il l'a prise dans ses bras et l'a regardée dans les yeux.

« Je t'aime, Miranda Evans. Je t'aime depuis notre premier rendez-vous arrangé. Je veux qu'on soit ensemble. Je veux qu'on se marie. »

« Je... je ne sais pas quoi dire. »

« Ne dis rien, si tu ne peux pas me dire que tu m'aimes aussi. »

« Je t'aime, mais je pensais que ce n'était pas le cas pour toi. »

Leurs lèvres se trouvèrent, avides, cherchant à combler le vide qui les séparait depuis si longtemps.

« Bonne nuit », dit Miranda en envoyant un baiser à Lance.

« Bonne nuit, mon amour », répondit Lance.

Lance ne rentra pas directement chez lui. Au lieu de ça, il roula pendant des heures. Il ne voulait pas retourner dans son appartement vide. Il voulait crier au monde entier qu'il était amoureux et qu'il était aimé. Je suis le roi du monde !

Miranda n'arrivait pas à dormir. Elle était tellement bouleversée.

Devrais-je emménager avec lui ?

E Emménagerait-elle avec moi ? se demanda Lance. Mais je ne veux pas qu'on vive dans mon appartement. C'est trop petit. Je veux qu'on ait notre propre chez-nous.

Le lendemain, Lance s'organisa et mit son appartement en vente. Une fois la vente conclue, il ferait la surprise à Miranda et, ensemble, ils pourraient chercher une maison.

Miranda y réfléchit pendant quelques jours. Elle décida qu'emménager avec Lance était la meilleure solution pour l'instant. Il n'avait qu'un appartement d'une chambre, mais il était confortable et au moins, ils seraient ensemble. Ça leur donnerait l'occasion de mieux se connaître.

Oui, dès demain matin, je vais le dire à mes parents. Ensuite, je le dirai à Lance.

CHAPITRE 42

J'aimerais te ramener chez toi », dit Malvio.

« « Ce serait super », répondit Cheryl en montant dans la limousine.

Peu après, ils s'arrêtèrent devant chez elle.

« Entre prendre un café, Malvio », dit Cheryl. « Tu vas faire la connaissance de ma sœur et de mon frère. »

« Tu es sûre que je ne dérange pas ? »

« On est très décontractés. Entre donc. Voici ma petite sœur Evelyn. Elle a seize ans, mais on dirait qu'elle en a vingt et un. »

« Ravie de te rencontrer », dit Evelyn. « Il est canon. »

« Merci », dit Malvio.

Cheryl rougit jusqu'aux oreilles et donna une petite tape sur les fesses d'Evelyn en se dirigeant vers la cuisine.

« Assieds-toi dans le salon pendant que je prépare le café. Craig, tiens compagnie à notre invité jusqu'à ce que je revienne. »

« D'accord, ma sœur. »

« Tu aimes le sport ? Il y a un match de hockey à la télé », dit Craig.

« Je préfère le foot, mais le hockey, ça me va. Tu peux m'expliquer ; je ne comprends pas très bien. »

« Bien sûr », dit Craig alors que Cheryl quittait la pièce.

« Evelyn, j'ai failli mourir de honte là-dedans. On ne dit pas à un type comme Malvio qu'il est canon. »

« Oh, allez, Cheryl. Je parie qu'il entend ce genre de choses tout le temps. »

« Peut-être, mais il vient de Rome, et j'ai dit à Terri que je m'occuperais de lui. Il fait juste preuve de politesse en venant ici.»

Alors que Cheryl emportait le plateau dans le salon, Evelyn la suivit.

« Je suis tellement fatiguée », dit Evelyn. « Bonne nuit Malvio, j'ai été ravie de te rencontrer. » Elle fit signe à Craig de se faire discret.

« Bâillement », je suis fatiguée moi aussi. Ravie de t'avoir rencontré Malvio. J'espère te revoir. »

Son anglais n'était pas fantastique, mais il était étonnamment bon, et ils comprenaient l'essentiel de ce que l'autre essayait de dire.

« Serais-tu assez gentille pour me faire visiter ta ville demain ? »

« Ce serait un plaisir. »

Malvio embrassa Cheryl sur les deux joues et la remercia d'être si gentille avec un étranger en ville.

« Je viendrai te chercher demain matin vers 10 heures. Ça te convient ? »

« Oui, 10 heures, c'est parfait. Merci pour cette belle journée, Cheryl. »

Cheryl rentra à l'intérieur et se posta dos à la porte. Malvio était un rêve. Elle ferma les yeux. Evelyn avait raison, il est SEXY. Et le mieux, c'est qu'il ne s'en rend même pas compte.

CHAPITRE 43

La journée passée avec Malvio comprenait une séance en après-midi au théâtre du coin : on jouait Roméo et Juliette. C'était vraiment parfait, non ? Puis direction la rivière pour une balade et un pique-nique avec toutes sortes de spécialités canadiennes que Cheryl avait réussi à dénicher.

Ils ont siroté du champagne. Ils ont trinqué l'un à l'autre.

« Cheryl, j'ai adoré passer du temps avec toi. Merci de m'avoir fait découvrir ta ville. Je n'oublierai jamais ça. Mais cette joie doit prendre fin. Je pars demain. Je peux te demander de m'emmener à l'aéroport ? »

« J'espérais que tu me le demanderais. »

Le lendemain, à l'aéroport, Malvio a dû passer les portes d'embarquement. Il l'a embrassée sur les deux joues.

« À bientôt et merci pour tout. » Il a fait un signe de la main en guise d'adieu.

Cheryl a fait un signe de la main et il était parti. Ils n'avaient pas échangé leurs adresses ni leurs numéros de téléphone. Ils ne s'étaient pas promis de s'écrire ou de rester en contact. C'était fini et ça n'avait même pas commencé.

Cheryl s'engagea dans l'allée de sa maison. Evelyn accourut dehors.

« Tu ne vas pas le croire ! »

Toute la maison était remplie de roses, à longue tige, à courte tige, des mini-roses, roses, jaunes, rouges, blanches, noires — des dizaines et des dizaines et des dizaines de roses.

« Tiens, un petit mot », dit Evelyn en tendant une carte à sa sœur.

« Merci pour tout. Tu es un petit bijou, et ce n'est pas un adieu. Je te donnerai de mes nouvelles. Je t'aime, Malvio. »

Cheryl sentit le sang lui monter aux joues tandis qu'elle embrassait la signature de Malvio.

CHAPITRE 44

Comme prévu, Miranda a tout raconté à ses parents au sujet de Lance. Ils n'étaient pas surpris.

« Il était temps, ma chérie », a dit Tom.

« C'est un homme bien », a dit Elizabeth. « Je suis vraiment ravie que vous ayez enfin vu la lumière tous les deux. »

Miranda fit ses valises et se rendit en voiture chez Lance. Sur la fenêtre de son appartement, il y avait une pancarte sur laquelle on pouvait lire : À VENDRE.

Elle laissa ses valises dans la voiture et monta les escaliers en courant, se sentant de plus en plus furieuse à chaque marche. Elle était trop en colère pour prendre l'ascenseur. Elle avait besoin de réfléchir.

Tu quittes la ville ? Tu me laisses tomber. Comment oses-tu ! Je pensais que tu étais différent. J'aurais dû m'en douter.

Elle frappa à la porte.

Il ouvrit la porte.

« Tu quittes la ville, c'est ça ? »

« Quoi ? De quoi tu parles ? »

Elle avait envie de le frapper. Il jouait les idiots — elle avait raison de penser que c'était un crétin. Non seulement c'était un crétin ! C'était aussi un insensible, un irréfléchi, un vrai casse-pieds !

Elle désigna la pancarte « À VENDRE ».

« Oh ça, c'est pas grave. J'allais te le dire. Je savais pas que tu passerais. »

« Eh bien, c'est une bonne chose que je sois passée. Sinon, ça aurait été adios amigo, pas vrai ? Je t'aurais plus jamais revu. Espèce de fils de... !! » Elle le frappa à l'épaule.

« Miranda, Miranda. » Il lui toucha les épaules.

« Ne me touche pas, ne me touche plus jamais. »

« Eh bien, je ne t'ai pas touchée jusqu'à présent – mais là n'est pas la question. Entre pour qu'on puisse parler correctement. »

« Non, je ne reste pas. »

« Si, tu restes ! D'accord, d'accord, je vais te le dire ici. Je t'aime, Miranda Evans ! Voilà. Tu veux que je le dise plus fort ? De le crier à tue-tête. Je le ferai. J'AIME MIRANDA EVANS. Je veux épouser MIRANDA EVANS. Je veux vendre cet endroit et quand je l'aurai fait, on trouvera un endroit à nous, rien qu'à nous. Voilà à quel point j'aime Miranda Evans. »

« Je suis désolée. »

« Tu as bien raison de l'être. » Lance la prit dans ses bras et l'emmena à l'intérieur.

Lance proposa à Miranda une tasse de thé à la camomille pour la calmer. Elle accepta.

Dans la cuisine, Miranda attrapa Lance et l'embrassa si passionnément qu'il faillit perdre l'équilibre. La seule chose qui le retenait était la table de cuisine, qui s'enfonçait dans son dos. Miranda le poussait en arrière, le forçant à appuyer la majeure partie de son poids sur la table. Elle fit passer son chemisier par-dessus sa tête et le jeta sur le sol de la cuisine.

Lance la regarda, suivit son exemple et fit doucement glisser son index sur ses seins. Il voulait les embrasser, embrasser chaque centimètre carré du corps de Miranda, et c'est ce qu'il fit. Miranda voulait la même chose. Elle fit glisser sa langue le long de son torse.

Ils firent l'amour passionnément pour la première fois, là, sur la table de cuisine de Lance.

Lance voulait ralentir le rythme. Il voulait que les choses aillent aussi lentement que possible, puisque c'était sa première fois. Il s'allongea et laissa la langue de Miranda explorer son corps. Il avait l'impression de flotter sur un nuage. Miranda se tenait au-dessus de lui tandis que sa langue parcourait son corps.

Puis ils se sont installés sous la douche où ils ont refait l'amour, mais cette fois-ci plus lentement. Ils se sont effondrés sur le lit, complètement épuisés.

Le sommeil profond de Miranda n'apportait aucun rêve. Son esprit était vide, car sa vie était devenue son rêve.

POSTFACE

Chers lecteurs,

J'espère que vous avez pris plaisir à découvrir Miranda, Terri et Cheryl, ainsi qu'une époque plus simple.

Il s'agissait de mon premier roman, et l'écriture de la première version m'a aidée à traverser une période traumatisante de ma vie. Il m'a fallu des années avant de l'exposer au grand jour.

Merci à tous ceux qui m'ont aidée à la rédaction, à la relecture... et pour toutes les amitiés et le soutien que j'ai reçus en cours de route.

Et bien sûr, MERCI !

Comme toujours, BONNE LECTURE !

Cathy

À PROPOS DE L'AUTEUR

Cathy McGough est une auteure canadienne dont l'œuvre couvre la littérature pour enfants, la fiction pour jeunes adultes, la fiction littéraire, les thrillers psychologiques, la poésie, les nouvelles et les ouvrages non romanesques. Elle vit et écrit dans l'Ontario, au Canada, avec sa famille.

ÉGALEMENT PAR

LE SECRET DE RIBBY
POÉSIE
PEINDRE AVEC DES MOTS - UN RECUEIL DE POÈMES
NON-FICTION:
103 IDÉES DE COLLECTE DE FONDS POUR LES
PARENTS BÉNÉVOLES DES ÉCOLES ET DES ÉQUIPES
(3RD PLACE BEST REFERENCE 2016 METAMORPH
PUBLISHING)
LIVRES POUR ENFANTS
IL Y A UN RAT DE BIBLIOTHÈQUE EN MOI!
SAUTE POUR TOUT CE QUI EST BLEU! LIVRE 7
SAUTE ET BUZZ COMME UNE ABEILLE! LIBRE 6
SAUTE COMME UN KANGOUROU! LIVRE 5
SAUTEZ ET DITES P.U.! LIVRE 4
SAUTEZ ET CHANTEZ DA-DO-DO-DO! LIVRE 3
SAUTEZ ET CRIE COMME UN CACATOÈS! LIVRE 2
SAUTE ET DITES BOO! LIVRE 1.